소통과 공감의 기술

더불어 춤,
땅고

소통과 공감의 기술 더불어 춤, 탱고

1판 1쇄 발행 | 2014년 1월 23일

지은이 | 이기현
펴낸이 | 양기원
펴낸곳 | 학민사

등록번호 | 제10-142호
등록일자 | 1978년 3월 22일

주소 | 서울시 마포구 독막로 10길 성지빌딩 715호(121-897)
전화 | 02-3143-3326~7
팩스 | 02-3143-3328

홈페이지 | http://www.hakminsa.co.kr
이메일 | hakminsa@hakminsa.co.kr

ISBN 978-89-7193-214-8(03690), Printed in Korea

이 도서의 국립중앙도서관 출판시도서목록(CIP)은 e-CIP홈페이지(http://www.no.go.kr/ecip)와
국가자료공동목록시스템(http://nl.go.kr/kolisnet)에서 이용하실 수 있습니다.
(CIP제어번호 : CIP2014000824)

| 소 | 통 | 과 | 공 | 감 | 의 | 기 | 술 |

Tango

더불어 춤,
땅고

이기현 지음

학민사
Hakmin Publishers

〈논어論語〉서두에 나오는 '학이' 편 한 구절을 인용하는 것으로 이 책을 출발하고 싶다.

> 學而時習之 不亦說乎 (학이시습지 불역열호)
> 有朋自遠方來 不亦樂乎 (유붕자원방래 불역락호)
> 人不知而不慍 不亦君子乎 (인부지이불온 불역군자호)

단 세 줄에 불과하지만 나로선 도무지 공감을 못했던 글이었다. 학學하고 습習하는 게 뭘 그렇게 기쁜지, 멀리서 친구가 온다는 말은 중간에 왜 끼어들어가 있는지, 살다보면 남이 알아주지 않는 게 한 두 가지가 아닌데 이 분은 왜 화가 났으며 또 굳이 화내지 않겠다는 다짐을 스스로 하고 계신지…. 더구나 저 세 문장은 서로 연관이 없어 보인다. 요즘 유행하는 말로 이른바 스토리텔링Storytelling이 결여되어 있는 듯 보였다. 의문점들이 적어도 스스로 납득할만한 수준에서 모두 풀린 게 불과 수 년 전이다. 처음 이 문장을 접했던 시기가 고등학교 다닐 무렵이었을 테니 거의 삼십여 년 가까운 세월이 소요된 셈이다.

우선 첫 번째 문장에서 이 말씀을 처음 남긴 분이 가리키는 학學

과 습習이 구체적으로 무엇인지는 나에게 그다지 중요하지 않다. 현재 내 삶 가운데 난 무엇을 학과 습으로 여기고 있는지 곰곰 생각하니 저절로 의문이 풀렸다.

고등학교 다닐 때 고대 그리스의 '에피쿠로스Epikouros' 학파를 쾌락주의자들이라고 배웠다. 단지 이 사실만을 들었을 땐 음주, 마약, 도박, 여색 등등 죽을 때까지 육체적 쾌락을 탐닉하는 사람들로 오해할 수 있지만 사실 이 집단은 거꾸로 금욕주의자들이었다고 한다. 다시 말해 육체적 쾌락은 진짜 쾌락일 수 없다는 것이다. 대부분 남자가 어쩌다 큰돈을 모았다면 아마 열에 아홉은 음주와 여색에 빠져버릴 것이다. 하지만 그것도 어느 정도인 것이다. 집착이 심하면 몸이 망가지고 집착이 덜한 경우 결국엔 질린다. 그리고 인간은 권태를 느낀다. 경제적으로 생존이 시급한 상태에 놓인 사람이라면 당연히 열심히 돈을 모아야 하지만 충분한 돈이 있음에도 불구하고 권태를 견디기 어려워 아무 일이라도 해서 그것을 잊으려고 한다. 에리히 프롬Erich Fromm이 〈자유로부터의 도피〉에서 지적한 것과 비슷하게 힘들게 획득한 경제적 자유를 마다하고 다시 자청하여 일자리로 복귀하려는 것이다.

어쩌면 인생 최고의 쾌락은 권태를 느끼지 않는 기술, 즉 '빈둥거림'에 있는 게 아닐까란 생각을 해 보았다. 최고의 빈둥거림은 죽을 때까지 심심하지 않을 것 '하나'를 잡아 평생 그 길을 가는 것이다. 앞에서 예를 든 음주와 여색은 하루 24시간 내내 지속할 수 없기 때문에 절대로 그 하나가 될 수 없다. 멋있게 잘 빈둥거리기 위하여 현재 내 삶 가운데 이 하나에 가장 접근한 나만의 학이시습이란 곧 '책 읽고 운동하고'다.

나는 매일 운동하므로 건강은 크게 걱정할 필요가 없는 편이다. 즉 운동 목적이 건강을 지키기 위함은 아니다. 쿵푸〔工夫〕, 즉 '몸 공부'를 하는 것이다. 뒤에 상세히 밝히겠지만 운동은 운(運)하고 동(動)하는 것이다. 이것을 꾸준히 하다 보면 어느 날 갑자기 예전에 책에서 읽었던 글들의 의미가 새삼 선명하게 다가온다. 그럼 마음이 감응(=感)하여 움직이게(=動) 되어 큰 희열을 느낀다. 이걸 평생 반복하며 사는 게 내가 보기엔 최고의 빈둥거림이다. 그러고 나니 그저 밋밋하게만 느껴졌던 〈논어〉 첫 구절이 얼마나 대단한 말씀이었는지 비로소 공감할 수 있었다. 책 읽고(=學) 운동하니(=時習) 기쁘지 아니한가(不亦說乎)!

두 번째 문장은 책 읽고 운동하다가 가끔 심심할 때 친구를 만나 술이라도 마시며 수다 떠는 게 즐겁다는 식으로 해석하면 될 것 같지만 이래 버리면 격이 떨어지는 푸념조의 문장으로 전락해 버린다. 고등학교 교과서에서 처음 접했던 김춘수의 시 〈꽃〉을 음미하는 과정에서 '멀리서 친구가 찾아온다' 는 게 '그가 나에게로 다가와 꽃이 되었다' 는 것과 같은 의미일 거라고 가설을 세운 뒤 다시 찬찬히 보니 겨우 의문이 해결되었다.

'불역락호' 의 락(樂)을 '즐겁다' 고들 해석하지만 내 느낌에 더 적절한 표현은 '뿅~ 간다' 가 맞다고 본다. 마음이 그냥 기쁜 정도가 아니라 엑스타시나 오르가즘을 느끼는 것 비슷하게 큰 정서적 충격을 받아 살짝 돈 상태라고 보는 것이다. 새로운 각성(覺醒), 즉 '멀리서 친구가 왔을 때 = 나에게로 와 꽃이 되었던 그 때' 그 순간을 묘사한다면 '불역락호' 라는 표현이 딱 들어맞는다. 이 문장은 그에 합당한 각성을 몸으로 체험했을 때에만 나올 수 있는 감탄사다.

사과를 한 번도 먹어본 적 없는 이에게 사과 맛을 말로 설명하는 것이 불가능하듯 불역락호 또한 그런 것이다. 눈앞에서 보물을 보여

주어도 대다수가 볼 눈이 없어 보지 못하고, 오랜 세월 고생하여 겨우
안 것이지만 사람들이 전혀 알아주질 않으니 "들을 귀 있는 자는 들으
라"는 안타까운 마음 외에 달리 사람들과 이것을 함께 공유하기가 어
려운 것이다. 이것이 바로 세 번째 문장 '인부지이불온'이 담고 있는
의미라고 보았다. 이 모든 내용을 종합하여 내 식대로 의역하면 이렇
게 된다.

책 읽은 대로 운동에 적용해 보고, 운동한 대로 글을 공감할 수
있으니 기쁘다.
(그 결과) 드물게 (대오각성은 아닐지라도) 각성이 올 때마다 뿅 간다.
(각성을 체험 못한) 사람들과 이것을 공유할 수 없음을 괴로워하진
말자.

사실 이 책은 앞서 낸 〈명상적 걷기〉의 원고를 쓰던 당시 대강의
구상을 끝내 놓았었다. 내가 주창하는 메시지의 일관성을 유지하고자
〈명상적 걷기〉에서는 충분히 다루지 못하였던 중요한 한 가지를 본격
적으로 다루어 보고자 한다. 그 한 가지란 다름 아닌 '소통'이다.
〈명상적 걷기〉는 그 제목에서 알 수 있듯 나의 운동 체험을 근거

로 바르게 걷는 원리를 설명한 책이지만, 단순히 걷는 법, 곧 테크닉만을 다룬 책은 아니다. 크게 드러내지는 않았지만, 그 안에는 지금부터 말하고자 하는 소통의 의미가 조금이나마 언급되어 있다. '나'와 '몸나'와의 소통이 그것이다. '나'가 몸을 움직이려고 할 때에 팔 또는 다리를 직접 제어하는 게 아니고, '몸 나'와 먼저 통신을 주고받은 후 '몸 나'를 통해 팔 또는 다리를 움직여야 한다는 것이 핵심이었다. '나'가 직접 팔, 다리를 움직이면 팔 힘 또는 다리 힘이 나올 뿐이지만, '나'가 '몸 나'를 통해 팔, 다리를 움직일 줄 알게 되면 비로소 '몸 힘'이 나온다. 몸 힘은 '나'와 '몸 나'의 소통을 통해서만 얻을 수 있는 보물, 바른 움직임의 비결인 것이다. 이때의 '몸 나'는 특별한 무게중심으로 옛날엔 단전(丹田)이란 말로 불렸던 개념이다. 또한 지구의 중심에 코어(the core, 核)가 존재하는 것과 같은 맥락에서 '몸 나'를 코어라 불러도 무방하다.

　'나'와 '몸 나'의 소통이 잘 되면 '나'는 '몸 나'를 매개로 지구와의 소통을 경험하게 된다. 지구와 '나' 사이에 작용하는 힘인 중력(=gravity)을 거스르지 않고 무위자연하게 움직이는 법을 점점 더 깊이 알게 된다는 말이다.

'나'가 '몸 나'와 소통하는 원리를 알고, '몸 나'를 통해 지구와 소통하는 원리를 알았으니 이젠 '나'와 '타인'과 소통하는 원리를 알아야 할 때가 되었다. 그런데 '나'와 '타인' 사이의 매개체가 언어라면 언어 자체가 갖고 있는 의미 전달의 불완전성과 모순 관계들, 나아가 모든 인간은 거짓말을 할 수 있다는 치명적 사실로 인해 언어를 통해서는 '나'와 '타인'이 무위자연하게 소통하는 원리를 깨닫기는 거의 불가능하다. 거짓을 전혀 모르는 매개체가 필요하다. 그것이 인간의 몸(!)인 것이다. 물론 궁극적으로는 언어를 통해서도 '나'와 '타인'과의 소통에 도달하는 것이 이상적이겠으나 그 전에 거짓을 모르는 몸과 몸이 서로 소통하는 감동적인 체험을 쌓을 수 있어야 한다. 순수한 단계의 소통을 모른 채 복잡계의 소통을 말하는 건 그야말로 사상누각이 아니겠는가?

땅고(Tango)는 '나'와 '타인'이 몸 언어를 써서 서로 소통하는 공부를 위해 내가 선택한 방편이다. 이것은 두 남녀가 함께 추는 춤이다. 수많은 것 중 왜 춤을, 그 중에서도 땅고를 선택했는가 하면 거기엔 세 가지 이유가 있다.

첫째, 명상적 걷기의 응용으로서 땅고는 매우 이상적이다. 간단히 말해 혼자 걷기를 둘이 함께 걷는 것이 땅고인 것이다. 걷기를 잘 못하면 땅고는 대단히 어려운 춤이다. 걷기를 잘하면 그저 음악에 맞추어 걷는 것만으로 저절로 땅고가 된다. 명상적 걷기 원리를 충분히 이해하고 웬만큼 몸으로 숙달시킨 단계로 올라왔을 때에만 땅고 댄스를 즐길 수 있다.

둘째, 음악에 맞추어 걷는다. 그냥 걷기보다는 음악에 맞추어 걷는 것이 훨씬 덜 지루하다. 물론 땅고 음악을 좋아해야한다는 전제가 따라야 하겠다. 땅고는 춤이고 춤에는 음악이 필수다. 그렇기 때문에 단순히 잘 걷는 것만으로는 땅고를 즐기지 못한다. 땅고 음악이 담고 있는 그 경이로움! 그것을 듣고 전율과 감동을 느끼는 체험이 있은 후에 진정 땅고에 맞추어 걷는 것, 즉 땅고 댄스가 가능해진다.

셋째, 남녀가 홀드(hold, 춤에서 남녀가 서로의 팔을 맞잡는 방식을 가리키는 용어)를 하고 함께 걷는다. 땅고를 남자끼리 또는 여자끼리 추는 경우는 거의 없다. 남녀의 의미란 결국 양과 음의 조화다. 양과 양의 만남은 충돌이 일어나기 쉽고 자연계를 보아도 수컷끼리는 조화보다는 공격성을 드러내기 일쑤다. 땅고는 양과 음이 만나므로 양은 음의 섬세한 몸 힘을, 음은 양의 강한 몸 힘을 서로 주고받으며 이상적인 몸 움직임이 어떠해야 하는 지를 상대를 통해 깨닫게 해 준다. 땅고는 두 사람이 한 동작처럼 움직여야 한다. 이를 위해 기술적으로 코어를 써서 움직이는 이치를 분명하게 깨달아야만 한다.

이 책은 몸과 관련하여 쓴 네 번째 책이다. 첫 번째 책은 무술에 관한 에세이였고, 두 번째 책은 몸만들기의 핵심을 다루었고, 세 번째 책은 명상적 걷기의 원리를 설명하였고, 지금 이 네 번째 책은 걷기의 응용으로서 땅고, 즉 춤에 관한 이야기다. 의도한 바는 아니었지만 인간의 몸을 찾아 떠났던 나의 긴 여행은 무술에서 출발하여 춤에서 일단락되었다. 마치 견우(=무술)와 직녀(=춤) 사이에 오작교(=몸만들기 + 명상적 걷기)를 놓아 서로를 만나게 한 것 같은 묘한 형태로 완성된 것이다. 예상치 않았던 것이지만 무술과 춤을 하나의 원리로 관통시켰다는 것에 남다른 보람과 자부심을 느낀다. 끝으로 오랜 기간 이 길을 함께 걸어온 학민사에 깊은 감사를 드린다.

일러두기

'땅고'와 '탱고'

이 책에는 '땅고'와 '탱고'가 함께 등장한다. 동일한 알파벳 'Tango'를 스페인어식 발음과 영어식 발음으로 옮겨 적은 것이다. 이는 오타가 아니며 의도적으로 구별하여 사용하였다. 땅고는 '땅고 아르헨띠노(Tango Argentino)'의 줄임말이고, 탱고는 '콘티넨털 탱고(Continental Tango)'의 줄임말이다. '땅고'는 부에노스아이레스 및 몬테베르디에서 발생하여 전승된 춤과 음악을, '탱고'는 유럽으로 건너간 땅고가 시간이 흐르는 동안 변형되어 독자적 형태로 완성된 유럽식 춤과 음악을 가리킨다. 땅고와 탱고는 같은 뿌리에서 탄생한 춤이긴 하지만 현재는 음악과 춤 양면에서 상당히 다른 점을 갖고 있으므로 마땅히 이를 구별해야 한다고 보았다. 단, 영화나 노래 제목 등에 고유명사처럼 사용된 경우는 관례를 따라 '탱고'를 썼다.

더불어춤

커플 댄스(Couple Dance)를 대체하고자 새로 만든 용어다. 본래 유럽의 커플 댄스를 가리키는 전통적인 용어는 소셜 댄스(Social Dance)

또는 볼룸 댄스(Ballroom Dance)이고, 훗날 댄스 스포츠(Dance Sport)란 용어가 추가 되었다. 하지만 이 모두가 이 책에서 전적으로 사용하기에 적당치가 않아 고심하였다.

'소셜 댄스'는 '사교춤'이라는 용어로 번역되어 사용 중인데, 의미가 다소 변질되어 땅고를 포함한 커플 댄스를 가리키는 용어로는 적절치 않다고 보았다. '볼룸 댄스'는 오늘날엔 굳이 볼룸이 아닌 장소에서도 이 춤을 즐길 수 있기 때문에 적당치가 않다. '댄스 스포츠'는 전문 댄서들이 시합에서 겨루기 위한 열 가지 종목만을 가리키는 용어로, 댄스 실력으로 우열을 가리는 일에 관심이 없는 나 같은 사람에겐 매우 어색할 뿐 아니라, 탱고는 포함하고 있으나 땅고는 제외하였으므로 적절치 않다. 그나마 '커플 댄스'가 가장 중립적인 용어이긴 하나 이 또한 '쌍쌍 춤'이라는 좋지 않은 번역 사례가 있고, 한국에서는 '커플'이란 단어 자체에 다소 오해의 소지가 있을 수 있다고 보았다.

또한 남의 시선을 끌기 위한 과장된 몸짓, 장식적 동작들을 배제하고 오로지 두 사람 간 교감만을 고려한 담백한 춤을 추구한다는 점에서도 기존 용어를 그대로 사용하기는 부적절하다고 판단, 부득이 새로운 용어를 만들지 않을 수 없다는 결론에 다다랐다. 이왕이면 '두 사람이 음악에 맞추어 걷기'란 의미와 '소통과 공감'을 동시에 아우르는 순우리말이 좋을 거라고 보고 고민 끝에 '더불어 함께 추는 춤'을 줄여 '더불어춤' 이란 용어를 만들었다. 또한 〈더불어 숲〉의 저자 신영복 선생의 글 중 "여럿이 함께 가면 길은 뒤에 생긴다"는 구절에서 내가 왜 '더불어춤' 이란 용어를 새로 만들 수밖에 없었는지, 그 취지와 잘 부합한다고 보아 그리 정하였다.

스페인어의 한글 표기

스페인어 발음은 최대한 원어에 가깝게 한글로 옮기고자 노력했다. 그러나 엄정한 규칙을 갖고 작업한 게 아니어서 다소 모순이 발견될 수도 있다. 한글로 표기하기에 모호한 경우는 평소 나의 발음 습관대로 남겨 두었다. 예를 들어 한국에서도 익히 유명한 '피아졸라 (Piazzolla)' 와 같은 이름을 굳이 '삐아쫄라' 라 하지는 않았다.

CONTENTS
차 례

쿼터 턴

땅고 댄스

땅고 음악

부족한 대로 땅고의 역사를
추적하다보니 흘러가는 양상이
재즈의 역사와 상당 부분 합치되고
있음을 발견하였다. 같은 부모한테서
태어나 각기 다른 지역, 다른
환경에서 자란 일란성 쌍둥이처럼,
나뭇가지는 다르지만 장성한 나무
자체는 놀라울 정도로 닮아있는
것이다.

음악과 만나다

　나의 어린 시절은 넉넉하지 않았지만 가난하지도 않았다. 당시엔 꽤 드물게 유치원을 다녔다. 초등학교(그때에는 국민학교) 다닐 땐 방과 후 피아노학원을 약 3년간 다녔다. 친구들과 〈소년중앙〉, 〈어깨동무〉 같은 잡지를 읽었던 세대이다. 펜팔(pen-pal)하는 것이 유행했었는데, 자기소개의 취미 란은 독서, 음악 감상, 우표수집, 운동 항목이 빠지지 않고 들어갔던 것으로 기억한다. 간혹 부모님의 취미를 물려받아 등산, 테니스, 낚시, 바둑 등을 적는 이도 있긴 했다. 나의 취미는 이때부터 줄곧 음악 감상이었다.

　사람마다 다르겠지만, 내 기억 속 초중고 12년간의 삶은 추억이라는 게 거의 없다. '매일 출퇴근 하는 교도소'와 같은 통제된 곳, 재미없고 하기 싫은 것을 억지로 해야 하는 억압을 12년간 견뎌야만 했던 악몽의 나날들로만 기억한다. 태생적으로 조직으로부터 통제받는 것을 유독 힘들어하는 나 같은 체질이 있는 것 같다. 하지만 딱 1년간, 초등학교 5학년 시절만큼은 예외였다. 유일하게 재밌게 보낸 1년이었다.

　담임을 맡으셨던 분이 굉장히 엄했고, 조금 특이하셨다. 책상을 분단으로 나누지 않고 8명이 서로 마주볼 수 있도록 배치해서 그룹별로 협동 작업을 하도록 시켰다. 그게 재밌었다. 또한 피아노, 바이올린, 첼로, 플룻 등 여러 악기들을 잘 다루셨다. 내가 살던 동네가 그다지 잘 사는 곳이 아니라 비싼 악기를 살 수 없어 대신 리코더를 전원에게 구입하게 해서 그걸 가르쳐 주셨다. 명동의 한 음악사에서 사비로 악보를 구입하시어 합주를 많이 시켰다. 좋지 않은 카세트로나마 다양한 고전 음악을 들려주시기도 했다.

　몇 년 뒤 내가 중·고등학교 다닐 무렵 현실 도피(?)를 겸해 유럽 고전음악을 즐겨 듣기 시작한 계기도 이 분의 영향을 무시할 수 없을 것 같다. 5학년 내내 많이 혼났고, 많이 놀았고, 학교에서 가까워 매년 걸어서 어린이대공원으로 갔던 소풍도 이때가 제일 재밌었다. 좌우지간 학교 가는 게 원천적으로 싫으면서도 자발적으로 갔던 게 그때가 처음이자 마지막이다. 6학년 올라가면서 나는 또 다시 밋밋하고 지루한 수업을 받아야만 했다.

　내 또래가 "나 음악 좀 듣는다"고 할 때 주된 장르는 대체로 팝송이나 롹(rock)이었다. 나 역시 이런 음악을 듣고 좋아했지만 사실 진짜 좋아하였던 건 유럽 고전음악이다. 용돈을 모아 어렵게 산 라디오 주파수를 93.1MHz에 맞추면 하루 종일 나오기 때문에 돈이 거의 들지 않았다. 주변 사람들한테는 알리지 않은 채 이어폰을 끼고 혼자 음악을 즐겼다. 사람들 모르게 하였던 건 이 음악에 대한 편견이 강했기 때문이다. 굳이 알려서 "네 까짓 게 뭔 클래식을?"이라는 식으로 불필요한 오해나 비아냥거림을 감수할 필요는 없는 것이다.

락 음악 좋아하는 티는 낼 수 있어도 유럽 고전음악 좋아하는 티를 냈다간 재수 없다고 낙인찍히거나 빈정거림이나 받을 게 뻔해 이 취미를 본의 아니게 숨겨야 했다. 그랬기 때문에 취미 생활을 같이 할 사람들을 만나지 못한 채 고립되었던 게 아닐까 하는 생각도 든다. 다행히 나의 또 하나 취미 생활이었던 컴퓨터 만지기를 통해 일찍이 PC 통신을 접하게 되고, 거의 날밤을 새며 채팅하기에 빠져 지내다 고전음악동호회 사람들을 만나게 되어 외톨이(?) 생활에서 벗어날 수 있었다.

음악 듣기와 관련하여 절대로 잊을 수 없는 세 번의 신비체험을 하였다.

첫 번째는 고등학교 다닐 무렵의 일이다. 몹시도 나른한 초여름이었던 것으로 기억하는데, 날씨 탓에 아무 것도 하기 귀찮아 방바닥을 뒹굴다가 나도 모르게 잠이 들었다. 그 때 총천연색 꿈을 꾸었다. 파란 하늘과 드넓은 들판을 바라보고 있는 꿈. 그 뿐이 아니었다. 아득하게 어디선가 음악이 흘러나오고 있었다. 곡목은 모르지만 선율 하나하나가 귀에 쏙쏙 들어와서 박히는데 너무 감동적이다 보니 (최고, 최상의 감탄사로서) 욕이 나오면서 눈물이 나왔다. 누군가 그 광경을 보았다면 자다가 울면서 욕하는 미친놈이라고 손가락질을 했을 것이다. 그런 상태로 꿈속에서 완전히 넋이 나가 한참을 있다가 저절로 잠이 깨었다. 며칠이 지나자 이 꿈속 체험을 까맣게 잊어 버렸다. 어느 날, 습관처럼 듣던 라디오에서 〈모짜르트 클라리넷 협주곡 2악장〉이라며 틀어주는데 이럴 수가! 꿈에서 들었던 바로 그 곡이 아닌가!! 당시 난 이 곡을 전혀 모르는 상태였다. 즉 현실에서 들었던 곡을 꿈에서 다시 들은 게 아니라, 거꾸로 꿈에서 먼저 음악을 접한 뒤 현실과 마주하였던 것이다. 지금도 이게 납득이 되지 않는다. 신비체험이라고밖에 달리 할 말이 없다.

폼 나게 해석해 보자면 과거 어느 때 무심히 듣고 지나쳐버렸던 곡이 내 의식 속에 잠재되어 있다가 꿈에 나타났든가, 좀 더 현실적으로는 내가 잠자고 있을 때 옆집에서 클라리넷 협주곡을 크게 틀어 놓았는데 꿈속에서 흘러나온 걸로 착각했었을 것 같다. 예쁜 여자도 자주 보면 질리듯 음악 또한 자주 듣다 보면 마취효과가 줄어들기 마련이라, 이제는 이 곡을 들으며 오래전 그 감흥을 다시 느끼는 것은 아니지만, 나로서는 이 사건이 생애 최초의 초현실적 체험이었고, 그것이 계기가 되어 한층 유럽 고전음악을 열심히 찾아 듣기 시작하였다.

두 번째 신비체험은 어느 재즈 음반을 듣다가 일어났다. 난 이 일을 계기로 고등학교 졸업 직후인 20대 초반 재즈에 꽂혔다. 패션업계에서 일어난 재즈 유행은 아직 국내에 불기 전이라 대형 매장에도 재즈 음반이 별로 없었던 시절이었다. 어렵게 아르바이트해서 모은 돈으로 한 장 두 장 사야 하는 형편에 좋은 음반을 골라야겠는데 연주자 이름, 곡명, 레이블 모든 것이 낯설어 난감했다.

　우선 재즈의 역사에 대한 책을 한 권 사 밑줄 그어가며 열심히 읽고 나니 연주자들의 이름이 조금은 친숙해져 뭘 사야할지 감이 오기 시작했다. 세운상가 근처 도매점을 찾아갔다가 마일즈 데이비스(Miles Davis)의 카세트 테입 하나가 눈에 들어왔다. 분명 책에서 굉장한 사람이라고 해 놓은 걸 떠올리고 그 날 〈카인드 오브 블루(Kind Of Blue)〉를 샀다. 그러나 한번 듣고는 곧장 쓰레기통으로 들어 갈 뻔 했다. 짜증나는 트럼펫 소리, 드르륵 드르륵 기관총 쏘아대는 것처럼 들리는 색소폰 소리 같은 것들 뿐. 신중하게 골랐건만 이런 걸 사다니, 속으로 땅을 치고 후회했다. 다음에 살 때는 잘 조준(?)해서 사야겠다고 재삼재사 다짐했지만, 그 후에도 몇 번 후진 음반을 사는 시행착오를 겪으며 조금씩 재즈에 공감하기까지는 1년여의 세월이 걸렸다.

　어느 날 외출하기 전 워크맨으로 들을 음악을 챙기다 구석에 잠자고 있던 이 음반이 눈에 띄었다. 먼지 쌓여 있던 그것을 모처럼 꺼내 든 것은 순전히 사 놓고 듣지 않으면 돈이 아깝다는 생각에서였다. 지금도 그 때 기억이 생생하다. 전철 타러 가는 길에서 첫 번째 곡 〈쏘 왓?(So what?)〉을 들었을 때 '어? 이거 뜻밖에 괜찮네?' 란 생각을 하였고, 이어 전철 올라가는 계단 중간쯤에서 두 번째 곡 〈프레디 프리로더(Freddie Freeloader)〉가 흘러나올 때엔 벼락을 맞은 듯 온 몸에 감전이 왔다. 한 마디로 기절할 지경으로 확 간 것이다.

　음악 듣다 그런 충격은 태어나 처음! 그때야 난 비틀즈(Beatles)

광팬들 사이의 집단 히스테리의 본질을 이해하였다. 때로 음악은 무당의 접신과 비슷하게 열광과 도취의 세계로 감상자를 인도한다. 마약이 사람을 피폐하게 하는 것과 달리 이것은 너무나 행복한 체험이다. 세상에 태어난 이상 죽기 전 꼭 한 번은 맛봐야 할 것 하나가 이것이 아닐까?

세 번째 신비체험은 라디오에서 한국 고전음악을 듣다 일어났다. 스물 몇 살 무렵, 오후 5시경, 동대문운동장에서 성남까지 운행하던 570-2번 버스 뒷자리에서 심드렁하게 이어폰으로 라디오를 듣다가 일어난 사건이다. 그 때 흘러나왔던 곡은 다름 아닌 〈수제천(壽齊天)〉이었다. 버스가 움직이면서 수시로 잡음이 끼어드는 열악한 환경에서 난 꿈을 꾸듯 어떤 환영을 보았다. 음악이 흐르는 동안 나타났다 이내 사라졌으나 뒤에 남은 잔상, 그 장엄하고 아름다운 세계는 도저히 표현이 불가능하다.

평범한 일상 속에서 뜻밖에 마주한 이 강렬한 체험은, 그 때는 몰랐지만 돌이켜보면 결과적으로 지금 내가 가고 있는 길[道]의 이정표가 된 듯하다. 눈으로 보는 것 외의 다른 세계가 존재할 수 있다는 생각을 그 날 처음 하였고, 도대체 그게 뭘까 궁금하여 여기저기 들쑤셔보다 정신과 육체의 상관관계에 어떤 단서가 있는 것 같아 몸수련의 필요성을 느끼게 되고 (게다가 살이 너무 쪄서 아무 운동이나 필요했었고) 이왕이면 관심이 많았던 무술 쪽으로 방향을 잡아 또 여기저기 좌충우돌 헤매다 여기까지 오게 된 것이다.

그 날 이후 내 머리 속에 깊숙이 들어와 박혀버린, 같은 뿌리에서 나와 다른 모습을 하고 있는 두 요소 '긴장'과 '이완'은 나름대로 발견한 양(陽)과 음(陰) 바로 그것이었다. 긴장은 이완을 내포하고, 이완은 긴장을 내포한다. 긴장 속에 이완이 없다면 그것은 경직된 것이다. 이완 속에 긴장이 없다면 그것은 무기력하다. 양이라고 해서 밝고 외향적이고 남성의 이미지만 갖고 있는 것이 아니라, 이미 그 안에는 음이 자라고 있다. 음 또한 그 안에 양을 갖고 있는 것이다. 그 현상을 귀로 보게 되었을 때 갑자기 광대한 세계가 마음에서 열렸다. 그러나 오래 머물지 못하고 거기 잠시 다녀온 기억만 간직한 채 나는 여전히 그 때 그 세계로 들어가는 열쇠를 찾아 헤매고 있다.

그 후 나의 음악적 취향과 호기심은 가능한 한 세상의 모든 음악을 들어보는 지경으로까지 확대되었다. 한 개인이 온 세계 구석구석의 음악을 죄다 들어보는 것은 불가능하지만, 큰 틀에서 보면 음악으로써 세계 일주를 한 번 끝낸 것 같은 느낌이 든다.

드디어 몇 년 전부터는 땅고(Tango)에 가 닿았다. 유럽 고전음악을 듣기 시작한지 30여 년, 재즈를 듣기 시작한 것은 20여 년인 것에 비해 땅고를 접한 것은 불과 5, 6년 남짓이다. 땅고 댄스에 대한 글을 쓰기에 앞서 땅고 음악에 대한 글을 쓰자니 자료가 충분치 못함을 고민하였다. 부족한 대로 땅고의 역사를 추적하다보니 흘러가는 양상이 재즈의 역사와 상당 부분 합치되고 있음을 발견하였다. 같은 부모한테서 태어나 각기 다른 지역, 다른 환경에서 자란 일란성 쌍둥이처럼,

나뭇가지는 다르지만 장성한 나무 자체는 놀라울 정도로 닮아있는 것이다.

게다가 재즈의 역사와 땅고의 역사를 비교 서술한 글을 아직 보지 못하였다. 그러니 내가 잘 모르는 땅고의 빈 부분이나 연구자들 사이에서 논란 중인 부분들을, 내가 일고 있는 재즈의 역사를 내입하여 퍼즐 맞추듯 해 보는 것도 나름 의미 있는 일이 되지 않겠는가 생각하였다. 다음에 이어지는 글들에서는 의도적으로 재즈의 역사와 땅고의 역사를 비교, 분석하였음을 밝혀둔다. 물론 재즈뿐만 아니라 유럽 고전음악과 쿠바, 브라질 등 땅고의 이해에 도움이 될 만한 다른 지역의 역사와 음악들도 참고하였다.

제국주의

재즈는 아프리카에서 붙잡혀온 노예들의 피와 땀과 눈물을 먹고 자란, 20세기 위대한 예술 장르의 하나다. 노예 주인들이 알고 있던 유럽 고전음악, 유럽인들의 관점에서 신대륙이었던 그곳의 토착 음악, 아프리카 음악에 대한 노예들의 기억이 한 그릇 속에서 오랜 세월 비벼진 결과 나온 새로운 장르인 것이다. 재즈뿐만 아니라 대부분의 아메리카 음악이 이러한 과정을 거쳐 나왔으며, 땅고 또한 예외가 아니다. 인간의 존엄성을 의심케 하는 그 비극적인 노예무역의 역사가 없었다면 재즈도, 땅고도 존재할 수 없었을 것이다.

노예무역 때문에 위대한 예술이 태어났으니, 그 처절한 역사도 나름 의미가 있었다고 해야 할까? 고생 끝에 낙이 온다는 고진감래(苦盡甘來)란 성어를 이런 음악들 앞에 붙여도 될까? 난 도저히 이에 동조할 수는 없다. 시간을 되돌릴 수 있다면 노예무역 같은 야만적 행위는 일체 일어나지 말았어야 했고, 그래서 재즈도, 땅고도 차라리 태어나지 않는 게 훨씬 더 좋은 일이라고 생각하지만, 그런 일은 영화에서나 가능한 것이다. 오늘날 사람들은 배경과 내막을 모른 채 그냥 음악으로서 즐길 뿐이다. 하지만 역사적 배경을 모르면 왜 재즈의 뿌리가 우울한 음악, 곧 블루스(blues)이고, 땅고 선율 속에 왜 그리 슬픈 정서가 배어 있는지를 이해하기 어렵다. 재즈와 땅고의 역사를 거슬러 올라가 보면, 반드시 유럽 제국주의가 인류를 향해 저지른 갖가지 만행들과 마주치게 된다.

위인을 한자로 '偉人'으로 쓴다. '훌륭한 사람'이란 뜻이다. 어렸을 때 우리 집에는 총 24권짜리 위인전 전집이 있었다. 난 그것을 옛날 얘기라 생각하여 틈나는 대로 재밌게 읽곤 했다. 슈바이처, 에디슨, 모짜르트, 베토벤, 나폴레옹, 신사임당, 원효대사 등등… 그리고 콜럼버스. 나이가 들어 진실을 조금 알게 되니, 세상에 위인전보다 더 터무니없는 책은 없었다. 예를 들어 모짜르트와 베토벤은 그들의 음악이 위대한 것이지 사람됨 자체가 위대하다고 하기 어렵고, 나폴레옹은 자신의 욕망 충족을 위해 프랑스 민중을 이용한 야심가에 불과했지 결코 위인이랄 수 없다. 대체 어른들은 모짜르트 전기를 읽고 뭘 배우라는 것이었을까? 너도 음악 천재가 되어라…? 나폴레옹을 읽은 뒤에 너도 군대를 이용하여 황제가 되어라…?

더구나 이해할 수 없는 건 콜럼버스다. 유럽인들 눈에는 신대륙 발견자이자 이른바 '대항해 시대'를 연 탐험가, 영웅일는지 모르겠으나, 실제로는 자신이 '발견'한 대륙에서 대규모 학살을 저지른, 평범한 사람만도 훨씬 못한 최악의 인물이기 때문이다. 바르톨로메우 디아스(Bartolomeu Dias)가 남아프리카 희망봉을 돌아 인도로 가는 항로를 개척한 것에 비해, 콜럼버스가 서쪽으로 항해할 결심을 할 수 있었던 근거는 지구구형설(地球球形說)에 대한 확신 때문이었다.

콜럼버스가 신대륙을 '발견'한 해는 1492년, 코페르니쿠스의 〈천구의 회전에 관하여(De revolutionibus orbium coelestium)〉가 출판된 것은 1543년, 다시 말해 지동설(地動說)에 관해서는 잘 몰랐던 시기지만, 지구가 둥글다는 것은 피타고라스, 프톨레미오스, 아리스토텔레스 등에 의해 고대로부터 이미 알려진 지식이었다. 특히 아리스토텔레스는 월식이 달에 비친 지구의 그림자 때문이라는 사실을 알고 있었다고 한다. 또한 뱃사람들 사이의 오랜 전설은 바다 건너에 대륙이 있음에 확신을 더했다. 그리고 그 땅을 인도라고 보았다. 항해에 걸림돌이 되었던 것은 지구가 둥글다는 사실을 증명하는 게 아니라, 얼마만큼 항해를 해야 인도에 닿겠는가라는 것, 즉 지구의 크기였다. 지구의 정확한 크기를 알았더라면 항해는 불가능했을 테지만, 에스파냐 여왕을 설득하기 위해서라면 지구의 크기를 터무니없이 작게 계산하는 것이 유리했을 것이다. 이 같은 오류가 결과적으로 출항을 도왔고, 운 좋게도 미지의 대륙에 가 닿았다.

콜럼버스가 목숨을 걸고 인도로 가는 새 항로를 개척하려 했던 것은, 미지의 세계에 대한 호기심과 같은 낭만적 이유가 아니라 오로지 부의 축적을 위한 것이었다. 누구나 부자 되기를 원하지만, 그 욕망이 지나치면 천박해지고, 더 지나치면 인간 이하의 짓을 하게 된다. 침략자들은 원주민들을 잡아 노예로 부리는 건 기본이었고, 이상

할 정도의 잔혹성을 드러내 도망치는 원주민을 사냥하고 팔, 다리를 자르는 만행도 서슴지 않았다. 설상가상 유럽에서 건너온 전염병으로 인해 면역력이 없었던 다수가 몰살되었다. 25만여 명으로 추산되었던 원주민의 숫자는 불과 2년 사이 절반으로 줄었고, 수십 년이 흐른 뒤에는 멸종 동물과 같은 운명으로 사라져버린 것이다. 그러나 이것은 전주곡에 불과하다. 이후 백인들에 의해 대륙 전역에서 자행된 홀로코스트는 상상을 초월한다.

콜럼버스는 죽을 때까지 그곳을 인도라고 믿고 있었으나, 훗날 미지의 대륙임이 알려지고 이는 유럽인들의 세계관에 일대 혁명과 같은 사고의 전환을 가져왔다. 그러나 이 지식이 매우 좋지 않은 쪽으로 악용되었다. 제국주의에 의한 식민지 경쟁이 시작된 것이다. 식민지에 조성된 넓은 땅에서 노역시킬 일꾼이 원주민만으로 절대 부족해지자 16세기 전후 악명 높은 아프리카 노예무역이 시작된다.

유럽에서 제국주의가 태동하게 된 것에 여러 가지 원인을 들 수 있겠지만, 나는 유럽인들이 발견한 이성(=reason)에 대한 맹신에 뿌리를 두고 있다고 본다. 중세 봉건 시기에서 근대로 넘어가는 과정에 일어났던 사건 중 데카르트의 근대 철학과 뉴턴의 만유인력 발견을 가장 중요한 것으로 꼽지 않을 수 없다. 데카르트로부터 심신이원론이 확립되었고, 그렇게 분리된 이성의 힘을 단적으로 증명한 사례가 만유인력의 발견인 셈이다.

이 두 씨앗은 엄청난 사회 변화를 주도하게 되는데, 의회민주주의와 산업혁명이 그것이다. 의회민주주의는 자국의 국부(國富)를 늘이기 위한 신속하고 정확한 의사 결정을 하도록 하였다. 과학과 기술의 만남으로 폭발한 산업혁명은 그 때까지 줄곧 기술적 우위에 있었던 중국을 압도해 버렸을 뿐 아니라, 과거엔 상상도 할 수 없었던 대량 생산이 가능해 짐으로써 대량의 원자재와 완제품을 판매할 시장을 필요로 하게 되었다. 값싸게 원자재를 사들이고 비싸게 제품을 판매하여 국부를 늘리는 가장 손쉬운 방법은 식민지를 만들어 그곳의 원료와 인력을 착취하는 것이다.

유럽인들의 이성에 대한 지나친 자부심은 오만으로 치닫게 되어 세계를 이성을 가진 '나'와 이성이 없는 '나머지'로 양분해 버리는 논리를 낳았다. 이후 역사가 보여주듯 그 결말은 인종차별 정책이다. 기록으로 남아 있는 흑인 노예무역과 그들이 당한 고초들을 읽고 있노라면, 과연 어디까지 인간이 스스로 잔혹해 질 수 있는지 상상을 불허한다. 제국주의자들이 저지른 온갖 만행들을 읽는 순간 그들에 대한 적개심이 심하게 일어났다. 그 때마다 읽기를 잠시 중단하고 마음을 추스른 뒤 다시 읽곤 하였다. 1537년 5월 29일, 교황 바오로 3세는 유색인종도 인간임을 인정하는 칙령을 발표하였다. 바꾸어 말하면, 그 전까지는 공식적으로 흑인종이나 황인종은 '인간'의 말을 알아듣는 동물쯤으로 취급했던 것이다.

부두 Voodoo 교 &
깐돔베 Candombe

어렸을 때 길에서 드물게 백인을 보면 "와! 미국인이다!" 했다. 곧 백인은 국적 불문 다 미국인이었다. 역으로 서양 사람들은 중국, 일본은 알아도 한국은 잘 모른다. 최근에 상황이 나아지긴 했지만, 지금도 한국이 중국과 일본 사이에 끼어 있는, 독자적 문화가 없는 '은둔의 나라'라는 인식이 있다면 대단히 기분 나쁘다. 백인이 다 미국인이었듯 흑인은 다 아프리카 사람이었다. 한국, 중국, 일본이 다르 듯 아프리카 사람을 다 똑같이 취급하는 것 또한 부당한 일이 아닐 수 없다.

한국 사람들을 단일 민족이라 믿는 건 시대착오다. 적어도 큰 틀에서 북방계와 남방계의 혼혈이 있었고, 가까이는 거란, 여진, 왜뿐 아니라 멀리 베트남, 아랍 등 다양한 종족의 후손들이 지금 이 땅에 살고 있다. 인종적 특징으로 한국을 중국, 일본과 구별하기는 대단히 어려운 일이다. 내가 보기에 한국을 중국, 일본 등 다른 나라와 본질 적으로 구별하게 하는 건 단군신화와 무속 전통이다. 건국신화를 공유함으로써 공동체 의식을 갖게 되었다는 게 중요하다. 게다가 단군은 최초의 무당이다.

외래 종교가 시간이 흐르며 토착화 과정을 거치는 동안 의도하지 않아도 저절로 들어가 버리는 게 무속적 요소와 기복신앙일 만큼 한국 사람의 무의식 속에는 무속이 자리 잡고 있다. 마찬가지로 일본 사람을 다른 나라와 구별 짓는 근본 뿌리는 신도일 것이다. 고대 한국사에서 미묘한 친근함을 느낄 수 있는 인도의 무속은 곧 힌두교라 해도 틀린 말이 아닐 것이다.

아메리카 대륙으로 끌려간 흑인들은 주로 대서양 너머 가장 가까운 곳, 서아프리카 지역 사람들이었다. 노예상인들은 그들이 어느 부족인지 관심을 둘 이유가 없었을 것이다. 그러나 노예를 산 노예주는 조금 달랐다. 같은 부족끼리 모여 있으면 힘을 합해 반란을 일으킬 위험도 있었고, 기독교도였던 주인들의 입장에서 지독하게 이교도적인 아프리카 전통의식이 계승되길 원치 않았다. 그래서 가능하면 다른 부족끼리 뒤섞어 놓는 방법을 썼다. 그럼에도 불구하고 흑인 고유의 관습과 전통을 완전히 말살시키는 건 불가능했다.

적어도 19세기 말까지 재즈의 발상지였던 뉴올리안즈의 콩고 스퀘어에서는 흑인 노예들만의 집회가 정기적으로 있었다는 기록이 남아 있다. 이 집회를 묘사한 설명을 읽어 보면, 딸랑딸랑 방울 소리, 소뼈로 뭔가를 두드리는 소리, 발목에 끈으로 묶은 조각들이 부딪히며 나는 소리, 그리고 흑인들 특유의 외침 소리(=shout) 등이 들렸다고 한다. 한국의 무속과 본질적으로 별 차이가 없다는 느낌이다.

노예주의 뜻에 따라 기독교로 개종하였어도 이 같은 요소는 사라지지 않았고, 단지 장소와 숭배하는 대상이 바뀐 정도에 불과하다. 그것이 작곡자 미상의 수많은 흑인영가들, 그리고 마할리아 잭슨(Mahalia Jackson), 시스터 로제타 서프(Sister Rosetta Surf) 등 유명한 가수를 낳은 가스펠(gospel)을 탄생시켰고, 블루스(blues)를 낳은 원동력이 되었다.

아이티에는 아프리카의 것을 거의 그대로 보존했다고 여겨지는 종교 전통이 있다. 아프리카에서 노예로 끌려온 요루바(Yoruba)족 갈래에 속하는 폰(Fon, 또는 Dahomeyan)족의 말 중 '보둔(vodun)'은 인간을 지켜보고 있다가 복이나 화를 불러오는 보이지 않는 두렵고 신비한 힘을 가리킨다. 여기에서 부두(Voodoo)교가 나왔다고도 하고, 주-주(Ju-Ju)교라는 종교로부터 파생되었다고도 한다.

인형의 저주나 좀비 이야기 같이, 백인들이 만든 영화들로 인해 황당한 왜곡이 있긴 하지만, 부두교 의식 자체는 한국의 무속과 별로 다르지 않다. 동물을 죽여 피를 담는 것에 대하여 거부감이 있을 수 있겠는데, 이 또한 한국에서 제상에 돼지머리를 올리는 것과 별로 다를 게 없다. 또 고대 유태인의 조상이라고 하는 아브라함도 양을 잡아 번제의식을 행했을 뿐 아니라, 히브리족이 이집트 노예로 있을 때 야훼의 저주를 피하기 위해 모세의 지시로 대문에 양의 피를 바르지 않았던가.

부두교는 '로아(Loa)'라는 영을 숭배한다. 흥미로운 건 의식을 주관하는 여사제를 가리켜 맘보(Mambo)라고 하는 사실이다. 쿠바(Cuba)에서 맘보는 춤 이름이기도 하다. 전후관계가 명확하진 않지만 맘보, 룸바(Rumba), 차차차(Cha Cha Cha)는 같은 계통의 춤이다. 미국으로 건너가 쿠바 색채가 옅어진 대신 백인 취향이 좀 더 가미된 맘보가 살사(Salsa)다. 이와 같은 관계는 오늘날 라틴 댄스 음악에 등장하는 온갖 타악기들이 본래는 아프리카 종교 의식에 사용되었던 것임을 강하게 반증한다.

브라질에서는 아프리카 전통이 무술과 종교로도 나타났다. 확실하지는 않지만, 까뽀에이라(Capoeira)는 브라질에 노예로 잡혀온 흑인들이 주로 앙골라와 콩고 출신이라는 것에서 이 지역의 전통을 일부 계승했을 것으로 추정할 수 있다. 까뽀에이라는 춤과 무술의 혼합 그 자체다. 사용되는 악기들 또한 아프리카 종교의식에서 쓰는 것들과 큰 차이가 없어 보인다.

깐돔블레(Candomblé)는 요루바족의 신 올로룬(Olorun)을 숭배하는 브라질의 종교 의식이다. 깐돔블레와 비슷한 발음으로서, 땅고 역사에 등장하는 깐돔베(Candombe)는 몬테비데오, 부에노스아이레스 등지에서 성행했던 가장행렬 축제에 사용된 춤과 음악이다. 이것도 흑인 노예들이 숲에서 주술적인 의식을 행하였던 전통이 토대가 되었다. 이 왁자지껄한 분위기에서 의미가 확대된 듯, 스페인어 사전에서 'Candombe'는 '혼란, 무질서'라고 나온다.

깐돔베는 오늘날에도 행해지고 있기 때문에 인터넷을 통해 쉽게 동영상을 구해 볼 수 있는데, 땅고 역사에서는 이로부터 밀롱가 (Milonga)라는 2/4박자의 빠른 음악이 나왔다고는 하나 솔직히 말해 나는 그 연관성을 납득하기 좀 어렵다. 깐돔블레와 발음만 비슷한 게 아니라 전체적인 인상 또한 땅고 보다는 삼바 축제가 더 쉽게 연상된다.

국경을 맞대고 있는 브라질 음악이나 해상무역으로 교류가 잦았던 쿠바의 음악과 달리, 땅고에 흑인 음악적 요소가 상당히 옅은 이유의 하나는 아르헨티나의 흑인 인구가 다른 나라에 비해 현저히 적기 때문이 아닐까 하는 생각이 든다. 19세기에는 북아메리카 대륙과 마찬가지로 수많은 흑인 노예가 그 땅에 있었다는데, 그 많던 흑인들이 어떻게 되었는 지에 대한 명쾌한 설명을 담은 자료를 찾지 못하였다.

남북전쟁 사이 흑인노예 해방선언이 있었고, 마틴 루터 킹(Martin Luther King Jr.), 말콤 엑스(Malcolm X) 등에 의해 주도된 대규모 흑인 인권운동이 벌어졌던 북아메리카와는 달리 아르헨티나에서는 인종갈등이 전면으로 부상한 사례가 없었던 것 같다. 그렇다고 인종차별이 없었을 리는 없고, 오히려 속으로 더 심하게 곪았을지도 모른다. 흑인들 스스로 아르헨티나를 떠나 브라질, 미국 등으로 옮겨갔을 것으로 보는 게 지금으로선 타당한 추론이다. 이로써 땅고 음악에 흑인들의 체취는 거의 사라지고, 그 잔향만 남아 현재와 같은 형태로 발전되었을 것으로 추측된다.

아바네라(Habanera)

쿠바 음악을 좋아하는 사람이라면, 1999년에 제작된 다큐멘터리 〈부에나 비스타 소셜 클럽(Buena Vista Social Club)〉은 잊지 못할 것이다. 십 수 년 세월이 흐른 지금, 영화 속에서 아름다운 쿠반 볼레로 〈찬찬(Chan Chan)〉을 노래했던 콤파이 세군도(Compay Segundo), 〈도스 가르데니아스(Dos Gardenias)〉를 노래했던 이브라힘 페레르(Ibrahim Ferrer)는 이미 돌아가셨지만, 오마라 포르투온도(Omara Portuondo)는 여전히 활동 중이다.

이 분의 대표곡 중 하나인 〈마리뽀시따 데 프리마베라(Mariposita de Primavera)〉는 아바네라(Habanera)라는 장르에 속한다. 그 이름에서 알 수 있듯, 19세기경 쿠바 수도 아바나에서 유행했던 음악 형식으로, 느린 2/4박자 리듬, 음표에 부점(附點)을 더하여 독특한 느낌을 낸다. 쿠바의 선원들에 의해 땅고의 발상지 보카항으로 전파되었을 것으로 추정된다.

깐돔베와 달리 아바네라는 땅고와 관련이 있는 음악이라는 것을 들으면 금방 알 수 있다. 그러나 유명세에 비해 오늘날까지 잘 알려진 곡은 불과 두 세 개 밖에 없는 것 같다. 가장 유명한 것은 비제(Bizet)의 오페라 〈카르멘(Carmen)〉의 여주인공이 부르는 아리아로, 곡명 자체가 〈아바네라(Habanera)〉다. 이 곡은 비제의 창작이 아니라 스페인 작곡가 이라디에르(Yradier)의 〈엘 아레글리또(El arreglito)〉에서 선율을 가져온 것이다.

이에 못지않게 유명한 곡은 역시 이라디에르가 쿠바 여행 중 영감을 얻어 작곡했다는 〈라 팔로마(La Paloma)〉다. 어렸을 때부터 들어왔던 친숙한 곡임에도 불구하고 난 이것이 아바네라라는 걸 짐작조차 못하였다. 장르가 아바네라란 걸 염두에 두고 들으니 그제야 아바네라로 들렸다.

이외에 이 형식을 차용한 음악으로 생상스(Saint-Saëns)의 〈바이올린과 오케스트라를 위한 아바네라 (Havanaise for Violin and Orchestra, Op.83)〉가 있고, 라벨(Ravel)의 〈스페인 광시곡(Rhapsodie Espagnole)〉 중 3악장도 아바네라다.

참고로 스페인에는 〈안달루시아 탱고(Andalusian Tango)〉라는 것이 있는데, 이는 아바네라가 전해져 변형된 것으로, 그 명칭 때문에 탱고의 한 종류로 오해를 사기도 하지만 실제로는 플라멩코의 전신에 해당하는 춤곡이다.

우울한 노래, 블루스 &
가우초의 노래

    '일체개고(一切皆苦)'에서, 고(苦)는 육체적, 정신적 슬픔〔哀〕과 분노〔怒〕뿐 아니라 기쁨〔喜〕과 즐거움〔樂〕마저도 고통이라는 의미다. 기쁨과 즐거움이 고통인 것은 그것이 영원히 지속될 수 없기 때문이다. 슬픔과 분노 또한 영원히 지속되지 않는다. 임계점(=critical point)을 넘어간 후에는 모든 것이 저절로 풀린다. 풀린 다음엔 다시 꼬인다. 이것이 반복된다. 반복되므로 괴롭다. 그러니까 일체가 고(苦)인 것이다.

    인간은 나약한 존재이므로 괴로움을 당하는 동안은 그것이 영원히 계속될 것 같은 착각에 빠지곤 한다. 일제 강점 말기에 수많은 지식인이 변절자, 기회주의자로 돌변했던 건 (물론 그 사람들을 옹호하겠다는 건 아니다) 30년 넘게 지속되어 온 그 체제가 바뀌리란 희망이 날아가 버렸기 때문일 것이다. 14세기 유럽의 백년 전쟁 시기에 태어난 사람은 죽을 때까지 본 거라곤 전쟁뿐이었을 것이다. 흑인노예 개개인이 겪었을 육체의 고통은 상상하기조차 어려운 일이겠지만 그들을 더 절망으로 빠뜨린 건 아마도 고향으로 돌아갈 희망이 없다는 것이 아니었을까.

집단 노동을 할 때 수고를 덜고 능률을 높이기 위하여 함께 노래를 부르는 일은 어느 지역에서나 쉽게 발견할 수 있다. 이런 노래를 '노동요(=Work song)' 라 한다. 농경생활을 했던 한국에도 많은 노동요가 아직도 전해오고 있으며, 〈진도아리랑〉, 〈쾌지나칭칭나네〉와 같이 한 사람이 선창을 하면 다른 사람들이 이어 제창을 하는 형식(call-and-response)이 많은데, 흑인노예들의 노동요 또한 이런 사례가 많다.

한국 사람이 중국어를 배울 때 제일 당황하는 것이 성조(聲調)라고 한다. 한국말은 성조가 명확치 않은 반면, 북경어에는 4종류의 성조가 있고, 광동어는 최소 6성에서 9성까지 성조를 구별한다고 한다. 서아프리카에서 끌려온 흑인들의 언어도 성조 언어(tonal language)다. 중국어는 음 높이를 단계적으로 오르내리게 하여 변화를 주는 굴곡조 성조(contour tone)인 반면, 아프리카 언어는 굴곡이 없는 대신 높은 음, 중간 음, 낮음 음 등 상대적 음 높이로 뜻을 구별하는 수평적 성조(register tone)라는 차이가 있다.

'필드 할러(Field Holler)' 는 말 그대로 흑인 노예들이 '들판에서 외치는 소리' 이다. 이 '소리' 가 중요한 이유는 단순한 소리만은 아니기 때문이다. 흑인 특유의 성조 언어가 유럽 음악과 뒤섞여 새로운 형태의 음악이 탄생하는 과정에서 훗날 '블루 노트(Blue Note)' 라고 하는 중요한 음계에 결정적 영향을 끼쳤음이 확실하다고 보기 때문이다.

1863년 링컨 대통령이 '노예해방선언'을 발표하였고, 1865년 남북전쟁이 끝났다. 이후 노예제는 폐지되었지만 그렇다고 흑인들 삶의 질이 갑자기 올라간 것은 아니다. 오히려 노예 시절보다 더 절박하게 생존의 문제와 마주해야만 했다. 노예였을 때의 삶은 고단했을지언정 주인이 주는 식량으로 연명은 할 수 있었는데, 이제는 강제로 일을 시키는 사람이 없어진 대신 당장 먹을 것을 스스로 마련해야만 했다.

궁여지책으로 흑인들이 도시로 몰려들기 시작하였고, 최초 흑인 전용 교회가 생겨난 것도 이 때쯤이었을 것이다. 그 속에서 가스펠(gospel)이 탄생하였다. 의견을 달리 하는 사람이 있을 수 있겠지만, 짧고 소박한 민요 구조에 흑인들의 애환을 담은 '우울한 노래' 곧 블루스(blues)는 어떤 의미로는 세속화된 가스펠이다. 바꿔 말하면 가스펠은 기독교화 된 블루스인 셈이다.

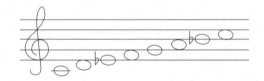

블루스의 음악적 특징은 크게 두 가지로 요약할 수 있다. 길이가 12마디로 규격화되어 있고, 블루 노트 음계를 쓴다. 장음계와 단순 비교하였을 때 초기 블루 노트는 3음과 7음을 반음 내린 것이다. 3음을 반음 내린 건 블루스가 우울한 음악, 즉 단음계이기 때문이고, 7음을 반음 내린 것이 대단히 중요하다. 이로 인해 장음계 노래와는 매우 다른 뉘앙스의 흑인 음악 색채가 선명하게 드러나기 때문이다.

블루스가 만들어지던 시기, 쿠바의 흑인들은 쏜(son)이라 불리는 독자적인 노래 형식을 만들었다. 이로부터 구슬프고 서정성이 짙은 볼레로(bolero)가 탄생하였다. 아르헨티나에서는 팜파스에서 가축을 기르는 사람들을 지칭하는 '가우초'들이 부르던 노래들에서 블루스, 쏜과 비슷한 궤적을 발견할 수 있다. 당시 그곳은 무법지대와 같아, 도시에서 도망 나온 범죄자, 노예, 탈영병들도 가우초가 되었다.

북아메리카 흑인들은 드넓은 지대에서 농업에 종사하였던 반면, 가우초는 목축업에 종사하였던 바, 흑인들이 노예 또는 하층민이었듯 가우초의 사회적 지위 또한 그러하였다. 들판에서 여러 가지 악기를 동원하기는 어려웠을 것이므로 가우초들은 기타와 같은 휴대하기 편리한 악기의 반주에 맞추어 부르는, 소박하고 서정적인 노래 〈밀롱가(milonga)〉를 남겼다.

크리올^(Creole) & 끄리오요^(Criollo)

페닌슐라^(Peninsula) 곧 이베리아 반도에서 태어난 백인에 비하여, 크리올^(Creole)은 식민지에서 태어난 백인을 가리키는 말이었으나, 나중에는 식민지에서 태어난 백인과 흑인 사이의 혼혈을 가리키는 말로 의미가 바뀌었다. 노예제가 있던 시절, 크리올은 노예가 아니었을 뿐 아니라 교육을 제대로 받은 지식인층에 속하였다. 크리올이 흑인 노예를 대하는 태도는 백인들과 크게 다를 게 없었을 것이다. 노예들을 거느리고 농장을 경영하였던 이들도 다수 있었다.

크리올은 노예제가 폐지되면서 급격히 몰락한다. 새로운 사회 변화 속에서 크리올은 흑인으로 분류되어 인종차별을 받게 되었던 것이다. 순식간에 경제적 기반을 잃고 먹고 살 길이 막막해진 이들은 체면 불구하고 과거 자신들이 업신여겼던 흑인사회로 편입해 들어갈 수밖에 없었다. 그 일부는 홍등가 주변 싸구려 술집에서 악기를 연주하며 생계를 꾸려나갔다.

이로 인해 악보를 볼 줄 모를 뿐 아니라 마구잡이로 악기를 연주하던 흑인들에게 크리올의 '지식'이 전수된 것은 자연스러운 현상이었다. 백인 음악과 흑인 음악 사이의 위대한 융합이 일어나기 위한 재료와 시간 등 모든 여건이 갖추어졌을 때, 마침내 그 안에서 재즈가 탄생하였다.

크리올을 스페인 말로는 끄리오요(Criollo)라고 한다. 끄리오요가 북아메리카의 크리올과 비슷하게 몰락의 길을 걸었는지, 아니면 다른 운명을 따랐는지에 대해서는 충분한 자료를 발견하지 못했다. 흥미로운 점은 다양한 계층이 뒤섞여 있던 가우초 무리 중에 끄리오요도 있었다는 사실이다.

스페인 혼혈 가우초 후예들 중 생활 기반을 도시로 옮긴 무리를 꼼빠드리또(Compadrito)라 하는데, 지식인이었던 크리올과 달리 이들은 도시의 거칠고 마초 느낌이 강한 건달, 바람둥이에 가까운 하층민이었다고 한다. 그러나 깐돔베, 아바네라, 밀롱가 등 재료들을 이용해 '땅고'라는 훌륭한 요리를 완성하는 데는 이 계층의 역할이 아주 중요했었다는 점에서, 재즈 역사에서 크리올이 담당하였던 것과 상당히 닮아 있다.

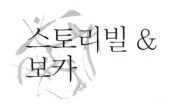

스토리빌 &
보카

초기 재즈의 발상지는 뉴올리언스이다. 좀 더 범위를 좁히면 뉴올리언스 시 38번 구역 '스토리빌(Storyville)'이다. 그곳은 당시 도시 곳곳에 만연한 매춘을 지정된 장소에서만 허용하고 규제하기 위하여 조성된 홍등가였다. 왜 그랬는지 모르지만 이 명예롭지 못한 지역의 이름은 당시 부시장이었던 시드니 스토리의 이름에서 비롯되었다고 한다.

미 해군이 주둔하고 있던 시절, 이곳은 홀, 카바레 등이 넘쳐나는 화려한 밤거리이자 크리올들이 일했던 직장이었다. 1917년 미국이 1차 세계대전에 참전하기로 결정되면서 이곳은 강제 폐쇄되었다. 재즈 입장에서 이 사건은 전화위복이 된 셈이었다. 갑자기 직장을 잃은 재즈 연주자들이 일자리를 찾아 시카고, 뉴욕 등의 도시로 옮겨간 것이 계기가 되어 재즈가 드디어 미국 전역으로 퍼져나가기 시작한 것이다.

땅고의 발상지는 부에노스아이레스다. 더 범위를 좁히면 '보카

(La Boca)' 라는 이름의 작은 항구 마을이다. 이 지역 역시 뱃사람들을 상대하는 싸구려 술집들과 창녀들이 있었던 곳이었지만, 화려했던 스토리빌과는 달리 어두운 분위기가 많이 나는 곳이었다. 이렇듯 스토리빌과 보카의 공통점이나 차이점, 또 각각의 동네 분위기를 감안하면 초기 재즈에 흥겨운 행진곡 풍이 많은 것, 땅고에 단조 음악이 압도적으로 많은 이유가 설명될 수 있다.

재즈와 마찬가지로 땅고도 이 작은 지역 내에서만 알려진 음악이었다. 상류층들도 땅고의 존재를 알았지만, 그것을 빈민층에서 만들어진 천하고 퇴폐적인 음악과 춤이라며 경멸했다. 사실 이 점은 충분히 납득할 수 있다. 유럽에서 왈츠가 처음 등장했을 때에도 점잖은 춤이었던 미뉴엣에 비해 서로를 껴안듯이 하고 추는 새로운 홀드 (hold) 방식으로 인해 큰 비난을 받았다. 그런데 땅고 댄스의 밀착 정도는 왈츠와 비교가 안 될 만큼 훨씬 더 심하였다.

당시는 거리의 여자가 아니고서는 이런 춤을 받아들이기 어려웠을 것이다. 그런데 1910년대 이후 파리를 기점으로 유럽 전역에서 땅고 열풍이 불었다. 유럽에서도 한쪽에서는 음란하고 모욕적이라는 비난이 쏟아졌지만, 대중적 열기는 식을 줄 모르고 이어져 훗날 유럽식 땅고인 '콘티넨털 탱고(Continental Tango)' 가 만들어진다.

지난 시절 나는 땅고와 탱고를 명확히 구별하지 못했다. 분명 같은 선율임에도 불구하고 왜 어떤 건 듣기 좋고 어떤 건 듣기 싫었는지 이해할 수가 없었다. 내가 듣기 싫어했던 것은 유럽식 탱고였고,

듣기 좋았던 것은 아르헨티나식 땅고였다. 물론 이건 나의 개인적 취향일 뿐, 음악에 위아래를 나눈 건 결코 아니지만, 지금도 난 탱고 음악을 그다지 좋아하지 않는다. 그래서 탱고 음악은 땅고 음악에 비해 상대적으로 무관심한 편이다. 단, 음악이 아닌 춤에 관해서라면 탱고와 땅고 모두의 개성을 인정하는 편이다.

재즈 &
땅고의 어원

재즈^(Jazz)라는 단어의 어원에 대하여는 다음과 같은 몇 가지 설이 있다.

첫째, '수다 떨다' 는 뜻의 프랑스어 'Jaser' 에서 왔다는 설.

둘째, 사람 이름 'Charles' 가 'Chas.' 로 되었다가 'Jaz' 로 변했다는 설.

셋째, 'Jive Ass' 의 와전이라는 설.

넷째, 흑인 사이에서 성교, 여성의 음부 등을 뜻하는 속어인 'Jass' 에서 비롯됐다는 설.

어원에 '재즈' 와 발음이 비슷한 건 다 갖다 붙인 듯이 보이는 것은 어차피 그 어원이 불확실하기 때문일 것이다. 땅고의 어원도 확실한 것이 없다보니 재즈와 마찬가지로 비슷한 건 죄다 동원하여 추측한 듯 보인다.

첫째, '만지다, 건드리다' 는 뜻의 라틴어 'Tangere' 에서 왔다는 설. 하층민들 사이에서 자생적으로 만들어진 음악과 춤을 가리키는 이름이 백인 상류층 언어인 라틴어에서 왔다는 게 좀 뜬금없어 보인다.

둘째, 18세기 초, 흑인노예들이 추던 춤 '탕가노(Tangano)' 에서 왔다는 설. 혹시 오늘날까지 계승되고 있지는 않을까 하는 기대감으로 인터넷에서 동영상을 찾아보았지만, '탕가노' 라는 아프리카 춤을 확인할 수가 없었다.

셋째, 깐돔베에서 사용되는 북 이름인 '탕고(Tan-go)' 에서 왔다는 설. 탕고가 북 이름이라는 것에서 봉고(bongo)가 연상된다. 봉고는 널리 알려진 바이지만, 탕고라는 북이 어떤 모양인지 역시 인터넷에서 발견하지 못하였다.

오늘날 앙골라(Angola), 말리(Mali), 콩고(Congo) 등에서 'Tango' 란 지명으로 인터넷 지도 검색이 가능하였다. 흥미로운 부분이다. 여전히 땅고의 어원은 확신할 수 없지만, 이런 의미로 아프리카 쪽으로 좀 더 마음이 기울어졌다.

밀롱가(Milonga)

　오래된 문헌에 나오는 용어 중에는 일반명사인지 고유명사인지 논란이 되는 경우가 종종 있다. '밀롱가(Milonga)'란 말도 이 경우에 해당하지 않을까 생각된다. 초기의 밀롱가가 팜파스에서 가우초들이 부르는 소박하고 서정적인 노래를 뜻하기도 하고, 도시에서 유행하였던 좀 더 세련되고 경쾌한 춤곡을 가리키는 말이기도 했다는 점에서 추측해 보자면, 밀롱가는 '음악' 또는 '노래'와 동일한 일반명사로 보는 게 합리적이지 않겠는가 추측한다.

　반면 오늘날 밀롱가는 분명한 고유명사로서 주로 다음 두 가지 뜻으로 사용되고 있다.

　첫째, 템포가 빠른 2/4박자 땅고 음악을 느린 땅고와 구별하여 밀롱가라 부른다.

　둘째, 땅고를 추는 장소를 가리켜 밀롱가라 부른다.

　처음엔 나도 밀롱가의 뜻이 이렇게 두 가지란 사실을 몰라 상당

히 혼동하였다. 땅고 댄스와 댄스 스포츠를 간단하게나마 비교를 해
보자.

댄스 스포츠(Dance Sport)는 1990년대 초에 갑자기 등장한 용어로,
사실 이상한 단어 조합이 아닐 수 없다. 왜냐하면 '스포츠'란 말 속
에는 운동뿐 아니라 '겨룬다, 시합한다'는 의미가 함께 들어 있으므
로 '댄스 + 스포츠'는 곧 '춤으로 시합을 하여 우열을 가린다'는 뜻
이 되기 때문이다. 마치 비보이하는 사람들 간에 행해지는 배틀이 연
상되지 않는가? 이 명칭이 갑자기 등장한 이유는, 이 춤을 올림픽 정
식 종목으로 채택시키려는 의도에서였지만 아직까지 댄스 스포츠가
정식 종목이 될 기미는 없어 보인다. 이런 사정으로 시합에 나갈 선
수에게는 댄스 스포츠가 적절한 용어일 수 있겠으나, 춤으로 다른 이
와 겨룰 마음이 없는 사람에게는 잘 맞지 않는다. 댄스 스포츠 이전
에 주로 쓰였던 이름은 볼룸 댄스(Ballroom Dance), 또는 소셜 댄스
(Social Dance)였다.

댄스 스포츠는 크게 모던과 라틴 두 종목으로 나누어지는데, 모
던 종목은 왈츠(Waltz), 비엔나 왈츠(Viennese Waltz), 폭스 트롯(Fox
Trot), 퀵 스텝(Quick Step), 탱고(Continental Tango)의 5가지, 라틴 종목은
자이브(Jive), 차차차(Cha-Cha-Cha), 룸바(Rumba), 삼바(Samba), 파소도블
레(Paso-Doble)의 5가지가 있다. 이 중 땅고와 연관 지어 볼 수 있는 것
은 모던 종목이다. 땅고 댄스는 앞에서 언급한 밀롱가를 포함, 크게
세 종류가 있는데, 땅고(Tango), 밀롱가(Milonga), 발스(Vals)가 그것이
다. 음악의 템포와 몸 움직임 등을 종합하면,

땅고 ≒ 탱고, 폭스 트롯 (느린 2/4 또는 4/4박자)

밀롱가 ≒ 퀵 스텝 (빠른 2/4박자)

발스 ≒ 비엔나 왈츠 (빠른 3/4박자)

라고 비교해 볼 수 있다. 느린 3/4박자 음악인 왈츠에 해당하는 땅고는 없다.

밀롱가는 땅고를 추는 장소를 가리키기도 한다. 밀롱가에서는 땅고 음악이 서너 곡 연이어 나오다가, 중간에 전혀 엉뚱한 음악이 20~30초 동안 나오고, 다시 땅고 음악으로 이어지는 경우를 종종 볼 수 있다. 이와 같이 몇 곡의 땅고를 묶은 것을 딴다(tanda)라 하며, 그 사이에 삽입된 짧은 음악을 꼬르띠나(cortina)라고 한다.

딴다가 나오는 동안은 파트너와 춤을 추는 때이고, 꼬르띠나가 나오는 동안은 춤을 그만 추고 들어오거나 다른 파트너에게 춤 신청을 할 수 있는 때이다. 이런 상황을 모르고 밀롱가를 가면 조금 당황할 수 있다.

반도네온

1822년 프리드리히 부슈만(Friedrich Buschmann)이 베를린에서 '한 트에올리네(Handäoline)' 란 악기를 발명했다. 이것을 1829년 빈의 시릴 데미안(Cyrill Demian)이 개량하여 '아코디온(Akkordion)' 이라 명명하였 다. 같은 해에 런던의 찰스 위트스톤(Charles Wheatstone)이 '콘체르티 나(Concertina)' 란 악기를 발명했다. 1946년 하인리히 반트(Heinrich Band)는 아코디언과 콘체르티나를 결합한 새로운 형태의 악기를 만든 후 '반트가 만든 아코디언' 이란 의미로 '반도네온(Bandoneón)' 이라는 이름을 붙였다.

땅고를 위해 태어나기라도 한 듯, 오늘날 땅고 외의 다른 장르에 서 이 악기를 발견하기는 쉽지 않다. 땅고가 없었다면 바로 없어졌을 지도 모르는 악기. 반면 이것이 있었기에 땅고는 새로운 생명을 얻은 거나 다름없다고 해도 과언이 아닐 것이다.

땅고 음악을 좋아하는 이라면 누구나 반도네온을 배우고 싶다는 생각을 한 번 쯤은 했을 것이다. 나 역시 마찬가지. 반도네온 가격을 알아보기 위해 서울 시내 몇몇 악기점을 둘러본 결과, 국내에서는 이 악기 자체를 취급하지 않고 있었다.

내가 실물 반도네온을 직접 본 것은 지금까지 단 두 번인데, 그 한번은 중고 악기를 거래하는 현장에서였다. 그다지 상태가 좋아 보이지 않았음에도 불구하고 500만 원쯤에 흥정이 되었던 기억, 독일산 명품에 해당하는 '도블레 아(Double A)' 상표가 붙었다면 훨씬 더 비쌌을 것이다. 중고를 구입할 수밖에 없는 이유는 땅고의 인기가 완전히 죽은 1970년대 이후 생산이 중단되었기 때문이라고 한다. 아무튼 전문 연주자가 되겠다는 것이 아니라 호기심과 취미로 악기를 구입하기에는 너무 비싸서 포기.

두 번째 반도네온을 보았을 때에는 연주 방법에 대한 설명을 잠깐 들었는데, 버튼의 배열이 음계와 관계없이 중구난방인데다 악기를 펼 때와 닫을 때의 배열이 또 다르다는 게 아닌가. 이처럼 배우기 어려운 악기인 걸 안 뒤 포기하길 잘 했다는 생각을 했다.

기타, 바이올린, 플룻, 클라리넷 등의 악기로 연주되던 땅고에 반도네온이 본격적으로 사용되기 시작한 것은 1900년대 이후다. 1910년대를 지나면서 반도네온 2대, 바이올린 2대, 피아노, 베이스로 구성된 이른바 '오르께스따 띠삐카(Orchesta Tipica)' 편성이 확립된다.

땅고와 달리 탱고는 반도네온 대신 아코디언으로 연주할 뿐만 아니라 종종 작은 북이 동원되곤 한다. 반도네온을 아코디언으로 바꾼 것만으로도 상당히 큰 변화가 일어나게 되는데, 여기에 작은 북을 더하니 땅고와는 다른 화려하고 경쾌한 분위기를 낸다. 앞에서도 언급하였듯 이런 음악은 내 취향이 아니다. 별로 좋아하질 않다 보니 자연 평가에도 인색해져, 결국 내 귀엔 좀 경박한 음악이라는 잔상만 남아 있다.

몬테비데오(Montevideo)

DNA 이중나선 구조를 밝혀 낸 사람은 왓슨 & 크릭 두 사람이지만 왓슨만 기억하는 경향이 있고, 전화의 발병자는 그레이엄 벨이 아닌 안토니오 무치라는 주장이 있지만 여전히 벨만을 기억한다. 이처럼 앞줄에 서느냐 뒷줄에 서느냐와 같은 사소한 차이가 나중 결정적 차이로 둔갑해버리는 예를 종종 발견할 수 있다.

엄밀히 말해 땅고가 시작된 곳으로는 부에노스아이레스와 몬테비데오를 함께 들어야 맞다고 본다. 둘 다 항구도시일 뿐 아니라 라플라타 강을 경계로 인접해 있고, 똑같이 스페인어를 사용하고 있으므로 나라는 다르지만 사실상 같은 문화권이다. 땅고와 그 역사에 관심을 가진 사람들 외에는 잘 알기 어려운, 의도치 않게 가려진 몬테비데오 관련 몇 가지를 골라 보았다.

:: 깐돔베(Candombe)

깐돔베는 아르헨티나보다는 우루과이에서 더 중요한 음악 유산이다. 아프리카 흑인들에 의해 주기적으로 행해져 왔던 깐돔베는 19

세기 말 경에 거의 전통이 끊어진 상태였다. 단, 깐돔베의 한 분파인 '꼼빠르사(Comparsa)'란 흑인 군무가 20세기에도 면면히 이어져 오늘날 몬데비데오 카니발의 전통이 되었다. 맥이 끊긴 깐돔베를 여러 고증작업을 거쳐 50여년 만에 복원한 작곡가 삔띤 까스떼야노스(Pintín Castellanos) 또한 우루과이 사람이다.

:: 〈라 꿈빠르씨따(La Cumparsita)〉

〈라 꿈빠르씨따〉는 위에서 언급한 '꼼빠르사'와 발음이 비슷할 뿐 아니라 '가장행렬'이란 의미까지도 같아 사실상 깐돔베를 배경으로 하고 있음을 짐작하고도 남는다. 그러므로 세계에서 가장 유명한 땅고 음악을 우루과이 사람이 작곡했다는 건 결코 우연일 수 없다. 이 곡은 몬테비데오 출신 건축학도 마토스 로드리게스(Gerardo Matos Rodríguez)가 1916년에 작곡하였다. 이것을 당시 유명 피아니스트 로베르또 피르뽀(Roberto Firpo)에게 보여주었고, 곧 '라 히랄다(La Giralda)'라는 카페에서 예상치 못한 호응 속에서 최초 연주되었다. 이 곡이 초연된 카페는 몬테비데오의 훌리오 안데스(Julio Andes) 18번지에 아직까지 남아 있다고 한다.

:: 프란씨스꼬 까나로(Francisco Canaro, 1888.11. 26~1964. 12.14)

까나로는 1988년 우루과이의 산 호세 데 마이요(San José de Mayo)에서 태어났다. 부모는 이탈리아에서 우루과이로 온 이민자였고, 까나로가 열 살이 되기 전인 19세기 말에 부에노스아이레스로 거처를 옮긴다. 까나로는 작곡가, 바이올린 주자, 그리고 오케스트라 리더로서 1910년대부터 오르께스따 띠삐카 및 삐린초 5중주단(=Quinteto Pirincho)을 결성하여 인기를 얻은 거장이다. ('삐린초'는 그의 별명이다) 뿐만 아니라 3,700여 곡 이상의 곡을 녹음했다고 한다. 1961년에는 일본을 방문한 기록도 있다. 당시 일본에서는 땅고 열풍이 불어 상당한 비용을 지불하고 남미 땅고 밴드들을 많이 초청했던 것 같다.

:: 까를로스 가르델(Carlos Gardel)의 출생지 논란

땅고 가수 까를로스 가르델의 출생지를 두고 부에노스아이레스와 몬테베르디가 '원조 땅고' 신경전을 벌인 바 있다. 대다수의 자료에는 그가 1890년 프랑스에서 태어나 부에노스아이레스로 이주하였다고 되어 있었는데, 갑자기 1887년 우루과이 북부 한 작은 마을에서 태어났다는 주장이 등장한 것이다.

그는 아르헨티나에 살고 있었지만 프랑스 국적을 갖고 있었다. 1차 대전이 발발하자 군복무 의무가 제기되었고, 가르델은 프랑스인이 아니라 아르헨티나인이라고 생각, 징집 신고를 하지 않아 해외공연 시에 서류가 미비되었던 것. 이 문제를 해결하기 위해 가르델은 자신이 1887년 따과렘보(Tacuarembó)에서 태어났다는 (가짜로 추정되는) 출생증명서를 우루과이에 제출하여 우루과이 시민권을 얻어냈는데, 이것이 훗날 오해를 불러 일으켰던 것이다.

그러나 학자들의 추적 결과 프랑스에서 '샤를 호뮤알드 갸르드 (Charles Romuald Gardes)'라는 이름이 적힌 1890년 12월 11일자 출생증명서가 발견됨으로써 이 논란은 종지부를 찍게 되었다. 까를로스 가르델이 갖고 있는 상징적 의미가 너무 큰 탓에 그 출생지를 두고 국가간 자존심 싸움으로까지 확대되었던 것이다.

음악과 춤

바하(J.S.Bach) 음악에 관심이 없더라도 〈G선상의 아리아〉란 선율을 모르는 사람은 별로 없다. 이 곡은 관현악 모음곡(Orchestral Suites) 3번, 두 번째 음악으로 독일의 바이올리니스트 아우구스트 빌헬미(August Wilhelmi)가 바이올린의 G현만으로 연주할 수 있게 편곡한 이후 이런 명칭이 붙은 것이다.

관현악 모음곡은 뭘 모았다는 것일까? 바로 '춤'이다. 나는 이 안에 등장하는 쿠랑테(Courante), 가보트(Gavotte), 지그(Gigue)등이 일종의 표제인 줄로 알았지 춤 이름이라는 사실을 전혀 몰랐다. 관현악 모음곡은 춤곡 모음이었던 것이고, 나아가 유럽 고전음악 상당수가 춤곡이었다는 걸 뒤늦게 알았다. 오늘날 유럽 고전음악은 순수 감상용 음악이지만 과거 이 음악들이 만들어질 때는 종교의식이나 무도회 등 행사에 사용하기 위한 목적이 있었음을 미처 생각하지 못하였던 것이다. 특히 무도회에서는 음악이 있어야 춤이 가능한 것이며, 지금처럼 편리한 오디오 장비가 없던 시대에 현장에서 오케스트라가 직접 연주를 해야만 했으므로 이를 위한 악보의 확보는 매우 중요한 일이었을 것이다. 이런 요구에 맞추기 위해 작곡가는 다양한 춤곡 악보들을 하나로 묶어 출판했던 것 아니겠는가?

그러나 수 백 년이 흐른 지금, 오로지 감상용으로만 즐기고 있는 저 음악들에 맞추어 과연 어떤 춤이 가능했었는지 나로선 상상하기가 어렵다. 영화를 통해 잠깐씩이나마 구경할 수 있었던 미뉴엣을 제외한 나머지는 짐작조차 못하겠다. 도무지 춤곡일 것 같지 않은 음악마저 과거에 춤곡이었다는 사실과 마주하였을 땐 의아스럽다 못해 뜨악할 지경이었던 것.

예를 들어 샤콘느(Chaconne)는 바하의 〈무반주 바이올린 소나타 & 파르티타〉에 실린 것과 비탈리(Tomaso Antonio Vitali)가 작곡한 것이 유명하다. 그런데 이것도 본래는 17세기 스페인에서 유행한 4분의 3박자 춤곡이었다. 라벨의 〈죽은 왕녀를 위한 파반느(Pavane pour une infante défunte)〉에 등장하는 파반느 역시 16세기 초 이탈리아에서 발생하여 17세기 중엽까지 유행했던 춤곡이다.

연구자들 사이에서도 지속적인 논란이 있는 가운데 복원을 위한 연구가 진행되고는 있으나, 춤은 기록을 남길 수 없으므로 대부분 어떤 춤이었는지 전문가들도 확실하게는 알 수 없는 모양이다. 아무튼 음악과 춤은 서로 떼려야 뗄 수 없는 관계라는 것은 의심의 여지가 없다. 단, 최초에 음악이 먼저인가 춤이 먼저인가는 닭과 달걀의 관계처럼 결론이 나지 않을 문제이겠다. 그러나 최초만 그러할 뿐, 현재는 단연코 음악이 먼저라고 할 수 있다. 음악은 춤 없이도 감상이 가능하지만, 음악 없는 춤이란 상상만 해도 허전하기 짝이 없다.

초기에 연주되었던 땅고 또한 처음엔 부두 노동자들이 값싸게 술을 마실 수 있는 장소에서 연주되었던 감상용 음악이었을 것으로 추측한다. 하지만 음악이 있는 곳에 춤이 빠질 수 없는 것인 만큼, 땅고 음악이 먼저라고 추정해도 거의 동시에 일어난 사건이라고 봐야 할 것이다. 땅고에서 음악과 춤이 본격적으로 분리되기 시작했던 것은 한참 뒤인 50년대 이후라고 봐야 할 것 같다.

이러한 과정 또한 땅고와 재즈의 역사가 서로 닮아 있다. 곧 댄스곡으로서 최고 전성기를 보냈던 빅밴드 재즈 시기 이후 연주자들의 기법이 정점에 다다르고 연주자 스스로 예술가라는 자각이 생겨났다. 그리고 새로운 연주를 하고 싶어 하는 열망들이 모여 마침내 밥(Bop)이 태동하면서 더 이상 재즈는 춤곡이 아닌 감상용 음악으로의 길을 가기 시작하였던 것. 땅고에서도 이런 흐름을 50년대 이후 오스발도 뿌글리에세(Osvaldo Pugliese) 악단에서 찾을 수 있다. 단, 면면히 이어진 재즈와 달리 땅고는 중간에 침체기를 겪은 뒤 아스또르 피아졸라(Ástor Piazzolla)에 의해 이 전통이 계승되었다.

빅밴드 &
땅고 오르께스따

아메리카 대륙 북쪽과 남쪽에서 각각 발전한 재즈와 땅고는 1930년대를 지나며 대중적으로 최고 인기를 구가하게 된다. 이렇게 시기가 비슷하게 맞아 떨어지는 것도 참 묘한 일일 뿐더러, 둘 다 댄스 음악으로서 전성기를 보냈다는 것 또한 같다.

빅밴드 이전 초기 재즈를 논할 때 흑인 영가와 블루스 외에 또 하나 중요한 장르는 '랙타임(ragtime)'이다. 이것은 훗날 재즈 피아노 연주법에 중요한 영향을 끼치게 되는데, 그 중 〈부기우기(Boogie Woogie)〉는 1마디에 4박으로 연주하던 랙타임의 왼손 반주 부분을 1마디에 8박으로 빠르게 변형한 것 위에 블루스를 혼합한 형태로, 이 음악에 잘 어울리는 춤이 '린디홉(Lindy Hop)'이다. 아크로바틱한 요소가 많았던 이 춤을 간소화한 것이 '지터벅(Jitterbug)'이고, 또 다른 변형이 댄스 스포츠의 한 종목 '자이브(Jive)'다.

1930년대가 되면서 본격적인 스윙 재즈 시대가 열린다. 이 흥겨운 음악이 유행하던 시기가 1929년 대공황 이후 세계경제가 극도로 암울해진 상태였음은 묘한 대조를 이룬다.

베니 굿맨(Benny Goodman)은 플레처 헨더슨(Fletcher Henderson)의 편곡을 이어받은 새 악단을 구성하여 전 세계적인 명성을 얻었다. 이후 듀크 엘링턴(Duke Ellington), 카운트 베이시(Count Basie) 등 뛰어난 빅밴드 리더의 시대가 십여 년간 이어졌다.

린디홉이 흑인들에 의해 주도된 춤이라면 '폭스 트롯(Fox trot)'은 백인이 주도한 새로운 형태의 춤이라고 봐도 될 것 같다. 이 춤은 스윙 재즈 음악에 대단히 잘 어울리는 춤이다. 폭스 트롯을 느린 음악에 맞추어 추는 춤이 '슬로우 폭스 트롯'이다. 오늘날 댄스 스포츠에서는 폭스 트롯을 퀵스텝(Quickstep)이라 하고, 슬로우 폭스 트롯을 그냥 폭스 트롯이라 부르고 있다.

땅고 또한 오르께스따 띠뻬카에 기반을 두고 점점 더 큰 규모의 오케스트라가 만들어지기 시작, 재즈보다 약간 늦은 1930년대 말부터 20여 년간 절정을 맞이한다. 내 추측으로는 이 시기에 땅고 댄스도 느린 땅고(=땅고)와 빠른 땅고(=밀롱가)의 구별이 생겼으리라고 본다. 재즈에서와 마찬가지로 이 시기에 독보적이고 위대한 밴드 리더가 등장하였는데, 다음 다섯 사람은 땅고 음악을 좋아하는 사람이라면 꼭 알아 두어야 할 이름들이다.

:: **후안 다리엔초**(Juan D'arienzo, 1900. 12. 14~76. 1. 14)

땅고 하면 떠올려지는, 교과서와도 같은 유명한 연주 방식을 들려주었다. '비트의 왕(King Of The Beat)' 이란 별명을 갖고 있는 것처럼 주로 강한 스타카토가 가미된 리드믹한 연주를 특기로 하였다.

:: 안니발 뜨로일로(Aníbal Troilo, 1914. 1. 11~75. 5. 18)

'땅고 황금 시대' 라 불리는 1940~55년 사이 가장 인기 있었던 악단을 이끌었다. 그만큼 당대 유명 연주자들이 그의 악단을 거쳐 갔다. 아스또르 피아졸라(Ástor Piazzolla)도 1939년에서 1944년까지 그의 악단에서 반도네온을 연주했다. 음악적으로는 좀 더 어려운 기교를 추구한 편이었다.

:: 오스발도 뿌글리에세(Osvaldo Pugliese, 1905. 12. 2~95. 8. 25)

오늘날 땅고 음악의 기본 편성으로 인정하고 있는 두 대의 반도네온, 두 대의 바이올린, 피아노, 베이스의 6중주 '오르께스따 띠삐카' 는 오스발도 뿌글리에세에 의해 1910년대에 제안된 것이다. 경우에 따라 규모를 축소하여 연주하기도 하는데, 축소된 오르께스따 띠삐카를 '꼰훈또(Conjunto)' 라 한다.

오스발도 뿌글리에세와 함께 거론될만한 이름으로 알프레도 호비(Alfredo Gobbi)가 있다. 50년대 이후 뿌글리에세 음악이 춤곡에서 감상용으로 바뀌었던 반면 호비의 음악은 뿌글리에세 악단과 비슷한 느낌이면서도 춤추기에 적합했다. 많은 직업 연주가들이 알프레도 호비의 영향을 받았으며, 특히 피아졸라는 〈알프레도 호비의 초상(Retrato de Alfredo Gobbi)〉이란 곡을 남기기도 했다.

:: **까를로스 디 살리**(Carlos di Sarli, 1903. 1. 7~60. 1. 12)

비교적 단순한 음악 구조와 느리고 섬세한 선율로 이어지는 연주 스타일을 추구하였다. 좀 더 복잡하고 변화가 있는 연주를 하는 동안에도 땅고 추기에 좋은 박자를 유지함으로써 땅고 댄서들이 특히 좋아하였고, 카니발 기간 중 최고 인기를 누렸다.

:: **프란씨스코 까나로**(Francisco Canaro, 1888. 11. 26~1964. 12. 14)

(앞의 '몬테베르디' 편에서 기술)

깐시온 (canción)

20대 무렵 그라우트(D. J. Grout)의 〈서양음악사〉를 읽은 뒤 나의 유럽 고전음악 지식은 일취월장했다. 바하(J. S. Bach)로부터 서양 음악이 시작된 것처럼 쓰인 음악 교과서는 거짓말이었다. 바하 이전에도 바하 이후만큼이나 엄청난 음악 유산이 유럽 사회에 존재하였던 것이다. '트루바두르(troubadour)' 란 단어를 처음 접한 것도 이 책에서였다. 12~13세기 무렵 중세 유럽을 떠돌던 음유시인(吟遊詩人)을 가리키는 말이다.

가만 생각해보니 내 머리 속 상상 속에서 형성된 음유시인 이미지에 최초로 영향을 주었던 인물은 어렸을 때 보았던 만화영화 〈원탁의 기사〉에 등장하는 '트리스탄' 이었다. 순정만화 주인공 같이 생긴 남자가 싸움만 잘하는 게 아니라 종종 하프를 켜며 노래를 한다. 그래선지 음유시인 하면 왠지 서정적이고 낭만적인 이미지가 떠오른다.

이 사람들이 쓴 시와 노래는 대부분 연애에 관한 것, 그 중에서도 상류층 귀족이나 왕족 여자를 향한 짝사랑에 관한 것이 많다. 여기저기 떠도는 사람들이므로 뭐 하나 만들어 참 많이도 우려먹었겠다. 가사는 유치하고 선율은 판에 박은 듯 했을 것이다. 그럼에도 불구하고 사람들은 '사랑 이야기'를 좋아한다. 사랑은 고대에서부터 현대에 이르기까지 늘 노래의 중심 소재였고, 지금도 여전히 유치한 듯한 노래가 대중적 인기를 얻는다.

프랑스 대중가요를 '프랑스 노래'가 아니라 굳이 '샹송(Chanson)'이라 하고, 이태리 대중가요를 '이태리 노래'가 아니라 굳이 '칸초네(Canzone)'라고 하는 건 그 각각의 단어 속에 노래의 특징이 배어 들어가 있기 때문일 것이다. 같은 논리로 스페인어권 노래는 '깐시온(canción)'이 되는 것이고, 노래하는 땅고는 곧 '땅고 깐시온'이 된다.

한국 대중가요와 비슷하게 땅고 깐시온의 가사는 사랑, 이별, 슬픔에 대한 게 많다. 초기에는 유치하고 천박한 내용이었지만, 땅고 음악이 세련되게 진화해가는 것과 비례하여 본격적으로 작사가와 시인이 가세함으로써 독자적 문학 장르로까지 인정을 받기 시작한다.

이에 땅고를 노래하는 인기 가수들이 등장하는데, 까를로스 가르델(Carlos Gardel)은 논란의 여지없이 최초이자 최고의 스타급 인물이다. 미국의 엘비스 프레슬리를 연상케 하리만큼 부에노스아이레스에 있는 그의 무덤에는 지금도 참배객이 놓고 간 꽃과 담배가 끊이지 않는다고 한다.

재즈 역사에서 루이 암스트롱(Louis Armstrong)은 트럼펫 명연주자일 뿐 아니라,

첫째, 목소리를 악기와 동일시하여 독자적인 음색과 톤 조절하는 아이디어를 처음 도입하고,

둘째, 즉흥 연주하는 기법을 보컬에 도입한 스캣(Scat) 가창법을 최초 개발했다.

는 점에서 재즈 보컬의 기본 틀을 정립시킨 사람이었다.

가르델도 단순히 대중적 인기만을 얻은 건 아니다.

첫째, 많은 땅고 깐시온을 작곡, 작사하였을 뿐 아니라 가사의 수준을 한 단계 올려놓았고,

둘째, 가르델 이후 땅고 깐시온을 부르는 가수들이 그의 창법을 모방하거나 참조한 사례가 많다.

는 점에서 땅고 깐시온이 갈 길을 최초로 제시하였던 인물이라고 할 수 있다. 그가 1917년에 부른 〈미 노체 뜨리스테(Mi noche triste)〉가 땅고 깐시온의 시작이라고 한다. 그런데 가르델이 대단한 인물이지만 당황스런 나만의 딜레마가 하나 있다.

음악을 좋아하는 사람이라면, 루치아노 파바로티(Luciano Pavarotti), 플라시도 도밍고(Plácido Domingo), 마리아 칼라스(Maria Callas) 등 세계 톱클래스에 속하는 가수의 목소리 정도는 커튼을 가리고 음악을 들려주어도 누구의 목소리인지 쉽게 구별이 가능하다. 내가 까를로스 가르델의 목소리도 이런 식으로 구별할 수 있게 된 것으

로 보아 이 사람의 음반을 꽤 많이 듣긴 들은 모양이다.

　그런데 난 그가 부른 노래를 좋아하지 않는다. 생소한 음악일지라도 계속 듣다보면 어느새 음악에 빠져들게 되는 게 일반적인데, 다른 이도 아닌 '땅고의 전설' 이 직접 부른 노래임에도 불구하고 들으면 들을수록 더 외면하게 되는 게 나를 당황스럽게 하였다. 혹시 땅고를 좋아한다면서 더 깊은 곳으로 들어가지 못하고 주변을 배회하고 있는 것일까? 그래서 까를로스 가르델의 목소리를 좋아할 수 없는 것일까?

　어느 책에서 까를로스 가르델 노래의 맛은 '꾸밈없는 솔직함' 이라는 대목을 읽은 뒤 더 혼란스러웠다. 정확히 말하면 혼란스러웠다기보다 뜨악했다. 솔직히 말하면, 내가 이 목소리를 싫어하는 이유는 저 주장과는 완전히 정반대인, 비유하자면 아마추어가 벨칸토 발성을 하는 성악가 목소리를 흉내 내는 듯 꾸밈이 심할 뿐 아니라, '나는 가수이고 노래를 잘 한다' 는 자신감이 지나쳐, 그런 과장이 목소리에 묻어난다고 느끼기 때문이다.

　내가 가르델의 목소리를 귀로만 듣고 비교적 정확히 구별해 낼 수 있는 건 이 사람 고유의 음색뿐 아니라 저 꾸밈과 과장이 거슬리기 때문이다. 가르델의 노래를 좋아하는 땅고 팬이 압도적으로 많은 상황에서 이러한 나의 고백이 어리석은 행위가 될 지, '벌거벗은 임금님' 에 나오는 단 한 명, 솔직했던 어린아이와 같은 입장에 선 것인지 지금으로선 알 수 없다. 아무튼 난 땅고 및 땅고 깐시온을 좋아하고, 가르델이 작곡, 작사한 노래도 좋아하지만, 그의 목소리만큼은 내

취향이 아니라는 것이다.

　앞에서 땅고 깐시온이 시간이 흐르면서 좀 더 세련되어졌다고 했지만, 솔직히 말해 이 또한 자료 조사 중에 얻은 얘기를 옮겨 적은 것일 뿐 나의 견해는 아니다. 시(詩)는 번역이 쉽지 않은 문학 장르이기 때문이다. 비록 원어민만큼은 아니더라도 영어로 쓴 시라면 비교적 해석이 가능하고 낭독도 할 수 있으므로 각운(=rhyme)의 느낌도 어렴풋이 잡을 수 있다. 그러나 스페인어는 이런 게 불가능하여 다른 사람이 번역해 놓은 것으로 뜻만 겨우 헤아리는 게 고작이다.

　예를 들어 까를로스 가르델의 대표작중 하나인〈뽀르 우나 까베자(Por una cabeza)〉는 직역하면 '머리 하나 차이로'라는 뜻이라고 하는데, 연애를 하기 위해 돈이 필요해 경마장에서 도박을 하였는데, 자기가 찍은 말이 선두를 달릴 땐 모든 것을 얻은 것 같았다가 머리 하나 차이로 우승을 놓치게 되어 모든 걸 다 잃고 말았다는 내용이라고 한다. 이 낭만적인 선율에 내용은 이렇게나 생뚱맞다니… 이런 경우 스페인 원어로 가사를 음미할 수 있는 능력이 있다면 조금은 다른 느낌을 갖지 않을까 하는 생각을 하게 된다.

밥(bop) &
누에보 땅고(Nuevo Tango)

세상 모든 것은 변한다. 변화는 혼돈 자체인 듯 해 예측하기 어렵지만 큰 틀에서는 나름의 규칙을 갖고 있다. '변화의 책(Book of Changes)' 이라 일컫는 역(易)에서는 이 이치를 단 세 문장으로 요약해 놓았다.

궁즉변(窮卽變) : 변화를 자각하기 전부터 이미 변화는 시작되었다. 궁(窮), 즉 극에 달한 뒤 변화는 필연이다.

변즉통(變卽通) : 잘 변하면 통한다. 즉 막힘이 사라진다.

통즉구(通卽久) : 통한 뒤에는 한동안 그 상태를 지속하다 극에 다다르면 또 다시 변한다.

빅밴드 스윙 재즈와 땅고 오르께스따의 전성기도 영원할 수는 없는 것이다. 화무십일홍(花無十日紅), 아름다운 꽃은 십일을 살고 나면 지듯이 그것은 10여 년간 지속되었다. 빅밴드 재즈의 변화는 두 가지 면에서 필연에 가까웠다.

첫째, 스윙 재즈 유행이 서서히 식어갔다는 점. 50년대 이후 대중의 호기심은 당시 새로 등장한 리듬앤블루스(Rhythm & Blues) 및 락앤롤(Rock & Roll)로 이동하고 있었다.

둘째, 연주자들이 앙상블 위주의 연주 방식과 매번 반복되는 판에 박힌 화음 진행에 질려버렸다는 점. 다양한 형식의 실험과 훨씬 자유로운 즉흥 연주를 원하던 때에 드디어 뉴욕 할렘가의 '민턴즈 플레이 하우스(Minton's Play House)' 란 곳을 드나들던 소수의 무리들로부터 작지만 큰 변화가 일기 시작한 것이다.

찰리 파커(Charlie Parker), 디지 길레스피(Dizzy Gillespie), 셀로니어스 몽크(Thelonious Monk) 등에 의해 연주된 이 새로운 재즈를 '밥(Bop)' 이라고 한다. 이제 더 이상 재즈는 춤곡이 아닌 것이 되었고, 대중의 인기와도 한참 멀어진 대신 감상을 위한 음악, 심오하고 예술적인 어떤 것으로 변모하여 연주자들 또한 자신의 연주에 대해 진지하게 고뇌하고, 다른 예술 장르와의 교류를 확대하는 등 과거의 태도를 조금씩 버리기 시작했다.

재즈와 달리 땅고는 궁즉변(窮卽變)의 이치에 따라 변화하지 못하였다. 식상함을 버리고 새롭게 변하려는 움직임이 땅고 안에서 일어날 시기가 되었을 때 충분한 기회를 갖지 못하였던 것. 군부 독재로 집회와 결사의 자유를 빼앗겨 버렸고, 당연히 땅고를 연주하고 춤추는 자체가 금지 당했다. 북아메리카에서 재즈가 본격적인 예술 장르로서 발전을 거듭하는 동안, 아스또르 피아졸라(Ástor Piazzolla)가 등장하기 전까지 땅고는 사실상 암흑기에 있을 수밖에 없었다.

피아졸라의 땅고를 기존 땅고와 구별하여 '누에보 땅고(Nuevo Tango)'라 부르는 이유는 그가 창작한 음악의 상당수가 춤추기에 적당치 않기 때문이다. 바로 이 점으로 인해 피아졸라 음악은 땅고가 아니라고 비난하는 사람들이 있긴 하지만, 재즈의 역사와 이 현상을 비교해 보면 춤곡에서 감상용 음악으로 변모하는 과정이 여러 사정으로 인해 재즈에 비해 십 수 년 늦게 시작된 것일 뿐, 언제 누구로부터이든 일어나야 할 일이 일어난 것이었다고 본다.

오늘날 접할 수 있는 피아졸라 음반은 백여 장 이상이다. 사람들에게 잘 알려진 〈리베르땅고(Libertango)〉, 〈아디오스 노미노(Adios Nomino)〉, 〈라스 꽈트로 에스따시오네 뽀르떼냐스(Las Cuatro Estaciones Porteñas, 사계)〉 뿐 아니라, 땅고 오페라, 땅고 발레 등과 같은 피아졸라 이전에 없었고 이후에도 없을 것 같은 생소한 시도들이 다수 들어 있다. 한마디로 땅고로 할 수 있는 건 다 해봤다고 해도 과언이 아니다.

〈뜨리스떼자스 데 운 도블레 아(Tristezas de un Doble A)〉, 〈제로 아워(Zero Hour)〉 등 이미 시중에 피아졸라를 대표하는 예술성 높은 명반들이 많이 소개되었다. 이 글에서는 감상용 음반보다는 연주 시간이 짧고, 음악에 맞추어 걷기, 곧 땅고 댄스에 적합한 음반 위주로 소개하려 한다.

그러나 고백하자면 나는 음반 하나하나를 일일이 검증해 가며 듣는 음반 수집가도 아니고, 또 피아졸라 음반을 모두 들어본 것도 아니다. 직접 들어 본 음반 중 개인적으로 좋았던 것 위주로 고른 것이니, 애당초 선곡 기준에 공정성의 잣대를 댈 수는 없음을 밝혀둔다.(아쉬웠던 건 저작권 시비에 휘말릴까 염려하여 음반 사진을 모조리 빼버린 점이다. 음악 관련 도서들을 보면 많은 사진을 싣고 있는 것으로 보아 어떤 해결책이 있는 듯 하지만, 개인이 저작권 시비로부터 원천적으로 벗어나기 위해 저작권자들과 일일이 협의를 한다는 것은 불가능한 일이다. 이 점 양해 드린다.)

:: **1947년 엘 레코도(El Recodo)**

1940년대에 그가 이끌었던 오르께스따 띠뻬카 연주.

피아졸라 = 누에보 땅고만을 떠올렸다면 오히려 그 점으로 인해 신선함이 느껴질 수도 있는 오래된 모노 음질 음반이다. 땅고 댄스를 추기엔 더 말할 나위 없이 좋다.

:: **1959년 예바메 바일란도(Llévame bailando)**

땅고와 재즈를 섞는 시도를 보여주고 있는 음반이다. 곳곳에 낯익은 이름이나 귀에 익은 선율이 들린다. 예를 들어 3번째 곡은 제목부터 재즈 피아니스트 이름인 〈오스카 피터슨(Oscar Peterson)〉이고 4번째 곡은 유명한 재즈 스탠다드인 〈에이프릴 인 파리스(April in Paris)〉이다. 생소한 7번째 곡 〈깐시온 데 꾸나 엘 라 띠에라 델 로스 빠하로스(Canción De Cuna En La Tierra De Los Pájaros)〉도 들어보면 〈룰라

바이 오브 버드랜드(Lullaby Of Birdland)〉, 10번째 곡 〈라 다바 소삐스
띠까다(La Dama Sofisticada)〉는 〈소피스티케이티드 레이디(Sophisticated
Lady)〉이다.

:: 1962년 띠엠뽀 누에보(Tiempo Nuevo)

음반 제목에서 짐작할 수 있듯 땅고 누에보의 초기 형태로 보인
다. 춤곡 관점에서 생각해 보면 곳곳에 의외의 함정(?)이 있기는 하나
댄스 자체가 불가능한 건 아니다. 물론 당시 이와 같은 파격이 격렬
한 논란을 불러 일으켰으리라는 예상은 충분히 가능하다.

:: 1966년 라 과르디아 비에하(La Guardia Vieja)

〈엘 초클로(El Choclo)〉, 〈라 꿈빠르씨따(La Cumparsita)〉 등 피아졸
라가 연주한 땅고의 고전들이다.

:: 1969년 아디오스 노니노(Adios Nonino)

그의 대표작의 하나인 〈아디오스 노니노〉는 아버지의 죽음을 기
리는 곡으로 알려져 있다. 여러 녹음이 있는데 개인적으로 이 음반을
가장 좋아한다.

:: 1974년 리베르땅고(Libertango)

피아졸라의 최고 히트작은 누가 뭐래도 〈리베르땅고(Libertango)〉
이다. 1974년에 녹음된 이후 수많은 연주자와 가수가 무대에 올렸다.

그런데 이 음반을 들어보면 늘 듣던 친숙한 느낌은 아니다. 심지어 약간 경망스러워 보이기까지 한 이상한(?) 편곡이지만, 피아졸라가 직접 연주한 오리지널이라는 의미가 있어 골랐다.

:: 1977년 뻬르세꾸따(Persecuta)

1번째 트랙 〈씨떼 땅고(Cite Tango)〉과 6번째 트랙 〈모데라또 땅가바이(Moderato Tangabile)〉에서 드물게 콘티넨털 탱고의 느낌이 난다. 개인적으론 콘티넨털 탱고 음악 스타일을 좋아하지 않는다고 하였지만, 사실 이 또한 땅고 중 하나인 것이다.

:: 1979년 에스꽐로(Escualo)

'뻬르세꾸따' 음반처럼 땅고와 탱고 댄스 모두에 적합한 곡들 위주로 되어 있다.

:: 1984년 땅게디아 데 아모르(Tanguedia de Amor)

그의 작품 중에서 특별히 '사랑'을 주제로 한 곡들을 모은 모음집인 듯하다.

:: 1984년 뷔페 뒤 노르(Bouffes Du Nord) 극장 실황녹음

이태리 여가수 밀바(Milva)와 피아졸라의 협연 실황 음반이다.

:: 1985 엘 엑실리오 데 가르델(El Exilio De Gardel)

1986년에 개봉된 아르헨티나-프랑스 합작 영화 OST다.

:: 1986년 헨리 4세(Henri IV)

이탈리아 영화감독 마르코 베로키오(Marco Bellocchio)가 만든 〈헨리 4세(Henri IV)〉의 OST다. 〈리베르땅고〉가 가장 대중적 인기를 누리고 있는 곡이라면, 피아졸라 팬들이 가장 좋아하는 곡은 '망각'이란 뜻의 〈오블리비온(Oblivion)〉이 아닐까 한다. 네 가지 다른 편곡의 망각이 들어 있다.

:: 1989년 더 러프 댄서 앤 더 사이클리컬 나이트(The Rough Dancer and the Cyclical Night)

이 음반이 특히 유명해진 건 왕가위 감독의 영화 〈춘광사설(春光乍洩)〉 OST로 사용되었기 때문이다.

:: 1992년 루나(Luna)

1989년 암스텔담의 로얄 씨어터 까레(Royal Theater Carré)에서 있었던 피아졸라 6중주단의 마지막 공연 실황 음반이다.

:: 1992년 워에(Woe)

피아졸라가 크로노스 콰르텟(The Kronos Quartet)과 함께 녹음한 '파이브 탱고 센세이션(Five Tango Sensations)'이란 음반과 흡사하지만 곡명이 다르다. 이 음반 첫 곡 〈슬리핑(Sleeping)〉은 '파이브 탱고 센세이션' 음반에서는 〈어슬립(Asleep)〉으로 나온다. 이건 의미가 비슷하니 넘어갈 수 있는데, 두 번째 곡 〈미드나잇(Midnight)〉은 〈러빙

(Loving)〉과 같은 선율이고, 〈룩아웃(Look Out)〉은 〈훼어(Fear)〉, 〈디자이어(Desire)〉는 〈앵자이어티(Anxiety)〉, 〈워에 패스 어웨이(Woe Pass Away)〉는 〈데스페르따르(Despertar)〉와 같다. 왜 그런지 그 사정은 잘 모르지만, 음반명과 같은 곡 〈워에(Woe)〉가 좋아 골랐다.

:: **1998년 아멜리따 발따 꼼 아스또르 피아졸라(Amelita Baltar com Ástor Piazzolla)**

피아졸라가 작곡한 오페라 〈마리다 데 부에노스 아이레스(María de Buenos Aires)〉에 주연으로 발탁되어, 오랜 세월 함께한 땅고 가수 아멜리따 발따가 노래한 음반이다.

땅고 일렉트로니카

밥(Bop)으로 잘 먹고(?) 살던 재즈는 1960년대에 이르러 또 다시 식상함을 보이기 시작한다. 화음 진행과 즉흥연주가 갈수록 복잡함을 더하더니 마침내 더 올라갈 데가 없을 만큼 정점을 찍은 것이다. 마일즈 데이비스(Miles Davis)는 이 위기에서 화음을 버리는 대신 선법을 도입하는 새로운 길을 개척한다. 몇 년 뒤에는 오넷 콜맨(Ornette Coleman)이 주제 선율과 화음을 내던진 채 오로지 즉흥으로만 연주하는 '프리 재즈(free jazz)'라는 길을 열었다.

그러나 유감스럽게도 프리 재즈는 당시 미술계의 추상 표현주의처럼 난해하고 재미없는 음악이었다. 이와는 다른 길을 찾아 스탄 겟츠(Stan Getz)는 브라질로 가서 까를로스 조빔(Antônio Carlos Jobim)과 함께 삼바에 재즈를 결합시킨 '보사노바(Bossa Nova)'라는 장르를 만들었다. 1970년대에 이르러 재즈에 다른 장르를 섞는 아이디어가 본격화되기 시작, 재즈에 롹을 섞는 실험을 기점으로 크게 인기를 얻은 이른바 '퓨전 재즈(Fusion Jazz)'의 시대가 열린 것이다.

재즈가 다양한 장르를 흡수하는 동안 땅고에서는 피아졸라의 '누에보 땅고' 외에 다른 시도들을 찾아볼 수가 없었다. 암흑기를 지나는 사이 잊힌 것들을 찾아 재발견하고, 사라진 것을 복원하고, 아직 생존해 있는 마에스트로를 찾아가 맥이 끊어진 연주기법들을 다시 익히는 작업 등을 하는 것에 우선순위를 둘 수밖에 없었기 때문이었을 것이다.

이어 어느 정도 안정화가 되자 땅고에도 새로운 바람이 불기 시작했다. 그 중 가장 눈에 띄는 것은 각종 전자 기기의 비약적 발전으로 세계적 유행을 타고 있는 일렉트로니카 계열 음악과의 만남이다. 그 중 상업적으로도 큰 성공을 거둔 대표적 땅고 일렉트로니카 그룹들은 아래와 같다.

:: 고탄 프로젝트(Gotan Project)

'고탄(Gotan)'은 '땅고(Tango)'를 거꾸로 한 것으로, 이름에서부터 뭔가 삐딱한 냄새가 난다. 전통 음악인 땅고를 자기들 입맛에 맞게 약간 비튼 의미 정도로 받아들여도 되지 않을까 싶다.

:: 바호폰도 땅고 클럽(Bajofondo Tango Club)

바호폰도(bajofondo)는 영어로 '언더월드(underworld)'란 뜻이라고 한다. 어둡고 우울한 땅고의 역사를 축약한 듯하다. 이 단체를 이끌고 있는 구스타보 산타올라야(Gustavo Santaolalla)는 다큐멘터리 〈부에노스아이레스 탱고 카페(Café de los Maestros Cafe de Los Maestros)〉의 음악을 담당하기도 하였던 사람이다.

:: **까를로스 리베딘스키**(Carlos Libedinsky)

앞의 두 연주단체와는 사뭇 다른 느낌이 있다. 대표 음반으로는 〈나르꼬땅고(Narcotango)〉를 꼽을 수 있는데, 화려함보다는 정갈한 인상을 주는 소규모 연주 그룹이다.

스윙

유럽 고전음악 연주자는 악보에 적힌 대로 음표, 빠르기, 강약 등을 정확히 재현하기 위하여 매우 엄격한 훈련을 쌓지만, 고난도 연주기법을 습득한 사람을 최고 연주자라 부르지는 않는다. 실제 연주는 불립문자의 세계와 다르지 않으며, 오선지에 기록된 음표들이 유럽 고전음악을 작곡, 재현하는 데에 이상적 수단이기는 하지만, 기록에 있는 것을 정확히 재현해 낼 수 있는 능숙함 외에 개인의 해석능력이 무엇보다 중요한 것이다.

보통 재즈는 즉흥성을 중요시하므로 마구잡이로 연주해도 되고, 유럽 고전음악은 악보대로 정확하게 연주해야 한다고 생각하지만, 보다 더 근본이 되는 세계, 곧 무분별지(無分別智)에 다가갔을 때 재즈, 유럽 고전음악, 나아가 모든 음악이 오직 '하나'를 공유하고 있음에 도달하게 될 것으로 나는 확신한다.

악기를 익힌다는 건 선생이 하는 걸 보고 손가락 모양에서부터 호흡법, 반복연습에 필요한 방편 등 하나에서 열까지 모조리 모방하는 도제식 교습법 외에 다른 길은 있을 수 없다. 물론 악기 연주에만 국한된 것이 아니라 세상의 모든 몸으로 하는 공부, 곧 쿵푸가 다 그렇다. 말로는 설명할 수 없거나 설명 자체가 무의미한 직관의 세계, 곧 언어도단(言語道斷)의 영역을 건드려야 하기 때문이다.

천재가 끝없는 반복 연습을 통해 마침내 한계를 넘게 되었을 때, 모든 형태가 물크러질 대로 물크러진, 무경계의 세계와 만나게 되는 것 같다. 이 단계에 다다른 연주는 능숙 차원이 아니라 선율과 리듬 자체를 지배해 버린다. 꼭 필요한 곳에만 힘을 주고 불필요한 나머지 힘을 완전히 뺄 수 있게 될수록 인간은 조금씩 무위자연(無爲自然)에 다가간다. 그럼 '스윙(Swing)' 할 수 있다. 바꿔 말해 무위자연에서 멀어질수록 스윙하지 못한다.

좁은 의미에서의 스윙은 빅밴드 재즈를 가리키는 용어이지만, 넓은 의미에서 모든 명연주는 스윙한다. 스윙하지 않는 연주는 명연주가 될 수 없다. 땅고 연주자들 사이에서도 지금 말한 스윙 개념에 해당하는, 현재 내가 모르는 특별한 전문 용어가 있을지도 모른다. 하지만 그건 중요한 게 아니다. 세상의 모든 음악이 무위자연의 세계에서 하나로 만난다는 사실을 아는 게 훨씬 더 가치 있는 일이다. 재즈와 마찬가지로 땅고의 명연주 또한 스윙하지 않을 수 없다.

땅고 속 이미지들

　1980년대 초 서울 종로의 세운상가 부근에 8비트 애플 컴퓨터 복제품이 대량 유통되기 시작하던 무렵, 나 또한 PC에 열광하였던 수많은 중학생의 한 명이었다. 방학이 되면 거의 매일 그곳으로 출퇴근하다시피 했던, 말하자면 '세운상가 키드' 였던 셈이다. 현재 내가 갖고 있는 두어 가지 직업 중 생계유지에 결정적 도움을 받고 있는 게 컴퓨터 프로그래머란 것도 이와 무관하지 않다.

　나는 'PC통신' 을 비교적 빨리 접한 세대이기도 하다. 1987년 즈음 당시 고가였던 1200BPS 모뎀이 설치된 IBM PC를 갖고 있었던 친구 집에서 케텔(KETEL) 서비스에 최초 접속, 약 2년 뒤 286 PC 구입. 나의 20대는 PC통신 안에 개설된 음악동호회 중 '고전음악동호회' 와 '언더그라운드뮤직동호회' 에서 보낸 시간이 무척 길었다.

　언더그라운드뮤직동호회를 가입한 것은 20대 초반부터 재즈에 푹 빠져들었던 탓인데, 덩달아 락을 좋아하는 사람들과도 교류를 가질 기회가 있었다. 뜬금없이 PC통신 얘기를 늘어놓은 이유는 바로 이 락을 좋아하는 사람들과 사석에서 나누었던 대화 한 대목을 여기에 옮기기 위해서다.

오랜 기간 다양한 저작활동으로 명성을 쌓은 어느 대중음악 평론가를 이 동호회 사람들이 대단히 싫어하더라는 것이다. 이 분이 쓰신 글에서 '락 = 저항'이라는 등식을 강요하는 게 거슬린다고 했다. 나아가 사회과학에서 주로 사용하는 방법을 동원하여 락을 당시 시대상과 접목하여 비교 분석, 사회현상을 풀이하는 도구로 이용해 먹는 게 못마땅하다고 하였다.

락이란 장르를 잘 몰랐던 난 '락 = 저항'이라는 공식에 그다지 거부감이 없었기 때문에 "그럼 락이 뭐냐?"고 다시 질문을 던지니, 지극히 단순명료하여 오히려 충격적인 답을 들었다. "락은 음악이다." 락을 좋아하는 사람들에 있어 락은 사회에 저항하기 위한 도구가 아니라 자기가 좋아하는 음악일 뿐이었던 것이다. 사회학자, 음악 평론가라는 이들이 이렇게 저렇게 주물럭거려 음악 아닌 문장으로 재탄생한 것이 아닌, 그저 좋아서 듣는 '음악' 그 이상도 이하도 아니었던 것이다.

물론 락에 사회를 향한 저항의 목소리가 전혀 없다는 말은 아니다. 일부를 전체인 것으로 몰아가는 경향이 옳지 않음을 지적한 것뿐이다. 더구나 같은 저항이라도 뉘앙스가 다르다. 대다수 락 하는 사람이 하는 짓은 저항이라기보다 한번 개겨 보는 것에 더 가깝다. x 같은 세상을 향해 욕지거리나 시원하게 해보자는 소박한 것이지, 의도적으로 이슈를 이끌어내려는 계산 따위는 없는 것이다.

비슷한 상황은 재즈에서도 있었다. 1990년대 중반 한국에서 매우 기이한 재즈 열풍이 휩쓸었던 적이 있었는데, 이 무렵 등장한 소설 등에 '재즈 = 자유'라는, 편견에 가까운 이미지를 덧씌워 상업적으로 이용한 사례들을 심심치 않게 발견할 수 있다. 그 결과 '재즈적 글쓰기'라는 둥 심지어 '재즈 섹스'라는 식의 묘한 조합어가 만들어지기도 했다.

'재즈 = 자유'라는 관념은 즉흥연주로부터 파생되었을 것이다. 그러므로 '재즈적 글쓰기'란 '자유로운 글쓰기'라는 것 같은데, 그렇다면 자유롭지 않은 글쓰기는 뭘까 알 듯 모를듯하다. '재즈 섹스'는 '프리섹스'를 미화한 것에 불과하다. 아아, 이런 천박함이라니, 나도 한 동안 롹을 좋아하는 사람들이 '롹 = 저항'이라는 공식 앞에서 분개하였던 것 이상으로 분개하지 않을 수 없었다.

'땅고'에도 '땅고는 내가 좋아하는 음악이자 춤'이라는 이 당연한 상식과 사뭇 다른 고정관념이 존재하는데, 그 중 제일은 '불의 입맞춤', '치명적 유혹', '욕망', '갈증' 등등의 낱말을 떠오르게 하는 에로티시즘이다. '롹 = 저항'에서와 마찬가지로 땅고에 이 요소가 없다는 게 아니다. 다만 처음부터 이와 같은 선입견을 갖고 땅고를 듣게 되면 그것밖에 안 보이니 우려하는 것이다.

다른 음악과 마찬가지로 땅고 안에도 기쁨, 슬픔, 사랑, 분노, 두려움 등 인간의 온갖 감정이 들어있다. 에로티시즘은 그 중 한 요소에 불과한 것이다. 이 점을 올바르게 알지 못하니 춤을 출 때에도 유혹하듯이 두 사람이 신체를 과도하게 밀착하지 않으면 땅고가 아니라는 주장까지 나오는 것 같다. 만약 땅고 댄스가 오로지 그래야만한다면 그건 춤이 아니라 풍기문란의 몸짓에 지나지 않는 것이다. 뒤에서 다시 설명하겠지만, 땅고 댄스란 그저 음악에 맞추어 파트너와무위자연하게 걷는 것, 바로 그것이다.

땅고에는 '한(恨)이 서려 있다' 는 표현도 자주 들었다. 단순히 땅고 음악 중에 단조가 압도적으로 많다는 이유만으로 한(恨) 운운한 것이라면, 이 복잡미묘한 정서의 본질을 이해 못한 채 귀중품을 싸구려포장지에 싼 것과 다를 게 없다고 본다.

내 생각으로는 겉만 봐서는 이 정서를 결코 이해할 수 없으며, 적어도 한 번 이상 자기 부정을 거친 뒤 다시 처음으로 돌아왔을 때, 다시 말해 '산은 산 → 산은 산 아님 → 역시 산은 산' 임을 이해한 뒤에야 겨우 공감이 가능해 지는 것 같다. 이것은 땅고뿐 아니라 재즈도 그러하다. 재즈는 대부분 흥겨운 음악임에도 말로는 표현하기 어려운 무엇인가가 그 안에 존재하는 것이다. 즉 음악이 장조인가 단조인가는 문제가 되지 않는다.

땅고 댄스를 추는 사람들 간에 유명한 표현은, 두 사람이 혼연일체가 되어 움직인다는 의미의 '네 개의 다리, 하나의 심장' 이란 말일 것이다. 문제는 혼자 제대로 걷지도 못하는 사람이 그 표현에 매혹되어 자아도취에 빠지는 경우다.

땅고 댄스를 잘하게 되는 단계는 단순하다. 즉,

첫째, 잘 걷는다
둘째, 음악에 맞추어 잘 걷는다
셋째, 두 사람이 음악에 맞추어 잘 걷는다

이다. 세 번째가 곧 '네 개의 다리, 하나의 심장'에 해당하는 단계라 할 수 있겠다. 다시 말하지만 그 전에 혼자서도 잘 걷는 법을 먼저 깨달아야 한다.

"만약 실수를 하면 스텝이 엉키는데, 그게 바로 탱고"라는 말은 영화 〈여인의 향기(Scent Of A Woman)〉에서 알파치노가 한 명대사다. 내가 보기에 이 말 속에는 두 가지 의미가 감추어져 있는 것 같다.

첫째, 춤을 추는 동안의 즐거움은 물론 춤을 잘 출 때이다. 춤 문화에 익숙하지 않을수록 실수를 하면 안 된다는 강박에서 벗어나기가 쉽지 않지만, 사실 실수는 누구나 할 수 있는 것이다. 뿐만 아니라 실수 자체가 춤의 일부이고, 그것을 즐기는 것이 바로 땅고다. 그러므로 실수는 나쁜 거니까 빨리 없애려고 할수록 더 힘들어진다.

둘째, 땅고의 기본 스텝인 살리다(salida)를 설명한 것일 수도 있다. 스텝이 엉킴을 살리다에서 여자의 발이 처음 교차되는 순간이라고 본다면, 바로 여기에서부터 땅고가 시작되기 때문이다.

땅고 음악 100선

'감동'이라고 하면 좋은 음악이나
그림을 보았을 때 느끼는 마음 상태를
가리킨다. 이런 감동과 운동을 통한
감동은 어떻게 다른가? 이를테면
음악의 감동은 멋진 광경을 비행기
안에서 바라본 것이고, 운동의 감동은
자기 힘으로 산꼭대기에 올라가
'그것'을 본 것이다.

들어가는 말

〈명상적 걷기〉에서 주목하였던 것의 하나는 운동(運動)과 감동(感動)의 관계였다. 운동의 '동'은 몸이 동한 것이고, 감동의 '동'은 마음이 동한 것으로 같은 한자이긴 해도 서로 의미하는 바가 다른 듯 보이지만, 사실 몸과 마음이 따로따로일 순 없다. 몸 관점에서는 마음이 동한 것이 '운'이고, '운'해야 비로소 몸이 '동'한다. 마음 관점에서는 몸이 잘 '동'하는 이치를 알았을 때 '감'이 오고, '감'이 왔을 때 비로소 마음이 '동'한다.

'감동'이라고 하면 좋은 음악이나 그림을 보았을 때 느끼는 마음 상태를 가리킨다. 이런 감동과 운동을 통한 감동은 어떻게 다른가? 이를테면 음악의 감동은 멋진 광경을 비행기 안에서 바라본 것이고, 운동의 감동은 자기 힘으로 산꼭대기에 올라가 '그것'을 본 것이다. 음악의 감동이 없었다면 산에 오르겠다는 생각 자체를 못했을 것이다. 또한 산을 오르지 않았다면 '그것'이 뭔지, 감동이 뭐였는지 겉핥듯 밖에 몰랐을 것이다.

땅고는 더불어춤이므로 파트너도 있어야 하고, 땅고 추는 장소인 밀롱가도 필요하지만, 그런 것들이 필수 요소는 아니다. 땅고를 추기 위해 꼭 필요한 것은 무엇일까? 나는 다음의 두 가지라고 본다.

첫째, 땅고 음악
둘째, 속근육(inner muscle)

땅고는 음악에 맞추어 둘이 함께 걷는 더불어춤이다. 하지만 파트너가 없을 땐 혼자 걸을 수도 있다. 땅고 추는 장소 또한 반드시 특정 장소일 필요는 없다. 땅고 음악이 흘러나오는 곳 모두가 밀롱가인 셈이다. 반면 음악이 없다면 그에 맞추어 걸을 수가 없다. 그러므로 음악은 절대로 중요하다.

하지만 단순히 음악이 흘러나온다는 것만으로는 충분하지 않다. 춤추는 사람이 땅고 음악을 좋아해야 하는 것이다. 그냥 좋아하는 게 아니라 한동안 혼이 나가 버릴 만큼 이것에 매료되어야 한다. 그렇지 않다면 음악은 그저 박자나 맞추는데 필요한 메트로놈 같은 것으로 전락해 버리고 말 것이다.

음악을 좋아하게 되었어도 제대로 춤추기 위해서는 바르게 걸을 줄 알아야 한다. 바르게 걷지 못하면서 땅고 음악에만 도취되면, 땅고 댄스가 아니라 속된 말로 '자뻑' 댄스가 되기 십상이다. 엔진이 우수해야 좋은 자동차이듯 바르게 걷기 위하여 무엇보다 속근육이 중요하다.

음악 듣기를 취미로 삼은 지 대략 30년, 어느 날 그 동안 내가 들었던 음악들을 정리할 겸 그때그때 연상되는 음악들을 일기 쓰듯 꾸준히 쓰다 보니 어느새 1천여 편의 글들이 모아졌다. 첫 번째 글은 2005년 11월 11일, 1천 번째 글은 2011년 3월 24일, 장장 5년 4개월의 꽤 긴 여행이었다. 글쓰기를 통해 나는, 첫째 모든 간섭을 철저히 배제한 날것 그대로의 생각들을 남길 수 있었고, 둘째 좋은 문장을 쓰기 위한 의미 있는 수련을 한 셈이다.

다음 글들은 그 중에서 땅고 음악에 관한 것만 추린 뒤 재편집한 것이다. 땅고 음악을 잘 모르는 분들을 위한 소개의 의미를 담아, 수많은 땅고 음악들 중 (진부한 표현이긴 하지만) '주옥같은' 100곡을 선별하였다.

땅고 음악 100선

:: 후안 다리엔초(Juan D'Arienzo) 악단이 연주한 라 꿈빠르씨따(La Cumparsita)

1916년 마토스 로드리게스(Matos Rodríguez) 작곡. 강—약—강—약 액센트로 연주되는 2/4박자 무곡으로 의심할 여지없이 땅고 역사상 가장 유명한 곡이다.

:: 엑또르 바렐라(Héctor Varela) 악단이 연주한 엘 초클로(El Choclo)

부에노스아이레스의 하층 문화였던 땅고가 유럽으로 전파되는 과정에서 1905년 아르헨티나 해군에 의해 최초로 유럽에서 연주되었던 음악으로 공식 인정된 곡이 바로 이 곡, '엘 초클로' 다. 앙헬 비욜도(Ángel Villoldo) 작곡. 루이 암스트롱(Louis Armstrong)이 '키스 오브 파이어(Kiss of fire)' 란 제목으로 노래했고 냇 킹 콜(Nat King Cole)이 쿠반 볼레로 스타일도 부른 것도 유명하다.

:: 까를로스 디 살리(Carlos Di Sarli) 악단이 연주한 바히아 블랑까(Bahía Blanca)

음반 역사에서 본격적인 스테레오 녹음이 보편화된 것은 1960년대 이후다. 흔히 '땅고 황금기' 라 일컫는 1930-40년대 땅고 음반들은 당연히 모노 녹음이다. 평소엔 음질이 좋은 후대 연주자들의 음악을 자주 듣게 된다. 하지만 스트라빈스키(Stravinsky)가 직접 지휘한 '봄의 제전', 크라이슬러(Kreisler) 본인이 직업 연주한 '사랑의 슬픔 (Liebesleid)' 등은 명연주 여부를 초월한 어떤 특별함이 존재하듯이 땅고 또한 그러하다. 까를로스 디 살리가 작곡하고 연주한 이 곡은 개인적으론 땅고 댄스에 첫 발을 내딛던 순간에 나왔던 음악이었다. '바히아 블랑까' 는 아르헨티나 동부의 항구 도시 이름이라는데 왜 이런 제목이 붙었는지 내막은 잘 모르겠다.

:: 요요마(Yoyoma)가 연주한 리베르땅고(Libertango)

영화 007 시리즈 중 '뷰 투 어 킬(View to a kill)' 에 나왔던 여배우 그레이스 존스(Grace Jones)가 1981년에 발매한 '나이트클러빙 (Nightclubbing)' 이란 음반에 '아이브 씬 댓 페이스 비포(I've Seen That Face Before)' 가 아마 내가 처음 접한 리베르땅고 선율이었을 것 같다. 음악에서 중미 쪽 섬나라 댄스 음악 분위기가 나는 것은 그녀의 국적이 자마이카라는 것과 무관하지 않을 것이다. 언젠가부터 '리베르땅고' 하면 첼리스트 요요마의 연주가 거의 교과서가 된 것 같은 느낌이다. '소울 오브 더 탱고(Soul Of The Tango)' 란 음반에 수록되어 있다.

:: 쎄스떼또 땅고(Sexteto Tango)가 연주한 라 보르도나(La Bordona)

2008년 'EBS 국제다큐영화제(EDIF)'에서 소개된 '탱고 이야기'는 젊은 연주자들이 1950년대 이전 땅고 오케스트라 음악을 재연하고 싶어 음반을 듣고 연구하던 중 당시 유명 오케스트라 단원이자 지휘자, 작곡자이기도 했던 에밀리오 발까르세(Emilio Balcarce)와의 만남을 통해 연주 스타일을 완성해나가는 과정을 그리고 있는 다큐멘터리다. 그가 작곡한 대표곡 중 하나가 '라 보르도나'다. 사전을 찾아보니 '보르도나'는 기타에서 3개의 제일 낮은 현을 각각 가리키는 말이라고 한다. 전주에서 들리는 낮은 기타 선율 때문에 이런 제목이 붙여진 게 아닐까 짐작해 본다.

:: 오스발도 뿌글리에세(Osvaldo Pugliese) 악단이 연주한 라 융바(La Yumba)

1946년에 오스발도 뿌글리에세가 만든, 그의 작품 중에서도 가장 유명한 음악이자 땅고 역사에 길이 남을 음악. '융바'란 오스발도 본인이 발명(?)한 의성어로서 땅고의 리듬 파트를 "융-바, 융-바"라고 표현한 건데 한국식으로 굳이 의역하면 "쿵-짝, 쿵-짝" 정도가 될 듯하다. 또는 반도네온을 열고 접을 때 나는 소리를 뜻하는 것이라고도 한다.

:: 발레리아 린치(Valeria Lynch)가 노래한 노스딸히아스(Nostalgias)

발레리아 린치는 땅고 전문 가수는 아니지만 아르헨티나 사람답게 1986년 '깐따 엘 땅고(Canta el Tango)' 란 제목의 음반을 한 장 냈다. 그 중 한 곡, '노스딸히아스' 는 '향수(=nostalgia)' 란 의미로 후안 까를로스 꼬비안(Juan Carlos Cobián)이 작곡하였다.

:: **아스또르 피아졸라(Ástor Piazzolla)가 연주한 오블리비온 (Oblivion)**

이태리 영화 엔리꼬 4세(Enrico IV)의 OST로 처음 선보인 곡이다. 언제부터인가 한 해가 가는 시점에는 항상 이 곡을 찾아 듣는 습관이 생겼다. 왠지 모르게 이맘 때 더욱 특별함을 더한다.

:: **영화 여인의 향기(Scent Of A Woman) 중 뽀르 우나 까베자(Por Una Cabeza)**

까를로스 가르델(Carlos Gardel)이 작곡한 이 곡을 낭만적인 땅고 음악으로 기억하게 된 공은 1992년에 개봉되었던 영화 '여인의 향기(Scent Of A Woman)' 의 편곡 때문이라고 해도 과언이 아닐 것이다. 수많은 연주가 있지만 내가 들어본 것 중에는 이 영화에 삽입된 것이 가장 좋았다.

:: **고탄 프로젝트(Gotan Project)가 연주한 산타 마리아(Santa Maria (Del Buen Ayre))**

내가 고등학교 다닐 무렵 개봉된 영화, '더티 댄싱(Dirty Dancing)'

은 음침한 곳, 불법 댄스 교습소와 같은 안 좋은 이미지밖에 없었던 커플 댄스를 다시 바라보게 한 첫 번째 계기가 되었다. 두 번째 계기는 1996년 개봉된 '쉘 위 댄스(Shall we ダンス)' 라는 일본 영화다. 2004년 미국에서 리처드 기어(Richard Gere)와 제니퍼 로페즈(Jennifer Lopez) 주연으로 이 영화를 다시 만들었다. 남녀 주인공 둘이서 온갖 폼 다 잡으며 '느낌' 으로 춤추는 것을 강조한 것 같은 장면에서 사용된 음악이 고탄 프로젝트의 '산타 마리아' 였다.

:: 까를로스 리베딘스키(Carlos Libedinsky)가 연주한 오뜨라 루나(Otra Luna)

땅고가 처음 탄생하였던 때를 돌이켜 보면 오늘날 전 세계적인 사랑을 받고 있는 땅고의 위상에서 격세지감을 느낄 만하다. 이 음악에 특유의 애수와 어두움이 짙게 깔려 있는 이유는 필시 당시 최하층 극빈자들의 슬픔과 분노, 애환이 녹아있기 때문이리라. 어쩌면 노동자의 설움을 달래주는 음악이라는 역할만큼은 현재에도 마찬가지가 아닐까 싶다. 별다른 희망도 없이 힘들게 일만 하던 보카항 노동자들의 시름을 달래주었던 땅고가 지금은 밤낮 없는 야근 속에 키보드를 두드려대는 노동자들에게 잠시나마 카타르시스를 제공하고 있다. 한때 내가 자주 들었던 까를로스 리베딘스키의 '나르꼬땅고(Narcotango)' 음반에 수록된 '오뜨라 루나(Otra Luna)' 란 곡, 오뜨라는 '다른(=another)' , 루나는 '달(=moon)' .

:: 영화 탱고 레슨(Tango Lesson) 중 께자스 데 반도네온
(Quejas De Bandoneón)

‘탱고 레슨’ 영화의 서두에 파블로 베론(Pablo Veron)과 까롤리나
요티(Carolina Iotti)라는 댄서가 무대에서 땅고 댄스 시범을 보이는 장면
이 있다. 여기에 사용된 음악이 ‘께자스 데 반도네온’, 번역하면 ‘반
도네온의 탄식’ 이란 곡이다. 안니발 뜨로일로(Anibal Troilo) 작곡.

:: 안니발 뜨로일로(Anibal Troilo) 익단이 연주한 로 께 벤드
라(Lo Que Vendrá)

1940년대 아르헨티나 최고의 악단을 이끌었던 안니발 뜨로일로
의 진가를 알 수 있는 곡이다.

:: 우고 디아스(Hugo Díaz) 꼰훈또(Conjunto)가 연주하는 밀롱
가 뜨리스떼(Milonga Triste)

1997년 개봉작 ‘탱고 레슨’ 은 샐리 포터(Sally Potter) 감독 자신이
주연을 겸하여 만든 영화다. 땅고에 관한 깊은 애정이 묻어나는 이
영화는 음악이 매우 좋다. 영화 마지막 장면에 ‘아이 앰 유(I am you)’
란 노래가 흘러나온다. 원곡은 ‘밀롱가 뜨레스떼’, 번역하면 ‘슬픔의
밀롱가’ 다.

:: 영화 땅고(Tango) 중 리께르도(Recuerdo)

오스발도 뿌글리에세(Osvaldo Pugliese) 작곡. 개인적으로는 까를로
스 사우라(Carlos Saura) 감독 영화 ‘땅고’ 에서 유명 댄서가 시범을 보

일 때 나왔던 장면과 함께 연상되곤 한다.

:: 프란씨스꼬 까나로(Francisco Canaro) 악단이 연주한 세 디쎄 데 미(Se Dice De mí)

프란씨스꼬 까나로가 작곡한 밀롱가. 사전에 디쎄(dice)는 '평판, 소문, 험담' 등의 뜻을 가지고 있다니 '세 디쎄 데 미'를 '사람들이 나에 대해 하는 말' 정도로 해석하면 될 것 같다.

:: 뮤지컬 포레버 탱고(Forever Tango) 중 께 발따 께 메 아쎄스(Que Falta Que Me Hacés)

'포레버 탱고'는 샌프란시스코에서 1996년부터 2년 가까이 장기 공연을 한 대표적인 땅고 쇼 중 하나다. 7쌍의 남녀 무용수가 등장하고 총 11명으로 구성된 땅고 오르께스따가 음악을 연주한다. '께 발따 께 메 아쎄스'는 선율이 참으로 드라마틱한데다 여가수의 시원시원한 목소리가 어우러진 명곡이다. 아르만도 뽄띠에르(Armando Pontier), 미구엘 깔로(Miguel Caló) 작곡, 페데리꼬 실바(Federico Silva) 작사.

:: 아스또르 피아졸라(Ástor Piazzolla)가 연주한 땅고 아파씨오나도(Tango Apasionado)

왕가위(王家危) 감독 영화 '해피 투게더(Happy together)'의 또 다른 제목은 '춘광사설(春光乍洩)'이다. '땅고 아파씨오나도', '열정적 땅고'의 선율과 봄….

:: 까를로스 가르씨아(Carlos García) 악단이 연주한 알 마에스
뜨로 꼰 노스딸히아(Al Maestro Con Nostalgia)

미국의 블루스(Blues), 쿠바의 쏜(Son), 포르투갈의 파두(Pado), 그리
고 아르헨티나의 땅고(Tango) 등… 이 음악들 사이에는 몇가지 공통점
이 존재한다. 첫째, 민중들의 음악, 둘째, 각 지역 음악의 뿌리, 셋
째, 슬픈 음악이라는 것. 평소에는 잘 감추어져 있는 마음 깊은 곳,
슬픔을 꺼내어 연주한다. 2008년 초겨울 무렵에 대학로의 한 소극장
에서 '부에노스 아이레스 탱고 카페(Cafe De Los Maestros)' 라는 다큐
멘터리 필름을 본 뒤 OST를 사서 듣고 또 들었다. 첫 곡 '알 마에
스뜨로 꼰 노스딸히아' 를 들을 때마다 그 때의 감흥이 다시 되살아
나곤 한다.

:: 라그리마 리오스(Lágrima Ríos)가 노래한 운 씨에로 빠라
로스 도스(Un Cielo Para Los Dos)

'부에노스 아이레스 탱고 카페' 등장인물 중 한 사람, 라그리마
리오스. 1924년 몬테비데오 출생, 다큐멘터리에 출연하여 이 노랠 부
르시고 2006년에 돌아가셨다. 아름다운 발스(Vals) 곡이다.

:: 오스발도 뿌글리에세(Osvaldo Pugliese) 악단이 연주한 데
스데 엘 알마(Desde El Alma)

로씨타 멜로(Rosita Melo) 작곡, 오메로 만씨(Homero Manzi) 작사.
'마음으로부터' 란 뜻의 발스 곡이다.

:: 프란씨스꼬 까나로(Francisco Canaro) 악단이 연주한 꼬라 쏜 데 오로(Corazón De Oro)

제목을 알고 음악을 검색하는 건 쉬워도 어딘가에서 들어 본 음악 제목을 알아내기는 어렵다. 프란씨스꼬 까나로 작곡의 '꼬라쏜 데 오로'가 그 중 하나였다. 스페인어 사전을 검색해 보니 '코라쏜'은 마음(=heart), '오로'는 드문(=singular)이라고 나온다. 보기 드문 마음… 80년대식 한국 정서로는 '오직 한 마음'과 비슷한 뜻이 될 듯.

:: 바호폰도 땅고 클럽(Bajofondo Tango Club)이 연주한 크리스탈 (Cristal)

유명 땅고 일렉트로니카 연주 단체인 바호폰도 땅고 클럽이 한국에 온다는 포스터를 보다 놀랐다. 스페인어를 거의 모르는 관계로 그 때까지 그냥 영어식으로 '바조폰도'라고 발음을 했었는데 한글로 큼지막이 '바호폰도 탱고 클럽 내한'이라고 쓰여 있는 게 아닌가!

:: 이지영이 노래한 엘 디아 께 메 끼에라스(El Día Que Me Quieras)

까를로스 가르델은 1935년 6월 24일 비행기 사고로 죽었다. 갑작스런 죽음으로 인하여 그가 출연한 영화 '엘 디아 께 메 끼에라스'는 마지막 작품이 되었다. 제목을 번역하면 '당신이 나를 사랑하게 될 그 날'이라고 하는데 동명의 주제곡을 가르델이 직접 작곡하고 노래도 불렀다. 내가 들어본 것 중 제일 좋았던 노래는 한국 여가수가 부른 것이다. 빅마마의 이지영이 부른 것이 영화 '내 머리 속의 지우

개' 에 삽입되어 있다.

:: **영화 땅고(Tango) 중 플로레스 델 알마(Flores Del Alma)**

까를로스 사우라^(Carlos Saura) 감독 영화 '땅고' 장면 중 무슨 스튜디오 같은 곳에 사람들을 모아 놓고 한 쪽에서는 피아노 반주에 맞추어 남녀가 이중창으로 발스를 부르게 하고 거기에 맞추어 땅고를 추게 하는 장면이 있다. 그 때 나왔던 노래가 '플로레스 델 알마', 번역하면 '영혼의 꽃'이다.

:: **넬리 오마르(Nelly Omar)가 노래한 라 깐시온 데 부에노스 아이레스(La Canción De Buenos Aires)**

파리, 뉴욕이 문화 도시란 인상을 갖게 된 여러 이유들 중에는 그 동네를 소재로 만든 유명한 노래가 있다는 것도 매우 중요하게 한 몫 했을 것 같다. 예를 들어 '파리 하늘 아래에서^(=Under Paris Skies)' 나 '뉴욕의 가을^(=Autumn In New York)' 같은 음악들…. 역으로 이 음악에 취한 사람들은 일생에 한번쯤 그 곳엘 가보고 싶어 하게 될 것이고, 그 마력이 세계 각지로부터 사람들을 끌어당긴다. 땅고의 도시답게 부에노스아이레스에도 이와 같은 노래가 있었다. '라 깐시온 데 부에노스 아이레스'.

:: **료타 코마츠(小松亮太)가 연주한 마레자다(Marejada)**

2007년에 '아르헨티나 할머니^(アルゼンチンババア)' 란 일본 영화가

개봉되었다. 마지막 장면에서 멋진 땅고 음악이 한 곡조 흘러나왔다. 여주인공이 아르헨티나 할머니의 환상과 함께 땅고를 출 때 나왔던 그 곡은 일본인 반도네온 주자인 료타 코마츠가 연주한 '마레자다' 였다.

:: **마리아노 모레스(Mariano Mores) 악단이 연주한 땅게라 (Tanguera)**

2001년 개봉된 영화 '물랑루즈' 에 '록산느의 탱고(=El Tango de Roxanne)' 란 음악이 나왔는데 원곡은 '땅게라' 다. 워낙 유명한 곡이라 수 많은 연주가 있는데 앞에서 언급한 '부에노스아이레스 탱고 카페' OST에서 마리아노 모레스 오케스트라가 한 연주도 잊을 수 없는 명연이었다.

:: **리까르도 딴뚜리(Ricardo Tanturi) 악단이 연주한 우나 에모 씨온(Una Emoción)**

인터넷에서 파블로 베론(Pablo Veron)과 게랄딘 로하스(Geraldine Rojas)라는 댄서가 함께 땅고를 추는 동영상을 보았는데 어느 영화의 끝 장면인 듯 싶었다. 수소문 끝에 2002년 개봉된 '암살 탱고(=Assassination Tango)' 라는 영화의 마지막 장면이란 사실을 알아냈다. 땅고 추는 장면에 흐르던 음악은 리까르도 딴뚜리 악단이 연주한 '우나 에모씨온', '감동' 이라는 곡이다.

:: **뜨리오 빤땅고(Trío Pantango)가 연주한 요 노 세 께 메 안 에초 뚜스 오호스(Yo No Sé Que Me Han Hecho Tus Ojos)**

어느 일요일 겨울, 청계천에 갔다가 바이올린, 기타, 아코디언으로 구성된 3중주단의 길거리 공연을 본 적이 있었다. 당시 이들이 연주했던 곡 중 하나가 테트리스 게임 주제곡으로 유명한 러시아 민요인 '칼린카(Kalinka)' 였다. 음악을 들으며 '아~ 이런 식의 소규모 구성으로도 참 좋은 앙상블이 되는구나' 를 느꼈다. 아코디언을 반도네온으로 대체하면 아주 흥미로운 땅고 연주도 가능하겠다고 생각했는데, 실제로 이렇게 소규모로 구성된 땅고 음악이 있었다. 뜨리오 빤땅고의 '요 노 세 께 메 안 에초 뚜스 오호스' 라는 곡, 직역하면 '네 눈이 나에게 무슨 짓을 한 건지 모른다' 로 의역하면 '첫 눈에 반했다' 는 의미일 것 같다.

:: **뜨리오 빤땅고(Trío Pantango)가 연주한 빨로미따 블랑까 (Palomita Blanca)**

'작은 흰 비둘기' 란 뜻의 우아한 발스 음악. 안셀로 아이에따 (Anselmo Aieta) 작곡. 수많은 연주 중 나는 뜨리오 빤땅고의 연주를 좋아한다. 땅고에 클라리넷이 사용되는 경우가 그리 흔한 건 아닌듯한데 이 분들이 이 악기를 잘 사용하기에 더 그런가보다.

:: **꼴로르 땅고(Color Tango)가 연주한 빠바디따(Pavadita)**

꼴로르 땅고는 오스발도 뿌글리에세 악단의 반도네온 연주자였던 로베르또 알바레즈(Roberto Alvarez)가 주축이 되어 1989년에 결성된 땅고 연주 단체다.

:: 오라시오 쌀간(Horacio Salgán)이 연주한 돈 아구스틴 바르디(Don Agustín Bardi)

유럽고전음악을 멋있게 연주하는 피아니스트는 대단히 많다. 내가 좋아하는 빌헬름 켐프, 루돌프 제르킨, 아르투로 미켈란젤리, 마우리찌오 폴리니, 마르타 아르헤리치, 크리스티안 치메르만, 백건우 등…. 재즈 피아니스트로는 몰표가 가도 이상하지 않을 빌 에반스, '재즈 포엣(Jazz Poet)' 음반을 내었던 토미 플라나간, '플라이트 투 덴마크(Flight to denmark)' 음반을 내었던 듀크 조단 등이 떠오른다. 땅고를 연주하는 피아니스트로서 가장 확실하게 기억에 남을 첫째 인물은 아마 오라시오 쌀간일 것 같다. 앞의 글에서 언급한 영화 '땅고'에도 이 분이 잠깐 나온다. 81세에 아직도 현역인 모습으로.

:: 오뜨로스 아이레스(Otros Aires)가 연주한 니에블라 델 리아초엘로(Niebla Del Riachuelo)

오뜨로스 아이레스는 땅고 황금기 시절 음악들을 이용한 샘플링 작업을 많이 한 네오 땅고 그룹이다. 2003년에 아르헨티나가 아닌 스페인 바르셀로나에서 결성되었기에 '또 다른 부에노스 아이레스'란 의미에서 이런 단체명을 지은 듯 보인다. '니에블라 델 리아초엘로'는 번역하면 '강가의 안개'란 뜻으로 후안 까를로스 꼬비안(Juan Carlos Cobián)이 작곡하였다.

:: 레오뽈도 페데리꼬(Leopoldo Federico) 악단이 연주한 알 갈로뻬(Al Galope)

도서관에 승마에 관한 책을 한 권 뽑아 읽기 시작했는데 의도치 않게 말에 대한 몇 가지 편견을 없애 주었다. 첫째, 말은 초식 동물이다 = 겁이 많다. 둘째, 말은 단순한 탈 것이 아니다 = 교감의 대상이다…라는 것이다. 가만 생각해 보면 말이 교감의 대상이라는 건 지극히 당연한 말씀이다. 기계에 불과한 자동차를 몰 때에도 운전자는 차와 교감을 하곤 하는데 말은 오죽하겠는가. 이쯤에서 적절히 갖다 붙이자면 승마와 땅고 둘 다 교감의 기술(=art)을 추구한다는 점에서 공통점을 발견할 수 있을 것 같다. 갈로페(Galope)는 영어의 갤롭(Gallop)과 통하는 단어다. 즉 말이 전속적으로 달린다는 뜻이 있다.

:: 말레나 무얄라(Malena Muyala)가 노래한 꼬모 도스 에스뜨라뇨스(Como Dos Extraños)

　땅고의 역사에서 반도네온을 없애는 건 불가능한 일이지만 그렇다고 어디에나 반드시 이 악기가 들어가야만 하는 건 아니다. 어떤 땅고는 마치 포크 음악처럼 단순 소박하다. 그 중 내가 제일 좋아하는 노래는 말레나 무얄라가 부르는 '꼬모 도스 에스뜨라뇨스', 번역하면 '두 낯선 사람처럼' 이다.

:: 영화 고래와 창녀(=La Puta Y La Ballena) 중 베라 이 에르네스또(Vera Y Ernesto)

　땅고에 관심을 갖게 된 후부터 땅고 음악이 나오는 영화는 가급적 찾아서 보려하는 편이다. '고래와 창녀' 는 결말이 우울한 영화인 것 같아 중간까지만 보다 말았다. 삽입곡에 좋은 땅고 음악이 많은데 그 중 한 곡, '베라 이 에르네스또'.

:: **낀떼또 바파 데 리오**(Quinteto Baffa - De Lio)**가 연주한 치께**(Chiqué)

'치께'는 영어의 쉬크(chic)와 같은 의미로 '허세, 잘난체하는 태도' 등을 의미한다.

:: **토스카 탱고 오케스트라**(Tosca Tango Orchestra)**가 연주한 엘 초룰로**(El Cholulo)

1995년 개봉되어 내가 이십대 때 본 '비포 선라이즈(Before Sunrise)'는 현실 가능성이 0.1%쯤이나 있을까 말까 한 판타지이자 정말 로맨틱한 영화였다. 감독 리처드 링클레이터(Richard Linklater)가 2000년에 '웨이킹 라이프(Waking Life)'란 독특한 애니매이션을 하나 개봉하였다. 주목할 것은 전체 수록곡이 토스카 탱고 오케스트라라는 단체가 연주한 탱고 음악이었다는 사실.

:: **플로린도 사소네**(Florindo Sassone)**가 연주한 펠리시아**(Felicia)

유럽고전음악 지휘자, 첼리비다케(Celibidache)가 '통조림 음악'이라며 경멸하였던 바로 그 음반이 없었다면 내가 어찌 땅고를 접할 수 있었겠으며 수많은 명연주자와 명가수의 존재를 알 수 있었겠는가. 연주에 관한한 난 날 것보다 캔에 든 것을 확실히 더 좋아한다. 음반으로 같은 연주를 반복해서 듣고 또 들은 덕분에 좋은 음악과 나쁜 음악을 가릴 수 있는 귀를 얻었다. '펠리시아' 는 펠리시아 라레리 (Felicia Larregui)란 여성의 이름에서 따온 제목이라고 한다.

:: **아스또르 피아졸라(Ástor Piazzolla)가 연주한 로스 수에뇨스 (Los Sueños)**

'수에뇨스' 는 스페인어로 꿈, 희망, 이상, 환상 등등의 뜻을 갖고 있다.

:: **루씨오 데마레(Lucio Demare) 악단이 연주하고 후안 까를로 스 미란다(Juan Carlos Miranda)가 노래한 말레나(Malena)**

루씨오 데마레가 작곡하고 오메로 만씨(Homero Manzi)가 작사한 이 곡의 주인공인 말레나가 누구인가에 관한 여러 가지 추측이 있었던 모양이다. 결론적으로 그녀는 1940년대 모처의 캬바레에서 엘레나 또르똘레로(Elena Tortolero)란 이름으로 활동하였던 말레나 데 똘레도(Malena de Toledo)였다고 의견이 모아진 듯 보인다.

:: **우고 델 까릴(Hugo del Carril)이 노래한 미 노체 뜨리스떼 (Mi Noche Triste)**

우고 델 까릴은 아르헨티나 영화배우 겸 감독이자 땅고 가수로서 한국에서는 낯설지만 현지에서는 대단한 천재이셨다고. '미 노체 뜨리스떼' 는 번역하면 '나의 슬픈 밤' 이다.

:: 엑또르 바렐라(Héctor Varela) 악단이 연주한 무차차
(Muchacha)

헤수스 릴로 수와레스^(Jesús Rilo Suárez)와 루이스 까루소^(Luis Caruso) 작곡 및 작사. '무차차', '소녀' 란 뜻으로 슬픔에 우는 여자를 위로하는 내용이다.

:: 로젠버그 트리오(The Rosenberg Trio)가 연주한 께레(Querer)

어렸을 때, 내가 땅고와 탱고 음악을 구별 못하여 어떤 건 좋고 어떤 건 듣기 싫은 데 무슨 차이인지를 몰랐던 시절 때부터 내가 본 능적으로 거부하였던 음악이 콘티넨털 탱고였다. 하지만 모든 일에는 예외가 존재하듯 일부 좋아하는 음악이 없는 건 아닌데 그 중 한 예가 로젠버그 트리오의 연주들이다. '께레', '원하다, 바라다' 는 뜻이다.

:: 로드리고 레아우(Rodrigo Leao)가 연주한 패션(Pasion)

로드리고 레아우는 포르투갈의 작곡가 겸 피아니스트로 포르투 갈 사람답게 '마드레데우스^(Madredeus)' 라고 주로 파두^(fado)를 부르는 그룹의 리더라고 한다. 이 분께서 만든 '패션' 이란 노래를 발견한 것 인데 파두라기보다는 탱고에 더 가깝다.

:: 엔리께 우갸르트(Enrique Ugarte)가 연주하는 빠야도라
(Payadora)

한 때 땅고 음악을 좋아하는 것과 반비례하여 탱고 음악을 싫어

하다 보니 나중엔 '아코디언으로 연주하는 탱고는 짝퉁'이란 편견까지 생긴 적이 있었다. 이것을 여지없이 깨버린 연주자가 엔리께 우갸르트라는 프랑스 사람이었다. 좋은 연주는 악기가 중요한 게 아니라 연주를 하는 이의 마음가짐에 따라 좌우됨을 새삼 느꼈다. 아르헨티나, 우루과이 인접 지역의 민속 음악 중에 빠야다(payada)라는 노랠 부르는 가수를 가리켜 '빠야도라'라고 한다.

:: 알베르또 뽀데스따(Alberto Podestá)가 노래한 뻬르깔(Percal)

다큐멘터리 '부에노스아이레스 탱고 카페'에 알베르또 뽀데스따라는 분이 등장하여 '뻬르깔'이란 노래를 불렀는데 아마 이 분의 전성기 때 대표작인 듯하다. 얼마 전 아르헨티나 땅고 전성기 시절 모노 녹음들을 모은 음반을 입수하였는데 이 중 한 음반에 그가 젊었을 때 부른 이 곡이 있어 비교 감상해 보는 재미를 가졌다.

:: 안니발 아리아스(Aníbal Arias)와 오스발도 몬테스(Osvaldo Montes)가 연주한 로만체 데 바리오(Romance De Barrio)

각자가 인생을 가듯 땅고는 우선 홀로 잘 걷는 법을 알아야 한다. 동시에 인생은 더불어 가지 않으면 안 된다. 혼자 살 수는 없다. 더불어 살아가야 하듯 땅고 또한 더불어 걷는 춤이다. 바른 길을 가고 있다면 수 많은 인생과 수 많은 선택들은 반드시 어느 한 곳에서 만나게 될 것이다. 그것에 인생의 목적이, 그리고 땅고가 있다. 남녀 두 사람이 땅고를 추듯 기타와 반도네온의 이중주….

:: 안드레스 리베딘스키(Andrés Linetzky)와 에르네스또 로메오 (Ernesto Romeo)가 연주한 센띠미엔또스(Sentimientos)

땅고 연주 기법은 약간 유치하다고 해야 할까, 액센트를 주는 방식이나 소리를 내는 법 등등이 그다지 고급스러워 보이지는 않음에도 불구하고 전체적인 울림은 사람의 마음을 강하게 사로잡는 힘이 느껴진다. 이목구비를 하나하나 뜯어보면 잘 생긴 것은 아닌데 전체적으로는 참으로 호감이 가는 그런 얼굴을 연상케 한다. 뿐만 아니라 종종 지나친 감정 과다가 눈에 띈다. 땅고 제목에서 '로맨틱', '노스탤지어', '센티멘털' 같은 단어를 종종 만날 수 있는 것도 비슷한 맥락이 아닐까 한다. 그런데 신기하게도 그런 유치한 짓이 땅고 안에서라면 어느 정도는 괜찮다.

:: 이병우가 연주한 탱고 앙 스카이(Tango En Skaï)

클래식 기타 솔로로 연주되는 독특한 탱고 음악이 있는데 제목이 불어로 '탱고 앙 스카이'로서 '가짜 탱고'란 뜻이다. (Skaï = 인조 가죽) 작곡자는 롤랑 디용(Roland Dyens)이다. 왜 이런 제목을 붙였을까? 그것은 작곡가 자신이 튀니지 태생의 프랑스 사람이기 때문이라고 한다. 피아졸라처럼 아르헨티나 토양에서 자라지 못한 자신의 음악을 겸손의 표현으로 가짜 탱고라 이름 붙인 듯하다.

:: 스테파노스 코콜리스(Stefanos Korkolis)가 연주한 레인 탱고(The Rain Tango)

당연한 얘기지만 이미 땅고는 아르헨티나만의 전유물은 아니다. 수많은 음악가가 이것의 영향을 받아 다양한 땅고 음악을 만든 바다. 스테파노스 코콜리스는 그리스 아테네에서 태어난 작곡가 겸 피아니스트로 다섯 살 때부터 피아노를 연주하여 이른바 신동으로 통했다고 한다. '레인 탱고'는 그가 만든 가장 유명한 땅고 음악이다.

:: 하리스 알렉씨우(Haris Alexiou)가 노래한 투 탱고 티스 네펠리스(To Tango Tis Nefelis)

앞에 이어 또 다른 그리스 사람, 하리스 알렉씨우가 부른 '투 탱고 티스 네펠리스', '네펠리스의 탱고'를 빠뜨릴 수 없겠다. 원곡은 캐나다 여가수 로리나 맥케닛(Loreena McKennitt)이 노래한 '탱고 투 에보라(Tango To Evora)'인데 여기에 본인이 직접 그리스어로 가사를 입혀 다시 불렀다. 개인적 느낌은 한마디로 청출어람, 원곡보다 이것이 더 나은 것 같다.

:: 류이치 사카모토(坂本龍一)가 연주한 탱고(Tango)

영화음악 작곡자로 유명한 류이치 사카모토의 탱고 음악.

:: 앙헬 다고스띠노(Angel D'Agostino) 악단이 연주하고 앙헬 바르가스(Angel Vargas)가 노래한 뜨레스 에스끼나스(Tres Esquinas)

알헬 다고스띠노와 알프레도 아따디아(Alfredo Attadía) 작곡, 엔리께 까디까모(Enrique Cadícamo) 작사. 뜨레스는 '셋', 에스끼나스는 '코너(corner)'.

:: 안니발 아리아스(Aníbal Arias)와 오스발도 몬테스(Osvaldo Montes)가 연주한 뚜 디아그노스띠꼬(Tu Diagnóstico)

'뚜 디아그노스띠꼬', 직역하면 '당신의 진단(=Your Diagnosis)'인데 영어로 번역된 가사를 읽어 보니 이른바 사랑의 열병을 앓는 것에 관한 내용이었다.

:: 훌리오 빠네 뜨리오(Julio Pane Trío)가 연주한 비에자 까사(Vieja Casa)

훌리오 빠네라는 반도네온 주자가 만든 반도네온, 피아노, 베이스로 구성된 삼중주. '비에자 까사'는 '오래된 집'이란 뜻이다.

:: 로베르또 고예네체(Roberto Goyeneche)가 노래한 부엘보 알 수르(Vuelvo Al Sur)

'부엘보 알 수르', '남쪽으로 돌아감'이라는 뜻의 노래. 1988년, 페르난도 솔라나스(Fernando Solanas) 감독이 만든 영화 '수르(Sur)'에 나왔다. 땅고 음악을 정리하는 내내 목록에 과감히 넣을지 말지 갈등하였던 인물이 메르세데스 소사(Mercedes Sosa)와 그녀의 대표곡인 '그라씨아스 알 라 비다(Gracias A La Vida)'였다. 아르헨티나에서 태어났지만 엄밀히 말해 땅고 가수가 아닌 포크 가수이므로 여기에 포함시키기 주저되었다. 그런데 인터넷에서 메르세데스 소사가 노래하는 '부엘보 알 수르' 동영상을 본 것이다. 이걸 핑계(?)삼아 이렇게라도 그분의 이름을 남기고 나니 마음이 한결 가벼워졌다. 그런데 메르세데스 소사만 언급하고 아따우알빠 유빵끼(Atahualpa Yupanqui)를 언급하지 않으면 그 또한 형평이 맞지 않을 것 같다. 이 모두가 아르헨티나 독재 정권에 저항하였던 대표 인물들이다.

:: 미겔 깔로(Miguel Caló)가 연주한 바호 운 씨에로 데 에스뜨레야스(Bajo Un Cielo De Estrellas)

엔리께 프란치니(Enrique Francini)와 엑또르 스탐포니(Héctor Stamponi) 작곡, 호세 마리아 꼰뚜르시(José María Contursi) 작사. '바호 운 씨에로 데 에스뜨렐랴스', 번역하면 '별이 가득한 하늘 아래에'다. 이런 제목이라면 우선 연상되는 작품이 고흐(Vincent van Gogh)가 그린 그림이므로 '혹시나…?' 하는 마음에 영어로 번역된 가사 내용을 읽어본 바로는 고흐와 별 관련은 없어 보였다.

:: 라미로 가이요(Ramiro Gallo)와 안드레스 리네츠키(Andres Linetzky)가 연주한 바리오 수르(Barrio Sur)

조지 거쉰(George Gershwin)이 작곡한 '포기와 베스(Porgy and Bess)'는 내가 참 좋아하는 오페라 중 하나다. 여기에 수록된 노래 중 몇몇은 재즈 스탠다드가 되어 수많은 가수가 노래했다. 그 중 한 곡이 '아이 러브 유 포기(I love you porgy)' 인데 이 노래와 어딘가 비슷한 느낌이 나는 땅고 발견, 라미로 가이요와 안드레스 리네츠키가 연주한 '바리오 수르' 란 곡이다.

:: 뜨리오 에스끼나(Trio Esquina)가 연주한 코르토 & 루이스
(Corto Y Louise)

뜨리오 에스끼나는 이태리에서 결성된 3인조 연주 단체다. '코르토 & 루이스'에서 코르토는 같은 이태리 사람으로 거의 전설이 되다시피 한 휴고 프라트(Hugo Pratt)가 그린 만화에 등장하는 주인공, 코르토 말테제(Corto Maltese)를 가리킨다고 한다. 루이스는 1920년대 최고 영화배우, 댄서였던 루이스 브룩스(Louise Brooks)로서 그녀를 모델로 그린 만화가 있다.

:: 알프레도 데 안젤리스(Alfredo De Angelis) 악단이 연주한
꽌도 욜라 라 밀롱가(Cuando Llora La Milonga)

'꽌도 욜라 라 밀롱가'는 직역하면 '밀롱가가 깨어날 때'로 의역하면 '밀롱가에서 음악이 흘러나올 때' 정도일 듯.

:: 우고 디아스(Hugo Díaz)가 연주한 엘 료론(El Llorón)

후안 마기오(Juan Maglio)작곡, 엔리께 까디까모(Enrique Cadícamo) 작사, '우는 아이'란 뜻이다.

:: 후앙호 도밍게스(Juanjo Domínguez)가 연주한 엘 빠베이온
델 라 로사스(El Pabellón De Las Rosas)

후안호 도밍게스의 기타로 연주되어지는 땅고는 왠지 옛 향수를 떠오르게 한다. '엘 빠베이온 델 라 로사스'는 '장미의 파빌리온'이

란 뜻이다.

:: 뉴 땅고 오르께스따(New Tango Orquesta)가 연주한 에스따 씨온(Estación)

뉴 땅고 오르께스따는 1996년에 결성된 누에보 땅고 연주 단체다. 사전에서 '에스따씨온'을 찾아보면 '계절'과 '정거장'이란 두 가지 뜻을 갖고 있다고 나오는데 어느 쪽 의미인지는 모르겠다.

:: 호르헤 비달(Jorge Vidal)이 연주하는 에스따 센 미 꼬라손 (Estás En Mi Corazón)

안또니오 블랑꼬(Antonio Blanco) 작곡. '에스따 센 미 코라손'은 '당신은 내 마음속에'라는 정도로 해석 가능하다. 앙헬라 까라스코(Angela Carrasco)라는 도미니카 공화국 가수가 부른 같은 제목의 전혀 다른 노래가 있다. 관용구처럼 흔한 표현이다 보니 같은 제목으로 여러 노래가 있는 모양이다.

:: 코드리스 띠오리(Chordless Theory)가 연주하는 센다 우르바나(Senda Urbana)

세계적 추세에 따라 땅고도 라운지 음악으로 변모된 형태가 많이 눈에 띈다. 2003년 발매된 '탱고 칠 세션즈(Tango Chill Sessions)'란 음반 수록곡. 센다(Senda)는 '길', 우르바나(Urbana)는 '도시'란 뜻이다.

:: 멜로씨엔씨아(Melosciencia)가 연주한 푸가 이 미스떼리오
(Fuga Y Misterio (Dique 4 Mix))

2004년 발매된 '탱고 칠 세션(Tango Chill Sessions)' 이란 음반 수록
곡이다. 피아졸라의 '푸가 이 미스떼리오(Fuga Y Misterio)' 란 곡을 다
시 만들었다.

:: 쎄스떼또 마요르(Sexteto Mayor)가 연주한 호텔 빅토리아(Hotel
Victoria)

인터넷을 검색해 보면 땅고 역사와 관련하여 '그랑 호텔 빅토리
아(Gran Hotel Victoria)' 란 곳이 등장한다. 아마 이것을 가리키는 게 아
닐까 짐작된다.

:: 프란씨스꼬 까나로(Francisco Canaro)가 연주한 라 까라 델
라 루나(La Cara De La Luna)

마누엘 깜뽀아모르(Manuel Campoamor) 작곡. '라 까라 델 라 루
나', '달의 얼굴' 이란 뜻.

:: 오스발도 쁘레쎄도(Osvaldo Fresedo) 악단이 연주한 라 비
루따(La Viruta)

'라 비루따' 는 부에노스아이레스에 있는 유명 땅고 명소로 각종
공연과 밀롱가가 있는 곳이다.

:: 뻬드로 라우렌스(Pedro Laurenz) 악단이 연주한 밀롱가 데 미스 아모레스(Milonga De Mis Amores)

뻬드로 라우렌스 본인이 작곡하고 직접 연주한 '밀롱가 데 미스 아모레스', 번역하면 '내가 사랑하는 밀롱가' 다.

:: 뜨리오 빤땅고(Trío Pantango)가 연주한 나딸리아(Natalia)

뜨리오 빤땅고 음반 수록곡이긴 하나 기타로만 연주되는 땅고 음악이다.

:: 훌리오 소사(Julio Sosa)가 노래한 빠 미 에 씨구알(Pa' Mí Es Igual)

루씨오 데마레(Lucio Demare), 로베르또 푸카초(Roberto Fugazot) 작곡, 엔리께 까디까모(Enrique Cadícamo), 아구스틴 이루스타(Agustín Irusta) 작사.

:: 부에노스 아이레스 땅고 뜨리오(Buenos Aires Tango Trio)가 연주한 포뿌리 델 볼론끼(Popurri Del Bolonqui)

땅고 초기, 반도네온이 아직 등장하지 않았던 시기에는 플룻이 바이올린과 더불어 주제 선율이나 즉흥 연주를 하는 등 중요한 역할을 했었다고 하는데 요즘 땅고에서는 이 악기를 발견하기가 드문 편이다. 이 곡에서는 예외로 플룻이 중심 역할을 하고 있어서 골랐다.

:: 듀오 오리엔탱고(Duo Orientango)가 연주한 라스트 탱고 인 파리(Last Tango In Paris)

땅고 댄스와는 아무 관계가 없이 야하기만 한 영화 '파리에서의 마지막 탱고'. 그러나 OST는 좋다.

:: 알프레도 데 아넬리스(Alfredo De Angelis)가 연주한 쏘냐 리 나다 마스(Soñar Y Nada Mas)

왠지 땅고는 이런 저런 비극적 결말이 나는 이야기들과 잘 어울리는 면이 있다. 그래서 땅고 안에 소위 '치명적 유혹'과 같은 이미지가 생겨난 것이 납득이 간다. 요한 슈트라우스 부자의 비엔나왈츠는 모든 음악이 밝고 행복한데, 땅고의 발스는 이마저도 단조인 것…. 프란씨스꼬 까나로(Francisco Canaro) 작곡, 이보 뺄라이(Ivo Pelay) 작사.

:: 엘라디아 블라스께스(Eladia Blázquez)가 노래한 뚜 삐엘 데 오르미곤(Tu Piel De Hormigón)

엘라디아 블레스께스 작곡 및 작사. '삐엘'은 피부, '오르미곤'은 콘크리트, 따라서 의역하면 '거친 피부' 정도의 의미가 될 듯하다.

:: 마리오 부스토스(Mario Bustos)가 노래한 운 발스 빠라 마마(Un Vals Para Mamá)

엔리께 알레씨오(Enrique Alessio) 작곡, 레이날고 이소(Reinaldo Yiso) 작사. '엄마를 위한 왈츠'란 뜻이다.

:: 에레 뚜에글로스(R.Tueglos)와 가르씨아 히메네스(F.García Jiménez)가 연주한 쏘로 그리스(Zorro Gris)

라파엘 뚜에골(Rafael Tuegols) 작곡, 프란씨스꼬 가르씨아 히메네스(Francisco García Jiménez) 작사. '쏘로'는 여우, '그리스'는 회색.

:: 알렉시스 칼로포이아스(Alexis Kalofolias)와 타노스 아모르히아노스(Thanos Amorgianos)가 연주한 지아 리고(Gia ligo)

그리스 음악가가 연주하는 땅고 일렉트로니카로 '라스트 탱고 인 아테네(Last Tango in Athens)'란 음반에 들어 있다.

:: 오스발도 뿌글레에세(Osvaldo Pugliese) 악단이 연주하는 누에베 드 훌리오(9 De Julio)

7월 9일이 아르헨티나의 독립 기념일이라고 한다. 그것을 기념한 곡인 듯하다.

:: 아스또르 피아졸라(Ástor Piazzolla)가 연주한 뜨리스떼자, 쎄파라씨온(Tristeza, Separación)

'땅게디아 데 아모르(Tanguedia de Amor)'란 음반 수록곡이다. '뜨리스떼자'는 '슬픔', '쎄파라씨온'은 '분리'.

:: 기따라스 라티나스(Guitarras Latinas)가 연주하는 론단도 뚜 에스끼나(Rondando Tu Esquina)

차를로(Charlo) 작곡, 엔리께 까디까모(Enrique Cadícamo) 작사. 론다

(rondar)가 '주위를 돈다'는 뜻이 있으므로 헤어진 연인을 못 잊고 계속 주변을 맴돌고 있다는 의미인 듯하다. 세 대의 기타로만 연주되어지는 땅고 음악으로 '땅고(Tango)'란 음반 수록곡이다.

:: 아드리아나 바렐라(Adriana Varela)가 노래하는 페다씨토 데 씨엘로(Pedacito De Cielo)

엔리께 프란치니(Enrique Francini)와 엑또르 스땀뽀니(Héctor Stamponi) 작곡, 오메로 엑스뽀시토(Homero Expósito) 작사. 사전을 찾아보니 '페다씨토'가 '가시랭이'라고 나온다. '하늘의 가시랭이', 확실친 않지만 구름을 은유적으로 표현한 게 아닐까 짐작한다.

:: 알프레도 데 안젤리스(Alfredo De Angelis) 악단이 연주하는 레-파-시(Re-Fa-Si)

선율의 첫 시작이 레, 파, 시라 이런 제목이 붙은 듯하다.

:: 플로린도 사소네(Florindo Sassone) 악단이 연주하는 아디오스 무차초스(Adiós Muchachos)

훌리오 세자르 산데스(Julio César Sanders) 작곡, 세자르 베다니(César Vedani) 작사, '소년이여, 안녕'….

:: 까를로스 가르시아(Carlos García) 악단이 연주하는 아 메디아 루스(A Media Luz)

에드가르도 도나토(Edgardo Donato) 작곡, 까를로스 렌씨(Carlos

^{Lenzi)} 작사, '희미한 불빛' 이란 뜻이다.

:: 알베르또 까스띠요(Alberto Castillo)가 노래하는 마리사벨 (Marisabel)

마리사벨이란 여성을 향한 고백의 노래인 듯하다.

:: 앙상블 꽁뜨라스트(Ensemble Contraste)가 연주하는 카페 1930(Café 1930)

프랑스에서 결성된 실내악 단체다. 피아졸라의 '카페 1930'을 연주한 음반이 2009년에 발매되었다.

:: 에드문도 리베로(Edmundo Rivero)가 노래하는 알기엔 레 디쎄 알 땅고(Alguien Le Dice Al Tango)

'누군가 땅고에게 말을 건넨다' 는 뜻으로 피아졸라가 작곡했다. 땅고를 향한 애정이 느껴지는 곡이다.

:: 유리 부에나벤뚜라(Yuri Buenaventura)가 노래하는 아프로 땅고(Afro Tango)

콜럼비아 태생으로 본업은 살사 가수이다 보니 땅고와 라틴 음악 느낌이 동시에 난다.

:: 오스깔 알론소(Oscar Alonso)가 노래하는 수에뇨 데 후벤뚜 드(Sueño De Juventud)

엔리께 산토스 디쎄폴로^(Enrique Santos Discepolo) 작사, 작곡. '청춘의 꿈'이란 뜻이다.

:: 엘라란께(El Arranque) 악단이 연주하는 에니그마띠꼬 (Enigmatico)

1996년 부에노스 아이레스에서 결성된 땅고 오케스트라의 연주.

:: 로베르또 루피노(Roberto Rufino)가 노래하는 깐씨온 데 랑고(Canción De Rango)

라울 까풀룬^(Raúl Kaplún) 작곡, 호세 마리아 수네^(José María Suñé) 작사. 사전에 '랑고'는 '높은 신분'이란 뜻이 있는데 그만큼 땅고를 예찬하는 내용이다.

:: 호세 바소(José Basso) 악단이 연주하는 엔뜨라다 쁘로히비다(Entrada Prohibida)

루이스 떼제이레^(Germán Teisseire) 작곡, 게르만 떼제이레^(Germán Teisseire) 작사. '출입금지'란 뜻이다.

:: 엑또르 빠체코(Héctor Pacheco)가 노래하는 로 안 비스또 꼰 오뜨라(Lo Han Visto Con Otra)

오라씨오 페또로씨^(Horacio Pettorossi) 작곡 및 작사. 영어로 번역된 가사를 읽어 보니 바람난 남자로 인해 괴로워하는 심정을 땅고로 달래는 내용이었다.

:: 플로레알 루이스(Floreal Ruiz)가 노래하는 문다나
(Mundana)

호세 바소(José Basso), 플로레알 루이스가 작곡하고 마누엘 바로스(Manuel Barros)가 작사한 것을 본인이 직접 불렀다.

:: 넬리 오마르(Nelly Omar)가 노래하는 아마 리 까야르
(Amar y Callar)

호세 까네트(José Canet) 작곡, 넬리 오마르(Nelly Omar) 본인 작사. '사랑과 침묵'이란 뜻.

:: 오라씨오 몰리나(Horacio Molina)가 노래하는 루비(Rubí)

후안 까를로스 꼬비안(Juan Carlos Cobián) 작곡, 엔리께 까디까모(Enrique Cadícamo) 작사. 기타 반주에 맞춰 읊조리듯 노래하는 땅고.

걷 기

인간의 일상은 게으르게 사는 게 맞는
것 같다. 게으른 대신 꾸준한 게 좋은
것이다. 10년 전에도, 지금도, 10년
후나 20년 후가 되어도 중단하지 않는
게 훨씬 더 가치 있는 일일 것이다.

높이 나는 새가 멀리 보고,
게으른 새가 높이 난다.

코어(The Core, 核)

책 한가운데를 잘 조준하여 손가락으로 받치면 책이 넘어지지 않고 균형을 유지하는데, 이것을 '무게중심(Center of gravity)'이라 한다. 세상에 존재하는 모든 물건에는 무게중심이 있다. 이때의 무게중심은 항상 고정이다. 움직이는 생물에도 무게중심이 있다. 그런데 이 때엔 움직임에 따라 무게중심 위치가 변한다.

사람의 몸을 시체처럼 빳빳하게 한 후 어느 한 지점을 받치면 균형을 잘 유지할 수 있다. 몸은 좌우대칭 구조이므로 팔, 다리 같은 곳에 무게중심이 있을 리는 없다. 당연히 척추 어느 곳에 '그곳'이 있을 것이다.

사람은 생물이므로 몸 안 무게중심은 어떻게 움직이느냐에 따라 척추 위 아래로 이동한다. 빠르게 달리거나 높이 뛰어 오르는 동작을 할 때 '그곳'은 위로 올라간다. 무거운 물건을 들어 올릴 때 '그곳'은 아래로 내려간다. 무엇을 기준으로 무게중심의 높고 낮음을 말할 수 있는가? 매우 편리하게도 배꼽이 그 기준이 된다.

무게중심이 배꼽보다 위에 있으면 높은 것이고
무게중심이 배꼽보다 아래에 있으면 낮은 것이다.

민첩성, 순발력 등이 필요할 때 무게중심은 배꼽 위, 거의 명치까지 올라간다.
큰 힘이 필요할 때 무게중심은 배꼽 아래로 내려간다.

배꼽 아래까지 내린 특별한 무게중심을 옛사람들은 '단전(丹田)'이라 불렀다. 단전이 중요한 이유는 그것이 '몸 힘'의 근본이 되기 때문이다. 몸 힘을 쓰기 위한 필수조건은 아래 두 가지다.

첫째, 무게중심을 배꼽 아래까지 내릴 줄 알아야 한다.
둘째, 주변 근육을 단련시켜야 한다.

무게중심 주변 근육은 눈에 보이지 않으며 몸속에 감추어져 있으므로 '속근육(inner muscle)'이라고 한다. 단전의 범위를 좁히면 몸 안의 어느 한 점인 무게중심으로 모아지고, 단전의 범위를 넓히면 무게중심을 감싸고 있는 근육, 속근육을 포함한다.

단전과 관련하여 대단히 흥미로운 용어로 '파워하우스(powerhouse)'가 있다. 영어사전을 찾아보면 파워하우스는 발전소라고 나온다. 인간의 몸 안에도 큰 힘 또는 섬세한 힘을 내고자 할 때 반드시 사용되어야만 하는 발전소가 있다는 의미로 '파워하우스'란 말을 쓸 수 있는 것이다. 이 용어를 몸에 대응시켜 처음 사용한 사람은 요셉 필라테스(Joseph H. Pilates)다.

단전은 에너지(=丹)가 모이는 밭(=田)이고, 파워하우스는 힘(=power) 내는 집(=house)이다. 그러므로 개념상으로,

丹 + 田 = power + house

가 된다. 각자 다른 길을 걸어온 동양과 서양의 몸 움직이는 원리를 나타내는 핵심이 이토록 일치한다는 건 이것이 보편적인 진실임을 강력하게 반증하는 것 아니겠는가?

'몸 힘'을 쓰기 위해 반드시 속근육을 단련시켜야 하고, 파워하우스 쓰는 법을 숙달시켜야 한다. 몸 힘은 주로 등 근육을 통해 나온다. 대퇴이두근, 대둔근, 척추기립근, 배근, 활배근으로부터 나오는 힘이 몸 힘이다. 더불어 복근이 단련되어 있지 않으면 충분한 몸 힘을 낼 수 없다. 지금 말한 부위들을 '파워존(power zone)'이라고 한다.
이 부위들을 단련시키는 것이 바른 몸만들기의 핵심이자 더불어 춤, 땅고라는 요리를 만들기 위해 꼭 필요한 식재료들이다.

인간의 몸을 소우주라고 하듯 몸을 지구에 비유할 수 있다. 몸이 아트만(atman)이라면 지구는 브라흐만(brahman)인 셈이다. 지구 안쪽에

는 핵(核), 즉 '코어(core)'가 있다. 지구 중심에 코어가 있듯 몸 안에도 코어가 존재한다. 지구의 자전은 지표면이 스스로 하는 게 아니고 코어가 회전함에 따라 지표면이 움직이는 것처럼 보인다. 몸 또한 안쪽 코어가 회전함에 따라 몸 바깥이 덩달아 회전하는 것이다. 지구가 자전(自轉, rotation)과 공전(公轉, revolution)을 하듯 몸은 (코어가) 회전하고, (무게중심이) 이동한다. 모든 사람이 몸 안에 코어를 갖고 있지만 코어의 존재를 분명하게 감지하고 있는 사람은 드물다. 그러므로 코어를 깨닫기 위한 수련, 즉 쿵푸〔工夫〕가 필요한 것이다.

지금까지 나온 용어들을 정리하면 '무게중심', '단전', '파워하우스', '속근육', '파워존', '코어'는 거의 같은 의미지만 각각이 가리키는 것 또는 뉘앙스에 약간의 차이가 있으므로 상황에 맞추어 적절한 용어를 골라 쓸 것이다.

땅고 댄스를 추기에 앞서 스텝보다 훨씬 본질적인 것은 바로 코어〔核〕, 즉 무게중심을 마음의 눈으로 보는 것, 다시 말해 자기 몸 안의 중심을 각성하는 것이다. '그것'을 각성하기 위한 방편은 크게 두 가지로 생각해 볼 수 있다.

첫째, 손가락으로 책 한가운데를 잘 조준하여 알 수 있는 것과 마찬가지로 몸을 정지시키고 마음을 고요히 하여 내관(內觀)하여 깨닫는 법으로 요가나 불교에서 볼 수 있는 결가부좌, 중국 무술의 참장과 같은 것이 이 방법에 해당한다.

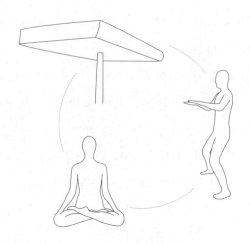

둘째, 책 귀퉁이를 잡고 좌우를 비틀면 이것에 영향을 받지 않고 마치 정지되어 있는 듯 보이는 한 점을 발견할 수 있는데, 이와 비슷한 방식으로 몸을 움직이게 하여 자각하는 방법이다. 대표적으로 '걷기'가 여기에 해당한다.

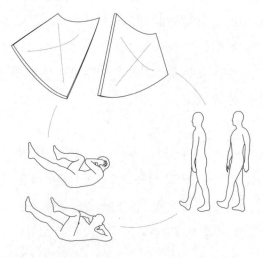

이 책은 전자보다는 후자의 방법, 즉 걷기를 통해 무게중심을 자각하는 방법에 중점을 두고 있다.

뭔가를 각성한다는 건 예를 들어 전후 상황을 판단하여 이러저러한 원리를 발견하는 것, 나열된 수열을 보고 그 안에서 어떤 규칙성을 발견하여 공식화하는 짓, 이런 수학적 사고를 통해 아는 것과는 다르다. 독서를 통해 지식을 쌓듯 한 발 한 발 단계를 밟아 올라가는 것은 깨달은 게 아니다. 유일한 방법은 계단이 없는 위층을 향해 단번에 도약하는 것이다. 스승이 제시한 방편과 조언 등이 도약을 위한 중요한 힌트는 될 수 있으나 각성 자체는 아니란 말이다. 그것은 논리를 초월한 곳에 있다. 나름 깨달았다고 확신하는 개인적 체험을 잠깐 덧붙이자면 우선 이것은 눈, 귀, 코, 혀, 몸을 통해 들어온 정보와는 별개다. 그런데 '그것'을 한 번 본 뒤로 세상의 거의 모든 몸 움직임을 듣는 즉시 이해하고, 보는 즉시 공감할 수 있게 되었다. 뿐만 아니라, 바름과 바르지 않음을 분명하게 구별할 수 있게 되었고, 심지어 엉터리 움직임을 보고 본래 바른 움직임이 뭐였는지를 예측할 수 있었다. 알고 보면 별 것 아닌 작은 깨달음, 즉 소오각성(小悟覺性)만 해도 이런데, 벼락처럼 내리 꽂히는 대오각성(大悟覺性)은 말해 뭣하겠는가.

단계를 밟아 올라가든, 단번에 도약을 하든 결과적으로 인간이 마땅히 하지 않으면 안 되는 건 사실 한 가지, 부단히 노력하는 것 밖에 없다. 단계를 밟아 올라간다는 건 노력의 결과를 그 때 그 때마다 조금씩 맛본다는 것이고, 단번에 도약을 한다는 건 아무리 노력을 해도 진도가 나가지 않는 것 같다가 어느 날 한 번에 모든 것을 보상받는다는 차이다. 인간의 노력과 관련하여 누구나 다 아는 격언 "천재는 1%의 영감과 99%의 노력으로 이뤄진다"는 어느 기자가 에디슨과의 인터뷰 내용을 크게 오해하여 나온 말이라고 한다. 본래 의미는 "99% 노력을 해도 1%의 영감이 없다면 소용없다"는 의미였다는 것이다. 문장은 엇비슷하나 맥락과 의미는 전혀 다르다. 아무튼 내가 보기엔 둘 다 말 된다.

첫 번째는 노력을 강조하였고, 두 번째는 영감을 강조하였다.
99% 노력은 농사짓기이고 1% 영감은 씨앗이다.
씨앗을 내버려두면 열매를 맺지 못하고, 씨앗 없는 곳에 열심히 물을 주어도 열매는 없다.

이 책 속에서 반복되어 나오는 코어〔核〕야말로 내가 주장하는 1%의 영감이다. 어떤 사람은 드물게 1%의 씨앗을 갖고 태어난다. 보통 사람은 99%의 노력밖에 할 수 있는 게 없다. 그러다 보면 운 좋게 1%의 씨앗을 발견하는 횡재를 할 가능성이 생긴다. 그러니 결국 중요한 건 99%의 노력이 아닌가. 그것 없이는 나머지 1%를 못 채운다. 노아가 산꼭대기에 방주를 지었듯, '나무를 심는 사람'이 아무도 주목하지 않는 사막에 정성들여 씨를 뿌렸듯, 심지어 씨 없는 땅에 물을 주는 멍청한 짓도 필요하다.

몸 힘

뇌가 팔에게 직접 움직이라고 명령을 내리면 팔 힘이 나온다.

뇌가 다리에게 직접 움직이라고 명령을 내리면 다리 힘이 나온다.

뇌가 코어[核]를 통해 팔을 움직이라고 명령을 내리면 몸 힘이 나온다.

뇌가 코어[核]를 통해 다리를 움직이라고 명령을 내리면 몸 힘이 나온다.

대부분 사람들은 몸을 움직일 때 뇌가 팔 또는 다리와 직접 통신을 한다. 몸 힘을 쓰고자 한다면 뇌와 팔 또는 다리는 코어를 통해서만 통신을 해야 한다. 팔 힘 또는 다리 힘은 개별적인 힘인 반면 몸 힘은 통합된 힘이다. 두 힘은 똑같이 사람 몸을 통해 나왔지만 격이 다르고 질이 다르다. 이와 같이 코어가 먼저 작동하는 것을 운(運), 코어에 의해 팔, 다리가 작동되는 것을 동(動)이라 말할 수 있다. 이것이 '운동'의 진짜 의미다.

앞에서 누구에게나 몸 안에 코어가 있지만 그것을 잘 쓸 줄 아는 사람은 드물다고 하였다. 그 존재 자체를 잘 모르기 때문이다. 그러므로 당장의 목표는 코어를 자각하는 것이다. 코어는 눈으로 볼 수 있는 것이 아니므로 조금 추상적으로 표현하자면 '마음의 눈'으로 볼 줄 알아야 하는 것이다. 그것을 내가 자각했는지 못했는지는 어떻게 알 수 있을까? '몸 힘'을 쓸 줄 알게 되었다면 코어를 보았다고 할 수 있을 것이다. 즉 몸 힘은 코어를 자각함으로써 나타나는 필연이다.

몸 힘은 다시 큰 힘과 섬세한 힘으로 나눌 수 있다. 큰 힘은 역도 선수가 역기를 들어 올릴 때, 무술에서 일격필살로 단 번에 상대를 제압할 때 쓰는 힘으로 팔 (또는 다리) 힘과 비교하여 압도적으로 큰 힘이다. 섬세한 힘은 주로 춤이나 서예와 같은 예술적 행위에 쓰인다. 무용가의 소소한 동작조차 보통 사람들과 어딘가 다르게 느껴지는 건 섬세한 몸 힘을 사용하여 몸을 제어하기 때문이다. 뛰어난 검객이 검술뿐 아니라 종종 서예로 유명한 이유는 칼을 드는 힘과 붓을 드는 힘이 같은 힘이라는 걸 알고 있었기 때문일 것이다. 나아가 검선일여(劍禪一如)를 주장할 수 있었던 것도 같은 맥락이라고 본다. 그렇다면 역기를 들어 올리는 힘과 붓으로 글씨를 쓸 때의 힘이 본질적으로 같단 말인가? 선뜻 동의하기 어렵겠지만 정말 그렇다. 전혀 다르게 보이는 두 힘의 근원이 완전히 똑같다는 사실을 자각하고 공감하게 되는 순간은 매우 놀랍고 경이로운 체험이 아닐 수 없다. 이때부터가 진정한 수신(修身) = 쿵푸[工夫]의 시작이다.

팔 힘(또는 다리 힘)과 몸 힘은 길항작용을 한다. 팔 힘이 강할수록 몸 힘은 작아진다. 팔 힘이 줄어들수록 몸 힘은 커진다. 그러므로 쉼 없는 쿵푸를 통해 팔 힘이 빠질수록 더 크고 섬세한 몸 힘을 쓸 수 있다. 금광석을 잘 정련해야 순도 높은 금을 얻을 수 있듯, 오랜 세월 반복연습을 통해서만 몸 힘을 쓸 수 있다. 팔 힘이 불이라면 몸 힘은 레이저 광선과 같다. 힘의 작용이 들쭉날쭉하지 않고 일관된 흐름과 방향성을 갖고 있다는 말이다. 깊은 이완을 경험할수록 몸 힘은 더 두드러진다. 몸 힘을 써서 몸을 움직일 수 있게 되었을 때 일상적인 움직임에 불과하였던 동작들은 모두 명상적 움직임으로 바뀐다. 이렇게 되면 별도의 수련을 하지 않더라도 삶이 곧 쿵푸가 되는 것이다.

요리를 하기 위해선 우선 재료가 필요하고, 재료를 잘 조리하기 위한 레시피(recipe)가 필요하고, 능숙하게 될 때까지 반복 숙달시켜야 하듯, 몸 힘을 잘 쓰기 위해서도 속근육이라는 재료가 필요하고, 몸 힘 나오는 과정에 관한 완전한 이해가 필요하고, 능숙해질 때까지 반복 숙달시켜야 한다. 땅고를 추기 위해 근력운동을 해야 하는 이유 또한 속근육이란 재료가 반드시 필요하기 때문이다. 그 다음 속근육으로부터 인체 발전소, 곧 파워하우스 가동시키는 법을 알아야 한다.

몸 힘을 쓰는 움직임과 쓸 줄 모르는 움직임의 차이는 대단히 극적이긴 하지만, 그렇다고 해서 '이것이 몸 힘이다'라고 직접 가리켜 말할 수는 없다. 몸 안 코어는 손으로 만지거나 눈으로 볼 수 있는 게 아니듯, 몸 힘 또한 그와 같다. 다만 몸 힘을 방해하는 수많은 요소들로 인해 가려져 있을 뿐이다. "심신이 편안하다"고 하는 건 편안하다는 실체가 있는 게 아니고 불편함이 없는 상태를 가리킨다. 마찬가지로 몸 힘을 쓴다는 건 없던 몸 힘을 새로 만들어야 하는 게 아니고 몸 힘 나오는 걸 방해하는 요소들이 제거된 상태를 가리킨다. 바로 이것을 위하여 무수한 반복 숙달의 과정이 필요한 것이다.

마침내 몸 힘쓰는 법을 알았다고 그것이 끝인가 하면 그렇지 않다. 역설적이게도 몸 힘을 쓰려고 '그것'에 집착하면 몸 힘은 안 나온다. 사실 몸 힘이라는 건 비움(=空)의 오묘함을 깨닫기 위한 방편에 불과한 것이다. 오랜 세월 쌓은 쿵푸를 통해 실체가 드러난 듯도 하지만 사실은 실체가 없으므로 허(虛)하다. 하지만 '몸 힘' 찾기를 거치지 않고 즉시 불필요한 것들을 비워내기는 거의 불가능한 일이다.

몸 힘을 체험한 적이 없는 분들에겐 도무지 감이 안 잡힐 수 있겠으나, 사실 이 힘은 뉴턴의 운동법칙을 따르는 지극히 상식적인 힘에 불과하다. 즉 F=ma에서 m에 몸무게를, a에 중력가속도를 넣으면 F는 '몸 힘'이 된다. 즉 인간이 낼 수 있는 최대, 최후의 몸 힘은 자유낙하운동에 의한 것이다. 내가 아는 한 몸이 이것 이상의 힘을 내기는 불가능하다.

척추 펴기

돛배를 움직이기 위해서는,

첫째, 배 주위에 물을 채운다.

둘째, 돛을 편다.

셋째, 움직이고자 하는 방향으로 돛을 회전시킨다.

그럼 배는 바람을 등에 업은 채 무위자연(無爲自然)의 길[道]을 따라 움직인다.

모든 운동, 무술, 춤을 막론하고 몸 움직임의 시작은 척추를 바르게 세우는 것부터다. 앞으로 꾸부정하게 기울어져 있는 목, 움츠린 어깨, 복부 비만에 의한 상체의 기울어짐 등 척추에 문제가 있다면 반드시 이것을 먼저 바로 잡는 것이 순서다. 축이 제대로 서지 않은 채로는 그 다음 단계로 나아갈 수 없다.

척추를 바르게 세우는 것은 배 주위에 물을 채우는 것과 같다.

이는 운동(運動)에서 운(運)하는 첫 번째 단계다.

물속에 몸을 담그면 부력(浮力)이라는 특별한 힘을 느끼게 되는데, 그 힘을 물이 아닌 공기 중에서 느끼는 것, 스스로 발뒤꿈치를 들거나 척추를 억지로 곧추 세우는 것이 아니라 가만히 있는데도 부력 같은 힘이 내 몸을 저절로 들리게 하는 것이 가장 이상적인 척추 펴기라 할 수 있겠다. 척추가 저절로 펴지면 부력을 느끼게 되지만, 척추를 억지로 펴려고 하면 역효과로 경직이 온다. 흉내를 내거나 억지로 하는 게 아니라 저절로 그렇게 될 수밖에 없는 길을 발견하는 것이 중요하다.

올바른 척추 펴기가 되기 위하여 '척추기립근'이라 불리는 근육이 꼭 필요하다. 이것이 부실하다는 건 장대 없이 장대높이뛰기를 하겠다는 것과 같다. 그 다음 지구와 나 사이에 작용하는 인력, 즉 중력에 대한 깊은 이해가 필요하다. 땅바닥에 공을 던지면 뉴턴 제3법칙인 작용 / 반작용의 원리에 의해 하늘로 튀어 오른다. 마찬가지로 한 발에 온전한 체중이 실리면 하체가 땅을 누르는 힘, 즉 작용에 의한 반작용이 척추를 관통하여 정수리에 다다르는 것을 느꼈을 때 진정으로 척추를 바르게 편 것이라 할 수 있다. 이 때 하체가 땅에 작용을 가하는 주체는 발바닥이 아니라 코어[核]이어야만 한다. 몸을 움직일 때 안정된 하체가 매우 중요하지만, 코어와 연결되지 못한 하체 힘은 다리 힘에 불과하다. 바른 자세란 지구를 스승으로 삼아 중력을 거스르지 않도록 스스로 중심축을 세운 것이다. 바른 자세를 유지해야 바른 체중이동이 나온다. 바른 체중이동을 익히는 것이 '몸 힘'을 깨닫는 첫 시작이다.

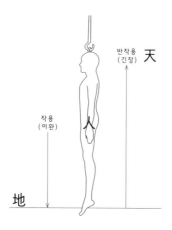

　이와 같은 원리로 작용 / 반작용을 느낄 수 있게 되었다면 코어=
인(人), 작용=지(地), 반작용=천(天)이라는 관계가 성립되어 그 유명한
삼재(三才)사상을 추상적 개념이 아닌 온 몸을 통한 구체적인 느낌으
로 감응할 수 있게 된다. 척추를 바르게 세운 온전한 체중 신기를
'밟기'라고도 말할 수 있다. 나는 중국, 일본과 구별되는 한국만의
전통 무형문화의 본질은 밟기를 강조하는 것에서 찾을 수 있다고 본
다. 전통무술이나 춤사위에서 한결같이 다양하게 밟는 동작들을 볼
수 있기 때문이다. 이어져 내려온 '전통문화' 뿐 아니라 새로운 것을
만드는 원천인 '문화전통'에서도 우리는 무의식적으로 밟는다는 행
위에 친숙함을 느끼고 있는 것 같다. 주의해야 할 것은 작용을 가할
때, 다시 말해 밟기를 할 때 억지로 힘을 쓰지 말아야 한다. 힘을 주
어 꾹꾹 눌러 밟는다고 반작용이 더 커지는 게 아니다. 이런 행위는
몸을 경직되게 하여 역효과가 나고 만다. 잘 밟기 위해 중요한 건 경
직을 제거한 순수한 이완이다.

걷기 1단계 – 힐 & 토^(Heel & Toe)

속담에 '천리 길도 한 걸음부터' 라고 했는데, 걷기에서 무엇보다 중요한 것은 이 '한 걸음' 을 바르게 내딛는 것이다. 마음을 저 멀리 천리 길에 두지 말고, 방금 지나온 과거에도 두지 말고, 지금 여기, 내가 내딛는 걸음에 두어야 한다. 바르게 이동하는 한 걸음 한 걸음 이 모여 어느덧 목표한 곳에 도달하게 되는 것이다. 이 '한 걸음' 을 단지 천리 떨어진 먼 길을 가기 위한 무수한 걸음 중 하나로 보고 소홀히 한다면 걷기의 기본을 망각한 것이다. 목표는 그다지 중요하지 않다. 현재, 바로 지금, 어떤 '한 걸음' 을 밟고 있는가, 그것이 중요하다. '한 걸음' 은 그냥 한 걸음이 아니라 매순간 '의미가 있는 한 걸음' 이어야만 하는 것이다. 이 '한 걸음' 이 갖고 있는 의미의 중요성과 무게감을 실감해야 한다.

'의미 있는 한 걸음' 이란 무엇인가. 우선 '한 발에 체중을 온전히 놓는 것' 부터다. 하지만 이것만으로는 체중을 제대로 실었다고 할 수 없다. 심지어 아예 한쪽 발을 든 채 한 발로만 서 있을지라도 온전한 체중 싣기라고 할 수 없다. 진짜 체중이동은 척추의 역할에 달려 있다. 걷기에 의해 무게중심이 이동하는 동안 척추는 아래와 같은 순서로 계속해서 순환하며 변한다.

(1) 자세를 바르게 하여 한 발에 체중을 실으면 지구 인력과 수직 방향으로 척추가 줄어들기 시작한다.

(2) 다 줄어들 때까지 충분히 기다리면 이번엔 '작용 / 반작용'의 원리에 따라 척추는 다시 늘어난다.

(3) 다 늘어나는 것을 충분히 기다리면 컵에 담긴 물이 저절로 넘치듯 다른 발로 체중이동이 저절로 시작된다.

당연한 듯, 흔한 듯 보이는 이것이 아무리 강조해도 지나치지 않을 만큼 중요한 비결이다. 몸 안에서 척추가 늘고 줄어드는 것을 주관하는 건 척추 자체가 아니라 코어[核]다. 체중을 온전히 놓을 줄 아는 만큼만 코어[核]를 안다. 코어를 아는 만큼만 척추를 바르게 펼 수 있다. 척추가 바르게 펴진 만큼만 '중력'을 매개로 몸과 지구 사이의 작용 / 반작용을 느낄 수 있다. 작용 / 반작용을 느끼는 만큼만 뒤에 다루어질 낙하와 회복(Fall & Recovery)을 잘 할 수 있다. 낙하와 회복을 잘 할 수 있는 만큼만 좋은 흐름이 저절로 생겨난다. 그리고 흐름을 이해한 만큼 바르게 걸을 수 있다.

'몸 힘' 편에서 말한 바와 같이 바른 걷기는 뇌가 팔, 다리에 직접 명령을 내리면 안 되고 반드시 중간에 코어[核]를 거쳐야만 한다. 뒤에 상세한 설명이 이어지겠지만 다리 또한 다리 힘으로 움직이는 게 아니고 코어 회전과 무게중심이동이라는 두 요소에 의해 저절로 움직여지는 것이다. 이 기본적이고 당연한 요구가 처음엔 매우 높은 장벽이다. 그래서 걷기를 위한 기초단계로 처음엔 부득이하게 다리 힘 쓰기를 허용하지 않을 수 없다. 방법은 다음과 같다.

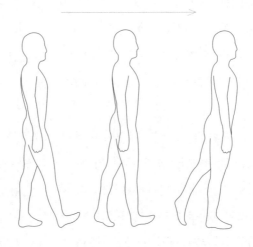

(1) 척추를 편다.

(2) (부득이하게 다리 힘을 써서) 한 쪽 발을 미리 앞에 두어 '준비' 한다.

(3) 앞으로 걸을 때 앞으로 뻗은 발이 힐 & 토(Heel & Toe), 곧 뒤꿈치가 땅에 먼저 닿고 순차적으로 앞꿈치가 땅에 닿는 걸 최대한 주의 깊게 관찰하며 평소보다 느리게 걷는다.

뒤로 걸을 때 뒤로 뻗은 발이 토 & 힐(Toe & Heel), 즉 앞꿈치가 땅에 먼저 닿고 순차적으로 뒤꿈치가 땅에 닿는 걸 최대한 주의 깊게 관찰하며 평소보다 느리게 걷는다.

이때 오해하지 말아야 할 것은 몸통은 그대로 놔둔 채 힐 & 토 또는 토 & 힐로 발바닥만 순차적으로 놓고 있다면 이 연습의 의미를 전혀 이해하지 못한 것이다. 힐 & 토 또는 토 & 힐이 진행되는 동안 다리 위에 얹힌 몸통이 같이 이동해야 한다. 다리는 몸통이 넘어지지 않도록 지탱하는 역할만 한다. 다리 스스로 어떤 힘도 쓰지 않아야 한다. 이와 같이 몸통이 이동하면 저절로 무게중심이동이 일어난다. 즉 이것은 코어 회전은 뒤로 미루고 우선 기본중의 기본인 무게중심 이동하기에 익숙해지기 위한 연습이다.

몸통이 이동하는 중간단계에서 앞발은 앞꿈치가 들려 있고 뒷발은 뒤꿈치가 들려 있게 되면 몸통이 좌우로 비틀거리고 균형 잡기 어려운 순간이 있다. 이것을 억지로 힘을 써서 잡으려 하지 말고, 더 적극적인 척추 펴기를 통해 균형이 무너지지 않도록 해야 한다. 이러한 걷기는 두 가지 본질적인 문제점을 안고 있다.

첫째, 체중이 왼발에 실릴 때엔 왼발에, 오른발에 실릴 때엔 오른발에 무게중심이 놓여 질 수밖에 없다.

즉 무게중심이 일직선으로 이동하질 못하고 좌우로 조금씩 왔다 갔다 한다.

둘째, 한 쪽 다리를 앞으로 내뻗는 동작인 '준비'를 할 때 다리 힘을 썼다.

이 두 가지 문제는 다른 듯 보이지만 사실은 원인이 같다. 코어 회전을 하지 않았기 때문이다. 뒤에서 설명되어질 코어 회전을 올바르게 이해하여 몸으로 구현할 수 있게 되면 이 문제는 한꺼번에 해결된다.

이와 같이 힐 & 토로 걷는 연습은 기초 중의 기초이므로 소홀하기 쉽지만, 사실은 1%의 영감을 얻기 위해 요구되는 99% 노력이라 할 수 있다. 이 내공이 깊은 사람이 진짜 고수인 것이다. 영화나 소설이 아닌 현실에서 운동의 고수가 되고자 할 때 꼭 필요한 수련은 체(體)와 용(用), 단 두 가지뿐이다. 그 결과,

첫째, 코어[核]의 각성
둘째, 주특기 하나

를 획득한다. 코어의 각성은 체(體)와 용(用) 기르는 수련을 병행하는 가운데(=학이시습) '그것'이 불시에 찾아온다(=유봉자원방래).

주특기는 꼼수 안 부리고 묵묵히 용(用)을 계속하다 보니 부지불식간에 쌓인 것이다. 복잡한 동작은 용(用)을 기르는 훈련으로 적절치

않고, 무술을 예로 들자면 가라데 정권지르기처럼 단순한 게 좋다. 말 나온 김에 정권지르기를 예로 들어 셈해 보자면 1초에 지르기를 한 번 한다고 가정했을 때 1분에 좌우 각 30회를 할 수 있으므로 33분 20초간 반복하면 1,000번을 채울 수 있다. 이 짓을 1년 내내 하면 1,000 x 365 = 365,000회가 되므로 2년을 하면 730,000회, 즉 적어도 50만회는 훌쩍 넘긴다. 이 정도 횟수를 넘긴 시점에서부터 진정 자신만의 무기인 '한 방'이 서서히 생겨난다.

같은 방식으로 우리는 평생 몇 보를 걷는지 계산해 볼 수 있다. 하루 평균 만보를 걷는다면 1년에 365만 걸음을 걷게 되므로 27년 4개월쯤 되면 1억보에 도달한다. '걷기'만큼 엄청난 횟수를 반복하는 용(用)의 수련법은 없을 것이다. 따라서 서른 살이 넘어가면 누구나 걷기의 달인이 되어야 함에도 불구하고 실제로는 코어를 써서 올바르게 걷는 사람은 극소수이고, 나이가 들수록 공부(工夫)가 깊어지기는커녕 점점 더 퇴보해간다. 왜 그럴까.

첫째, 걷기를 하찮게 여기고 무관심했기 때문이다. 너무나 일상적인 움직임이다 보니 이것이 바른 길에 접근하기 위한 이상적인 방편임을 자각하지 못해 숫자가 늘어도 내공이 쌓이질 않은 것이다.

둘째, 걷기를 방편으로 인식하였더라도 바른 길로 들어서기 전까지는 지겹고 힘든 진창길을 그야말로 온 몸과 마음으로 견뎌내야만 한다. 이걸 통과 못하면 길은 결코 볼 수 없다. '각성'을 처음 경험하여 길이 저절로 보일 때까지 참고 인내하는 시간이 필요하다.

셋째, 몸만들기, 즉 체(體)를 기르는 훈련을 매일 매일 엄격하게 쌓아야 한다. 사람들은 대부분 무작정 많이, 오래 걸으면 저절로 공부가 되고 명상적 걷기가 되는 줄 안다. 이런 식으로 걷기만 하는 것으로는 한계가 있다. 걷기에서 핵심이 되는 재료인 척추기립근, 배근 등을 기르고 매일 유지시키는 것, 이게 생각만큼 만만치가 않다. 어쩌면 걷기 자체는 빙산의 일각일지 모른다. 그 아래에 체(體)라고 하는 거대한 덩어리가 존재한다.

이제 걷기에 코어 회전을 적용하기 위한 기초 연습을 할 차례다. 아래의 동작을 느린 속도로 따라해 본다.

제자리에서 전진하기 연습

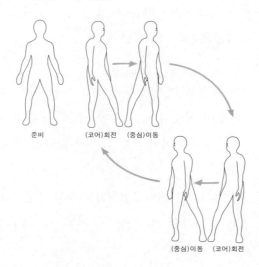

준비　　(코어)회전　(중심)이동

(중심)이동　(코어)회전

(1) 무릎을 약간 구부린 상태에서 양 발을 어깨넓이 11자로 벌리고 선다.

(2) 마치 새가 날개를 펴듯, 등 근육을 이용하여 양 팔을 조금 벌린다.

팔꿈치는 반드시 몸통보다 앞 쪽에 있어야 한다.

(3) 무게 중심을 오른발로 이동한다.

(4) 중심축을 반시계방향으로 회전시킨다. 이 때 어깨가 움직이는 것처럼 보이지만 실제로 어깨는 전혀 움직이지 않는다. 무게 중심이 회전하기 때문에 그 위에 얹힌 상체 전체가 따라 움직일 뿐이다. 양 발이 11자로 되어 있으므로 어느 정도 회전을 하고 나면 더 회전할 수 없다.

(5) 회전한 상체 모양을 그대로 유지한 채 무게 중심만 왼발로 이동한다.

(6) 중심축을 시계방향으로 회전시킨다. 이때에도 당연히 어깨는 전혀 움직이지 않는다. 양 발이 11자로 되어 있으므로 어느 정도 회전을 하고 나면 더 회전할 수 없다.

(7) 회전한 상체 모양을 그대로 유지한 채 무게 중심만 오른발로 이동한다.

(8) (3)-(7) 동작을 반복한다.

제자리에서 후진하기 연습

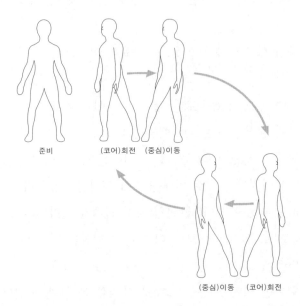

준비   (코어)회전 (중심)이동

(중심)이동   (코어)회전

(1) 무릎을 약간 구부린 상태에서 양 발을 어깨넓이 11자로 벌리고 선다.

(2) 마치 새가 날개를 펴듯, 등 근육을 이용하여 양 팔을 조금 벌린다.

팔꿈치는 반드시 몸통보다 앞 쪽에 있어야 한다.

(3) 무게 중심을 오른발로 이동한다.

(4) 중심축을 시계방향으로 회전시킨다. 이 때 어깨가 움직이는 것처럼 보이지만 실제로 어깨는 전혀 움직이지 않는다.

무게 중심이 회전하기 때문에 그 위에 얹힌 상체 전체가 따라 움직일 뿐이다. 양 발이 11자로 되어 있으므로 어느 정도 회전을 하고 나면 더 회전할 수 없다.

(5) 회전한 상체 모양을 그대로 유지한 채 무게 중심만 왼발로 이동한다.

(6) 중심축을 반시계방향으로 회전시킨다. 이때에도 당연히 어깨는 전혀 움직이지 않는다. 양 발이 11자로 되어 있으므로 어느 정도 회전을 하고 나면 더 회전할 수 없다.

(7) 회전한 상체 모양을 그대로 유지한 채 무게 중심만 오른발로 이동한다.

(8) (3)-(7) 동작을 반복한다.

별 것 아닌 것처럼 보이지만 이것이 숙달되지 않으면 전혀 다음 단계로 나아갈 수 없다고 해도 될 만큼 이 연습은 중요하다.

등 펴기

돛배를 움직이기 위해

첫째, 배 주위에 물을 채운다.

둘째, 돛을 편다.

셋째, 움직이고자 하는 방향으로 돛을 회전시킨다.

그럼 배는 바람을 등에 업은 채 무위자연(無爲自然)의 길〔道〕을 따라 움직인다.

등을 바르게 펴는 것은 돛을 펴는 것과 같다.

또한 운동(運動)에서 운(運)하는 두 번째 단계다.

척추 펴기를 통해 몸을 세로로 늘렸으니 등 펴기를 통해 몸을 가로로 늘려야 한다. 척추 펴기만큼 등 펴기는 몸 힘을 잘 쓰기 위한 필수조건이다. 몸 힘을 쓰기 위해 등 근육, 즉 배근과 활배근을 쓸 줄 알아야 한다. 등 펴기가 잘 되어 있어야 등 근육이 활성화된다. 우선 쉽게 생각해 볼 수 있는 등 펴기란 팔꿈치 위치가 몸통 뒤로 빠지지 않도록 하여 양 팔을 좌우로 크게 벌리는 것이다. 그러나 이것은 온전하지 않다. 진짜 등 펴기는 코어가 활배근을 팽창시킴으로써 양 팔이 저절로 벌어지는 것이다.

나는 10여 년 가까이 세월을 허비한 후에야 겨우 등 펴기의 기본을 깨달았다. 이렇게 힘들게 안 게 억울하여, 내게 운동 배우러 오는 사람들에게는 아주 쉽게 핵심만 알려 주면 나처럼 고생하지 않고 금방 깨달을 수 있으리라 예상했는데 실제로는 그렇지가 않았다. 어떻게 비유를 들고 어떤 식으로 설명하든 언어만으로는 정확한 의미전달에 한계가 있었다. 머리로 이해했더라도 몸이 깨닫기까지는 그만큼 시간이 걸릴 수밖에 없음을 비로소 알았다.

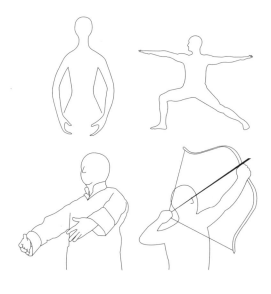

발레의 제1 포지션에서 양 팔을 둥그렇게 하는 모습이 바른 등 펴기다. 요가의 영웅자세(Virabhadrasana) 또한 바른 등 펴기를 연습하는 방법이다.

중국 무술에서는 등 펴기를 '함흉발배(含胸拔背)'라고 한다. 함흉이란 말을 오해하여 의도적으로 가슴을 오므리는 사람이 있는데 엉터리다. 의도적으로 함흉발배를 만드는 게 아니고 등 근육을 쓸 줄 알게 되면 저절로 함흉발배가 된다.

전통 활쏘기와 전통 춤에서는 '비정비팔(非丁非八)'이란 용어를 쓴다. 이 말은 활을 쏠 때의 발 위치에 대한 설명이다. 발 모양이 丁자여도 안 되고 八자 모양도 아니라는 말이다. 설명이 이렇다 보니 비정비팔을 단순히 발 놓은 위치로만 알기 쉽지만, 등 펴기를 제대로 할 줄 알았을 때에만 왜 발 놓은 모양이 저렇게 밖에 될 수 없는지 이해할 수 있다. 당연한 얘기지만 팔 힘으로 활을 당기면 안 되고 등 근육을 써서 활을 당겨야 한다. 이렇게 등 근육을 써서 활을 당기게 되면 따로 시키지 않아도 발 모양이 저절로 비정비팔이 될 수밖에 없다.

가만히 선 자세에서는 누구나 쉽게 등 펴기를 할 수 있다. 움직이는 동안 자기도 모르게 등 펴기를 깨뜨린다. 운동에 천부적 재능이 있는 사람들이 운동을 잘 하는 이유는 남들은 몇 년, 몇 십 년 걸려 겨우 알까 말까한 등 펴는 법을 따로 배우지 않고서 익숙하게 할 수 있기 때문이다. 일류 무용가, 무술고수 등 한 분야에서 쿵푸로 일가를 이룬 사람들의 공통점은 어떤 움직임에서도 등 펴기를 깨뜨리지 않는다는 것이다.

이처럼 올바르게 등을 펴려면 함흉발배가 중요하지만 등 근육을 단련하고자 할 땐 조금 다르다. 근육은 지속적인 수축과 이완을 통해 단련되므로 등 근육 단련 시에 함흉발배를 논하면 안 된다. 예를 들어 내가 자주 추천하는 운동법으로 힌두푸시업(Hindu Pushup) 있는데, 아래 첫 번째 그림에서처럼 상체를 쭉 펴고 팔이 몸통 뒤로 살짝 빠지는 게 바른 자세다.

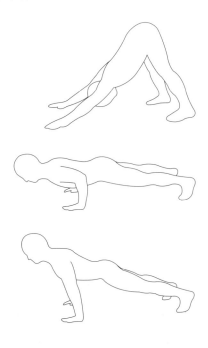

당기는 동작에서 이두근을 쓰고 미는 동작에서 삼두근을 쓰지만, 등 펴기에 익숙해질수록 당기는 동작에서도 등 근육을 쓴다. 바른 등 펴기를 깨달은 후 턱걸이를 시도해 보면 과거에 했던 턱걸이와는 차원이 다른 진짜 턱걸이의 세계를 경험하게 된다. 나아가 모든 몸 움직임에 이것이 적용되었을 때 마침내 무위자연의 길을 가는 문을 열었다고 할 수 있을 것이다.

등 펴기는 더불어춤에서도 엄청나게 중요하다. 기본이랄 수 있는 바른 홀드(hold) 비결이 결국 척추 펴기와 등 펴기다. 홀드를 하고 있는 두 사람은 단지 양 팔을 맞잡고 있는 것만이 아니다. 등 펴기를 통해 활배근을 써서 서로가 서로를 지긋이 미는 힘이 균형을 이루어 그 안엔 팽팽한 긴장감이 흐르고 있어야 한다. 이 때 한 사람이 의도적으로 힘을 빼거나, 좀 더 큰 힘을 주면 물이 위에서 아래로 흐르듯 힘이 센 쪽에서 약한 쪽으로 저절로 중심이동이 이루어지게 되는 것이다. 물론 이동 중에도 두 사람 사이의 긴장감이 흩어지지 않도록 잘 유지될 수 있어야 한다. 이 원리를 몸으로 깨닫지 못하면 더불어춤은 불가능하다. 남성은 진짜 리드(lead)가 안 되고 여성은 진짜 팔로우(follow)가 안 되기 때문이다. 안무를 통째로 외워 리드가 되는 것처럼 춤을 출 수는 있지만, 그 안에 진정한 소통과 교감이 존재할 리 만무하다. 냉정하게 말해 척추 펴기와 등 펴기를 몸으로 깨닫지 못한 채 더불어춤을 추는 것은 파트너에게 폐를 끼치는 것이다. 등 펴기에 대한 최소한의 깨달음이 없으면 100% 팔 힘을 쓴다. 나아가 움직임의 격이 떨어지거나 천박하게 보인다면 바로 이것을 모르기 때문이다.

코어 회전

돛배를 움직이기 위해,

첫째, 배 주위에 물을 채운다.

둘째, 돛을 편다.

셋째, 움직이고자 하는 방향으로 돛을 회전시킨다.

그럼 배는 바람을 등에 업은 채 무위자연(無爲自然)의 길[道]을 따라 움직인다.

코어 회전은 움직이고자 하는 방향으로 돛을 회전(=rotation)시키는 것과 같다.

또한 운동(運動)에서 운(運)하는 세 번째 단계다.

지구는 자전과 공전을 한다. 지구를 움직이게 하는 거대한 힘이 무엇인지 잘 모르겠지만, 한 가지 확신하는 건 자전은 지구의 지표면이 도는 것이 아니다. 지구 중심에 위치한 핵(核), 즉 코어가 회전한다고 봐야 한다. 코어가 회전함으로써 축이 따라 회전하고, 축이 회전함으로써 지표면이 움직이는 것처럼 보인다. 겉은 가만히 있으려 하는데 속이 움직이니 그저 따라갈 뿐이다. 보이는 현상만 눈으로 보고, 보이지 않은 근본을 자각하지 못하면 그림자를 실체로 착각하는 오류를 범하게 된다.

소우주라고 하는 몸 안에도 지구와 마찬가지로 코어[核]가 존재한다. 몸 안 코어가 회전하면 고관절이 움직이고, 고관절이 움직이면 골반이 움직이는 것처럼 보이고, 골반이 움직이면 골반 위에 얹힌 상체 전체가 움직인다. 어깨가 움직인 것 같지만 실제로 어깨는 전혀 움직이지 않았다. 태풍을 일으키는 것은 태풍의 눈이고, 별은 북극성을 중심으로 회전한다. 회전하고 있는 코어는 정지된 듯 보이지만, 실로 모든 움직임의 근본인 것이다. 온갖 톱니바퀴가 맞물려 시계바늘이 움직이고, 그 중 하나만 작동되지 않아도 시계바늘이 움직이지 못하듯, 코어 회전을 통해 각각 따로 놀던 팔, 다리를 하나의 시스템으로 통합시킬 수 있을 때 마침내 몸 힘을 낼 수 있는 조건이 모두 충족되는 것이다.

뇌는 두 가지 일을 동시에 진행할 수 없으므로 몸 힘을 내기 위한 많은 조건들을 뇌가 일일이 통제하기는 불가능하다. 그러므로 뇌는 오직 코어 하나만 통제할 수 있으면 되는 것이다. 그럼 몸은 무위자연의 길을 따르게 된다. 무위자연의 움직임을 방해받는 경우는 코어를 통하지 않고 뇌가 직접 팔, 다리를 움직이려 할 때다. 몸통에는 두 팔과 두 다리에 똑똑히 붙어 있기 때문에 뇌는 끊임없이 팔, 다리의 존재를 의식하려 한다. 그럼에도 불구하고 그것을 잊어 버려야 한다. 코어만 생각하고 회전시키는 것이다.

사람은 같은 손과 발을 동시에 내밀며 걷지 않는다. 왼발이 앞에 있을 땐 오른팔을, 오른발이 앞에 있을 땐 왼팔을 흔들며 걷는다. 코어 회전에 관한 개념을 뇌가 모르더라도 몸 스스로 그것을 알고 있다. 코어 회전과 중심이동은 걷기의 가장 중요한 요소이다. 실제로 걸을 땐 이 두 가지가 교묘하게 섞여 있어 따로 떼어낼 수 없지만, 이해를 돕기 위하여 우선 걷기 전 '준비', 즉 코어 회전에 관한 설명을 하려 한다. 이미 한 얘기지만 워낙 중요하여 한 번 더 강조하겠다.

첫째, 코어를 써서 척추를 편다 = 몸을 세로로 편다.
둘째, 코어를 써서 등을 편다 = 몸을 가로로 편다.

결국 바른 걷기란 몸이 움직이는 가운데 이 두 가지 대전제를 잃지 않는 것을 말한다. 몸을 세로와 가로로 펴면 몸 전체가 펴진다. 코어를 통해 척추 마디마디를 펴게 하여 꼬리뼈부터 정수리까지 하나의 선으로 연결되어야 한다. 코어를 통해 등을 펴게 하여 양 팔로 큰 공을 앉는 느낌을 가질 수 있어야 한다.

몸속에는 태엽시계보다 훨씬 더 정밀한 기계장치가 들어 있다. 톱니바퀴 하나를 회전시킴으로써 전체 톱니바퀴가 유기적으로 움직이듯, 뇌는 단지 코어라는 작은 톱니바퀴 하나만을 제어할 뿐이지만 이를 통해 몸 전체를 통제할 수 있게 되는 것이다.

이제 앞으로 걷기 위하여 양 발 위에 얹혀 있던 체중을 한 쪽 발로 이동시켜 본다. 체중을 왼발로 옮겼을 때 코어를 시계방향으로 회전시켜야 한다. 체중을 오른발로 옮겼을 때 코어를 반시계방향으로 회전시켜야 한다. 코어가 회전하는 것에 의해 척추가 움직인다. 척추를 따라 어깨와 머리도 같은 방향으로 회전한다. 뒤로 걷고자 할 땐 회전방향이 반대가 된다. 즉 체중을 왼발로 옮겼을 때 코어를 반시계방향으로 회전시켜야 한다. 체중을 오른발로 옮겼을 때 코어를 시계방향으로 회전시켜야 한다.

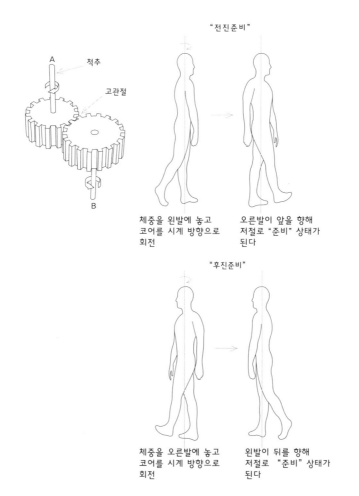

"전진준비"

A 척추

고관절

B

체중을 왼발에 놓고
코어를 시계 방향으로
회전

오른발이 앞을 향해
저절로 "준비" 상태가
된다

"후진준비"

체중을 오른발에 놓고
코어를 시계 방향으로
회전

왼발이 뒤를 향해
저절로 "준비" 상태가
된다

톱니바퀴는 항상 다른 톱니바퀴와 맞물려 있을 때에만 의미가 있
다. 위 그림에서 A축의 톱니바퀴가 시계방향으로 회전하는 경우 맞물려
있는 B축은 반시계방향으로 회전하고, A축의 톱니바퀴가 반시계방향으
로 회전하는 경우 맞물려 있는 B축은 당연히 시계방향으로 회전한다.

A축을 척추, B축을 오른다리라고 가정해 보자. 코어와 골반이 맞물려 있는 사이에 고관절이 있다. 체중을 왼다리에 올려놓았다면 전진하기 전 오른다리를 미리 앞으로 '준비' 시켜야 한다. 코어가 회전하는 힘에 의해 A축, 즉 척추를 시계방향으로 회전시키면 톱니바퀴가 움직이는 것과 동일하게 B축은 반시계방향으로 회전하게 된다. B축이 회전함으로써 고관절에 연결된 오른다리는 저절로 앞으로 나가 '준비' 상태가 된다. 다리 힘을 써서 오른다리를 준비시키는 게 아니라 코어가 회전하는 힘에 의해 저절로 오른다리가 앞으로 준비되는 것이다.

후진하기 위한 '준비'는 전진하기 위한 준비와 비교했을 때 코어 회전방향이 동일한 경우에는 좌우 발 순서가 바뀐다.(발 순서가 동일한 경우에는 코어 회전방향이 바뀐다) 체중을 오른다리에 올려놓고 코어가 회전하는 힘에 의해 A축, 즉 척추를 시계방향으로 회전시키면 톱니바퀴가 움직이는 것과 동일하게 B축은 반시계방향으로 회전하게 된다. B축이 회전함으로써 고관절에 연결된 왼다리는 저절로 뒤로 나가 '준비' 상태가 된다.

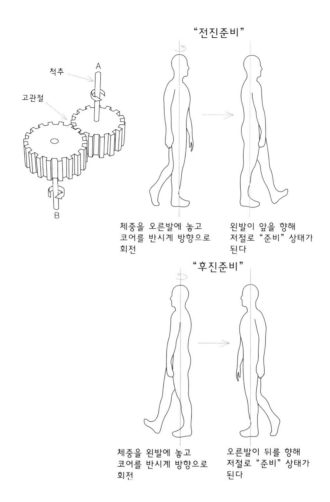

"전진준비"

척추

고관절

A

B

체중을 오른발에 놓고
코어를 반시계 방향으로
회전

왼발이 앞을 향해
저절로 "준비" 상태가
된다

"후진준비"

체중을 왼발에 놓고
코어를 반시계 방향으로
회전

오른발이 뒤를 향해
저절로 "준비" 상태가
된다

　　같은 논리로 위 그림에서 A축을 척추, B축을 왼다리라고 가정해
보자. 체중을 오른다리에 올려놓았다면 전진하기 전 왼다리를 미리
앞으로 '준비' 시켜야 한다. 코어가 회전하는 힘에 의해 A축, 즉 척추
를 반시계방향으로 회전시키면 톱니바퀴가 움직이는 것과 동일하게

B축은 시계방향으로 회전하게 된다. B축이 회전함으로써 고관절에 연결된 왼다리는 저절로 앞으로 나가 '준비' 상태가 된다. 다리 힘을 써서 왼다리를 준비시키는 게 아니라 코어가 회전하는 힘에 의해 저절로 왼다리가 앞으로 준비되는 것이다.

후진하기 위한 '준비'는 전진하기 위한 준비와 비교했을 때 코어 회전방향이 동일한 경우에는 좌우 발 순서가 바뀐다.(발 순서가 동일한 경우에는 코어 회전방향이 바뀐다) 체중을 왼다리에 올려놓고 코어가 회전하는 힘에 의해 A축, 즉 척추를 반시계방향으로 회전시키면 톱니바퀴가 움직이는 것과 동일하게 B축은 시계방향으로 회전하게 된다. B축이 회전함으로써 고관절에 연결된 오른다리는 저절로 뒤로 나가 '준비' 상태가 된다.

'힐 & 토'만을 써서 걸을 때는 부득이하게 다리 힘을 쓰지 않을 수 없다. 이번에도 부득이한 것이 하나 있는데 시선이다. 코어를 회전시켜 '준비'하는 것까지는 좋은데, 이때 상체 전체뿐 아니라 머리도 같이 회전하게 되므로 시선이 좌우로 왔다 갔다 하게 된다. 걸을 때 시선이 이런 식이어서는 곤란하다. 따라서 이 단계에서 부득이하게 머리만큼은 코어 회전을 따르지 않고 걷는 동안 계속 정면을 응시하시지 않을 수 없겠다.

중국 무술에 관심이 있는 분들이라면 '굳셀 경(勁)'이란 글자와 친숙할 것이다. 경($\mathop{勁}$)은 '힘 력($\mathop{力}$)'과 다른 의미로 사용되는 또 하나의 힘을 가리킨다. 사실은 의도적으로 이 글자를 쓰지 않았을 뿐 이 책에서 누누이 강조한 '몸 힘'이 경($\mathop{勁}$)과 같은 말이다. 중국 무술에서는 이 설명과 같이 코어를 회전시키는 원리를 '십자경($\mathop{十字勁}$)'이라 한다.

무술을 해 본적 없는 사람에게 정권지르기를 시키면 한국인치고 태권도하는 거 못 본 사람은 없을 테니 각자 어색하지만 절도 있게 주먹을 내지를 것이다. 하지만 대부분은 팔 힘만 쓴다. 팔만 뻗지 말고 허리를 쓰라고 주문하면 100명 중 99명은 오른 주먹을 지를 때 허리를 반시계방향을 회전시키고, 왼 주먹을 지를 땐 허리를 시계방향으로 회전시킨다. 옳은 것 같지만 사실은 틀린 것이다. 걸을 때 같은 손, 같은 발이 동시에 나가는 것과 같은 짓을 한 것이기 때문이다. 더구나 코어 회전에 대한 개념이 없으므로 몸 안의 코어 대신 몸 바깥의 허리를 회전시키는데, 그마저도 골반 부위를 회전시키면 좋겠으나 대부분은 명치 부위를 회전시킨다. 이쯤 되면 배가 산으로 올라간 것이다.

바르게 걷기 전 '준비'를 할 때와 동일한 원리로 오른 주먹을 내지르기 전엔 코어를 시계방향으로 회전시켜야 하고, 왼 주먹을 내지르기 전엔 코어를 반시계방향으로 회전시켜야 한다. 채찍을 쥔 사람의 손놀림에 따라 채찍의 끝이 저절로 움직이듯 주먹은 스스로 나가는 게 아니라 코어 회전에 의해 채찍처럼 발사되었다가 거두어진다. 이 것이 십자경의 핵심이다. 무술에서 이런 방식으로 주먹이 나가는 원리와 걷기에서 다리가 앞으로 '준비' 되는 원리는 완전히 같은 것이다. 커플 댄스 책에 등장하는 씨비엠(CBM, Contrary body movement)도 십자경과 사실상 같은 개념이다.

코어를 제대로 회전시키기 위해선 선결되어야 할 필수요건이 있다. 바로 '체중을 한 발에 온전히 실을 줄 아는 것' 이다. 체중을 온전히 싣는 것이 '작용', 땅으로부터 되돌아오는 응답이 '반작용', 그럼 저절로 척추가 바르게 펴진다. 척추가 바르게 펴지면 코어가 회전하기 쉬워진다. 체중이동에 의해 세로 방향, 즉 작용 / 반작용을 얻고, 코어 회전에 의해 가로 방향(=앞뒤 방향), 즉 쏘는 힘을 얻는다.

결국 '올바른 체중이동(=세로) + 코어 회전(=가로)' 을 합해 십자경이라고 했던 것이다.

마침내 코어 회전에 관한 원리를 몸을 통해 분명히 자각하였다면 앞에서 연습한 '제자리에서 전진 또는 후진하기' 수준을 높여 한 단계 더 깊은 차원으로 들어간 핵심 원리에 접근할 수 있다. 결국 코어 회전이란 몸 안에 존재하는 수많은 톱니바퀴들(=관절, 근육 등) 중 중심축(=척추)과 왼 톱니바퀴(=왼쪽 골반) 및 중심축과 오른 톱니바퀴(=오른쪽 골반) 사이 맞물린 지점(=고관절)에서 벌어지는 연기(緣起, 연하여 일어남) 관계인 것이다.

제자리에서 전진하기 연습

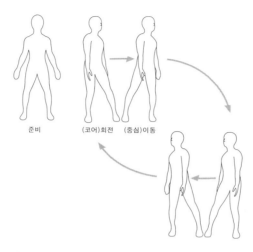

준비　　　　(코어)회전　(중심)이동

(1) 준비 자세는 동일하다.

(2) 무게 중심을 오른발로 이동한다.

(3) 오른 톱니바퀴를 고정한 채 축을 반시계방향으로 회전시키면 왼 톱니바퀴는 시계 방향으로 회전이 시작되며 왼쪽 고관절이 안쪽으로 말려들어간다. 이로써 상체가 저절로 반시계 방향으로 회전한다.

(4) 상체 모양을 그대로 유지한 채 무게 중심만 왼발로 이동한다.

(5) 말려들어갔던 왼쪽 고관절을 다시 원래 위치로 되돌려 상체가 정면을 바라보도록 한다.

(6) 왼 톱니바퀴를 고정한 채 축을 시계방향으로 회전시키면 오른 톱니바퀴는 반시계 방향으로 회전이 시작되며 오른쪽 고관절이 안쪽으로 말려들어간다. 이로써 상체가 저절로 시계 방향으로 회전한다.

(7) 상체 모양을 그대로 유지한 채 무게 중심만 오른발로 이동한다.

(8) 말려들어갔던 오른쪽 고관절을 다시 원래 위치로 되돌려 상체가 정면을 바라보도록 한다.

(9) (3)-(8) 동작을 반복한다.

이 연습은 전진하기 위해 코어를 회전시켜 다리를 앞으로 '준비' 시키는 것과 원리가 같다.

코어 회전 개념이 없을 때에는 그저 상체를 시계 또는 반시계 방향으로 회전시키는 방법 밖에는 몰랐다. 이처럼 두 고관절을 모두 움직이지 않은 채 상체만 회전시키면 머리와 상체가 뒤로 젖혀지게 되어 사실은 올바른 척추펴기가 되지 않는다. 반대로 코어 회전을 지나치게 의식하여 두 고관절을 동시에 안쪽으로 말려들어가게 하면 엉덩이가 한쪽으로 삐죽 나오게 되어 역시 올바른 척추펴기가 되지 않으니 각별히 주의한다.

제자리에서 후진하기 연습

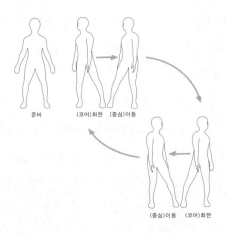

준비   (코어)회전 (중심)이동

(중심)이동 (코어)회전

(1) 준비 자세는 동일하다.

(2) 무게 중심을 오른발로 이동한다.

(3) 왼 톱니바퀴를 고정한 채 축을 시계방향으로 회전시키면 오른 톱니바퀴는 반시계 방향으로 회전이 시작되며 오른쪽 고관절이 안쪽으로 말려들어간다. 이로써 상체가 저절로 시계 방향으로 회전한다.

(4) 상체 모양을 그대로 유지한 채 무게 중심만 왼발로 이동한다.

(5) 말려들어갔던 오른쪽 고관절을 다시 원래 위치로 되돌려 상체가 정면을 바라보도록 한다.

(6) 오른 톱니바퀴를 고정한 채 축을 반시계방향으로 회전시키면 왼 톱니바퀴는 시계 방향으로 회전이 시작되며 왼쪽 고관절이 안쪽으로 말려들어간다. 이로써 상체가 저절로 반시계 방향으로 회전한다.

(7) 상체 모양을 그대로 유지한 채 무게 중심만 오른발로 이동한다.

(8) 말려들어갔던 왼쪽 고관절을 다시 원래 위치로 되돌려 상체가 정면을 바라보도록 한다.

(9) (3)-(8) 동작을 반복한다.

이 연습은 후진하기 위해 코어를 회전시켜 다리를 뒤로 '준비'시키는 것과 원리가 같다.

걷기 2단계 – 낙하와 회복(Fall & Recovery)

척추 펴기, 등 펴기, 코어 회전을 깨달은 후(=運) 몸은 마침내 무위자연의 길[道]을 따라 저절로 움직여진다.(=動) 다리 힘을 써 움직였던 과거로부터 탈피하여 코어를 써서 무게중심이동시키는 법을 깨닫는다.

몸이 낼 수 있는 가장 큰 힘은 높은 데서 떨어지는 힘, 즉 자유낙하운동에 의한 힘이다. 일단 운동이 시작된 뒤에는 땅에 닿을 때까지 어떤 저항도 불가능하다. 다시 말해 팔, 다리 힘이 들어갈 여지가 없는 순수한 몸 힘인 것이다. 자유낙하운동을 이용하여 무게중심이동시키는 것을 '낙하와 회복(Fall & Recovery)'이라고 하는데, 이 용어는 현대 무용가이자 이론가인 도리스 험프리(Doris Humphrey)가 처음 사용하였다. 본래는 무용이론으로서 과격하고 격렬한 몸동작을 가리키는 것이지만, 단순화시키면 바른 걷기를 설명하기 위한 효과적 수단이 될 수 있다.

부동자세로 서 있으면 몸은 어떻게든 움직이고 싶어 한다. 반대로 움직인 후에는 정지하려는 경향이 있다. 즉, 균형을 이루고 있을 때는 균형을 깨뜨리고 싶어 하고, 다음에는 다시 안정된 균형의 상태로 돌아오고 싶어 한다.

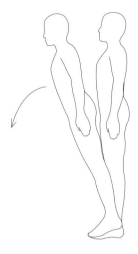

선 자세에서 몸을 서서히 앞으로 기울이면 얼굴이 그대로 땅에 처박히게 될 것이다. 하지만 선 자세에서 한 발에만 체중을 싣고 다른 쪽 발을 미리 앞쪽으로 뻗어 '준비' 시켜 놓은 채 몸을 서서히 앞으로 기울이면 거의 아무 힘도 들이지 않고 낙하(=fall)에 의한 중심이동이 저절로 일어난다.

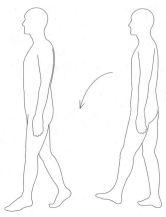

　이동이 끝난 직후 반작용에 의한 반동(=rebound)이 일어난다. 반동에 의해 자연스럽게 몸은 또 다른 무게중심이동이 가능한 상태로 회복(=recovery)된다. 어떤 경우에도 척추 펴기와 등 펴기를 유지하는 건 대전제이므로 낙하가 끝난 시점에서도 상체는 앞으로 기울어지지 않고 꼿꼿하게 척추를 편 채, 시선은 계속 정면을 응시한 채다. 이상적인 낙하와 회복이 일어날 때 몸은 공중에 뜬 것처럼 부력을 느끼고 가벼워진다. 인위적으로 뭔가를 하는 것은 전혀 없다. 몸이 이동하는 동안 억지로 발뒤꿈치를 드는 것과 같은 동작은 일체 없어야 한다.

　다소 생소하게 느껴질지 모르겠으나 사실 이 움직임은 계단 내려가는 동작을 평지에 적용시킨 것에 불과하다.

　즉 사람은 계단을 내려갈 때 한쪽 발을 낮은 위치에 있는 계단으로 낙하시킬 뿐 그 외에 어떤 힘을 필요로 하지 않는다. 내려간 직후에 척추펴기를 계속 유지함으로써 반동에 의한 회복으로 이어지는 원리 또한 동일하다.

체중을 한 쪽 발에 옮겨 놓았고 다른 발은 유기적으로 맞물려 돌아가는 코어와 고관절에 의해 '준비'를 끝마쳤으므로 전진하고자 하는 쪽으로 몸을 낙하시킨다. 저절로 무게중심이 뒷발에서 앞발로 이동한다. 낙하를 한다고 하여도 상체는 척추 펴기에 의해 항상 바른 자세가 유지되어야 한다.

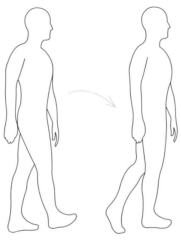

무게중심이 이동하는 동안 뒷발은 자연히 뒤꿈치(=heel)가 들리고, 앞발은 뒤꿈치가 땅에 먼저 닿은 뒤 서서히 발바닥 전체가 닿기 시작하여 최종적으로 앞꿈치(=toe)가 땅에 닿으면 움직임이 끝난다. 즉, 낙하와 회복에서도 무게중심이 이동할 때 발은 항상 힐 & 토의 순서를 따른다. 앞 장에서 설명한 힐 & 토와 낙하와 회복에 의한 힐 & 토는 어떤 차이가 있을까. 두 가지 차이가 있다.

첫째, 앞에서는 힘을 써 몸통을 이동하려 하였다면 여기에서는 의도적으로 균형을 무너뜨려 움직이고자 하는 방향으로 몸을 낙하시킴으로써 약간이나마 남아 있던 억지힘을 쓰지 않는다.

둘째, 중심이 이동할 때에도 마치 미끄럼틀에서 미끄러지듯이 저절로 이동하는 느낌이 훨씬 더 강조된다.

마침내 우리는 다리 힘을 거의 쓰지 않고 몸 힘만을 이용하여 첫 일보를 내딛었다. 앞 단계에서는 부득이하게 다리 힘을 써서 '준비'를 하였지만 이제는 맞물린 톱니바퀴가 코어 회전에 의해 저절로 다른 쪽 톱니바퀴를 움직이게 하듯 다리 힘을 거의 쓰지 않고 저절로 한 쪽 다리를 '준비' 시킬 수 있게 되었다. 뿐만 아니라 이와 같은 코어 회전의 요소가 추가됨으로써 아래 그림에서와 같이 무게중심이 좌우로 왔다 갔다 하던 문제 또한 저절로 해결된다.

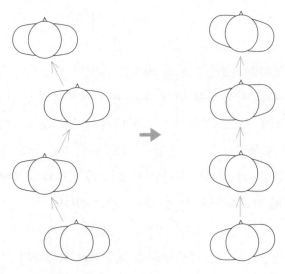

높은 곳에서 뛰어 내릴 때 충격을 분산시키기 위해 본능적으로 무릎을 굽히고 몸을 웅크린다. 이 같은 강한 충격은 아니지만 무게중심이 일어난 뒤 몸은 곧바로 충격을 줄이기 위한 동작으로 이어져야 한다. 펴져 있었던 척추 마디마디가 충격 완화를 위해 서서히 줄어들기 시작한다. 척추가 줄어든다고 실제로 키가 줄어들지는 않는다. 몸은 대단히 유연하므로 이러한 내부의 변화가 밖에서 보일만큼 그렇게 경직되지는 않는다. 척추가 줄어들 때 자세가 바르지 않다면 예를 들어 벽돌을 똑바로 안 쌓고 삐뚤게 쌓아 무너져 내리는 것과 같이 심각한 문제가 발생한다. 그러므로 바른 자세는 무엇보다 중요한 것이다.

충분히 척추가 줄어든 뒤에는 바닥에 던진 공이 튀어 오르듯 반동(=rebound)이 일어난다. 이 반동에 의해 흐름이 바뀌어 회복으로 이어진다. 즉 코어가 척추를 펴고, 코어가 다음 '준비'를 위해 또 다른 회전을 시작하고, 고관절이 회전하는 것에 의해 뒤에 있던 발이 저절로 앞으로 나와 '준비'가 되면 또 다른 중심이동, 즉 낙하와 회복을 반복할 수 있다. 이것이 앞으로 걷는 명상적 걷기의 당연하고 평범한 진실, 비밀 아닌 비밀이다.

후진은 전진할 때와 개념은 동일하고 이동방향만 다르다. 체중을 한 쪽 발에 옮겨 놓고 다른 발은 유기적으로 맞물려 돌아가는 코어와 고관절에 의해 '준비'를 끝마쳤으므로 후진하고자 하는 쪽으로 몸을 낙하(fall) 시킨다. 저절로 무게중심이 앞발에서 뒷발로 이동한다.

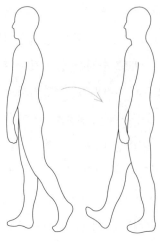

　무게중심이 이동하는 동안 앞발은 자연히 앞꿈치(=toe)가 들리고, 뒷발은 앞꿈치가 땅에 먼저 닿은 뒤 서서히 발바닥 전체가 닿기 시작하여 최종적으로 뒤꿈치(=heel)가 땅에 닿으면 움직임이 끝난다. 즉, 무게중심이 이동할 때 발은 항상 토 & 힐(toe & heel)의 순서를 따른다. 무게중심이 이동된 후에도 상체는 척추 펴기에 의해 항상 바른 자세가 유지되어야 한다. 마침내 우리는 다리 힘을 거의 쓰지 않고 몸 힘만을 이용하여 첫 일보를 내딛었다.

　앞으로 걷기와 마찬가지로 충분히 척추가 줄어든 뒤에는 반동(=rebound)이 일어난다. 이 반동에 의해 흐름이 바뀌어 회복으로 이어진다. 즉, 코어가 척추를 펴고, 코어가 다음 '준비'를 위해 또 다른 회전을 시작하고, 고관절이 회전하는 것에 의해 앞에 있던 발이 저절로 뒤로 나와 '준비'가 되면 또 다른 중심이동, 즉 낙하와 회복을 반복할 수 있다. 이것이 뒤로 걷는 명상적 걷기의 당연하고 평범한 진실, 비밀 아닌 비밀이다.

지금까지 설명한 대로 우선 '준비'(=코어 회전)를 마친 후 '중심이동'을 하게 되면 계속해서 가다 서다를 반복하게 되어 자연스러운 걷기가 되지 않는다. 실제로 걸을 때는 멈춤이 없이 일정한 속도로 중심이동이 일어나야 한다. '준비'는 겉으로 드러나지 않은 채 음지에서 은밀하게 일어나야만 한다. 이것을 굴림대를 이용하여 큰 돌을 움직이는 것에 비유해 볼 수 있다. 멈춘 돌을 움직일 때에는 항상 최대정지마찰력을 이겨내야 하므로 그 만큼 힘이 들기 때문에 한 번 움직인 돌을 계속해서 같은 속도로 움직이게 해야 한다. 굴림대를 느리게 앞에 갖다 대면 돌은 잠시 멈출 수밖에 없고, 굴림대를 너무 일찍 빼버리면 돌이 뒤로 넘어지게 된다. 따라서 돌이 이동하는 속도와 굴림대를 앞에 '준비'하는 타이밍이 정확히 맞아 떨어져야 기분 좋게 이동할 수 있다.

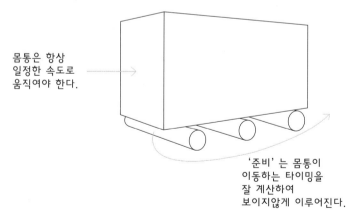

몸통은 항상 일정한 속도로 움직여야 한다.

'준비'는 몸통이 이동하는 타이밍을 잘 계산하여 보이지않게 이루어진다.

앞으로 걸을 때 힐 & 토, 뒤로 걸을 때 토 & 힐의 순서로 이동하 듯 무게중심이 옆으로 이동할 때에는 발볼(=In-edge)에서 발날(=Out-edge) 로, 즉 인 엣지 & 아웃 엣지(in-egde & out-edge)의 순서로 이동해야 한다.

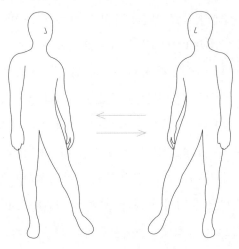

왼발에서 오른발로 옆으로 이동하기 전 코어를 시계방향으로 회 전시키고, 오른발에서 왼발로 옆으로 이동하기 전 코어를 반시계방향 으로 회전시킨다면 앞으로 걷기와 개념이 같다.

왼발에서 오른발로 옆으로 이동하기 전 코어를 반시계방향으로 회전시키고, 오른발에서 왼발로 옆으로 이동하기 전 코어를 시계방향 으로 회전시킨다면 뒤로 걷기와 개념이 같다.

걷기 3단계 – 스윙(swing)

앞에서 엣지를 잠깐 언급하였는데 눈으로 보이는 인 엣지는 지면에 발볼을 대고 새끼발가락을 들리게 한 자세를 가리킨다. 하지만 이 모습을 그대로 흉내 내었다고 다 엣지라고 말하기는 어렵다. 새끼발가락을 일부러 들리게 한 게 아니라 그렇게 될 수밖에 없는 원리가 있다. 그것이 '무릎 조이기'다.(골프에서 공을 치기 전 준비자세처럼) 체중을 한 발에 두고 양 무릎을 붙이려고 할 때 저절로 만들어지는 형태가 인 엣지인 것이다. 이렇게 엣지를 준 상태에서 체중을 다른 쪽으로 옮기려 하면 묘하게 일종의 브레이크가 걸린 느낌이 든다. 이 느낌이 엣지에서 대단히 중요하다.(단, '무릎 조이기'란 말에 집착하지 말 것. 코어를 쓸 줄 알게 된 후 엣지를 주려고 하면 저절로 된다. 이 또한 코어를 쓰는 한 테크닉에 불과한 것이다)

엣지를 단순히 옆으로 중심이동 하는 데만 이용할 게 아니라 훨씬 더 적극적인 개념으로 확장시킬 수 있다. 이 경우 엣지는 스윙(swing)이라 부르는 동작으로 바뀐다. 스윙이란 세 가지 힘이 하나로

뭉쳐 나오는 것이다.

첫 번째 힘은 낙하, 즉 위치 에너지에 의한 수직 운동이다. 이것은 앞에서 설명한 '낙하와 회복'에서 말한 낙하와 의미가 같다. 다시 말해 오로지 중력가속도인 $9.8m/sec^2$에 최대한 가깝게 떨어질 수 있도록 하는 것이 무엇보다 중요하다. 이것보다 느리거나 빠른 경우 낙하운동은 방해를 받는다. 블랙잭 게임과 비슷하다. 느리면 안 되는 건 납득하겠는데, 빨라도 안 된다는 걸 이상하다 생각할 사람도 있을 것이다. '빠르면 빠를수록 좋은 게 아닐까?' 생각할 수 있지만 실제로는 그렇지 않다. 중력가속도보다 느린 거나 빠른 것 모두 무위자연으로부터 멀어진 결과를 초래하기 때문이다. 왜 무위자연이 중요하냐? 이것에 가까워질수록 저비용, 고효율로 움직일 수 있기 때문이다. 이로부터 멀어질수록 고비용, 저효율, 즉 힘은 힘대로 들고 미숙하게 움직여진다. 온 몸을 이완시켜 힘 빼는 요령을 터득해야만 하는 이유가 바로 여기에 있다.

두 번째 힘은 중심이동, 즉 가속도를 갖는 수평운동이다. 위치에너지에 의해 발생한 중력 가속도를 그대로 계승하여 방향을 수평으로 바꾸어야 함은 물론, 거기에 무게중심이 이동할 때 나오는 몸 힘을 더 한다. 바로 이 순간을 위해 코어를 회전시키는 요령을 터득해야만 한다.

셋째는 관성이다. 달리는 자동차가 급정거하면 안에 있던 물체가 앞으로 튀어나가는 원리와 마찬가지다. 몸 힘을 극대화시키기 위해서는 스윙이 일어나고 있는 순간의 어느 지점에서 움직이는 방향과 반대로 작용하는 '어떤 자세'를 취하거나 '어떤 짓'을 함으로써 시계추처럼 움직이던 평범한 스윙으로부터 강력한 드라이빙 파워를 이끌어 낸다. 방금 어떤 자세라고 한 것 중 가장 중요한 요소가 엣지다. 앞에서 엣지를 제대로 걸면 묘하게 브레이크가 걸린 느낌이 있다고 했는데, 이로 인해 엣지에 의한 관성력이 발동하게 된다. 당연히 엣지를 제대로 걸지 못하면 관성을 이용할 수 없게 되고, 나아가 무위자연에 근접해가는 올바른 스윙 또한 불가능하다.

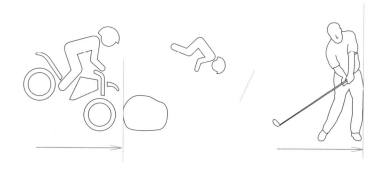

실제로 걷기와 땅고 댄스에서 이와 같은 요란한 스윙은 거의 필요 없다. 그러나 이것을 자세히 설명한 이유는 큰 몸 힘을 모르고는 섬세한 몸 힘을 쓸 수 없기 때문이다. 큰 스윙을 공부하는 것이 섬세한 스윙을 알기 위한 좋은 방편임은 두말 할 필요가 없다.

'걷기'에서 섬세한 힘에 의한 스윙을 아는 것이 중요하다. 쿼터 턴(Quarter Turn), 즉 1/4 회전하기 연습을 통해서도 그것을 알 수 있다.(1/4 회전에서의 '회전'은 축이 회전하는 게 아니고 움직이는 방향이 90도로 바뀌었다는 의미임을 주의한다) 쿼터 턴은 1보 전진, 2보 쿼터 턴, 3보 준비(또는 발 모으기)의 총 3보가 필요하다. 이때 쿼터 턴을 어느 시점에서 하는가?

첫째, (왼발) 1보 전진하고 (반시계방향) 쿼터 턴한 뒤 2보를 옆으로 이동한 경우

둘째, (왼발) 1보 및 (오른발) 2보 전진한 뒤 (반시계방향) 쿼터 턴한 경우로 나누어 볼 수 있다.

위 두 동작을 직접 해보면 알겠지만, 저렇게 구분동작으로 움직이면 쿼터 턴이 아니라 군대의 제식훈련 같은 느낌이 들 것이다. 두 경우 모두 바른 움직임이 아니라는 걸 금방 알 수 있다. 바른 쿼터 턴은 회전과 이동이 뒤섞인 동작이다. 회전한 뒤 이동하거나 이동한 뒤 회전하는 게 아니라, 이동하는 동안 회전하고, 회전하는 동안 이동하는 것이다. '스윙'에 대한 분명한 이해가 있을 때에만 물 흐르듯 자연스러운 동작으로 이어질 수 있다. 이것을 체득하지 못한 채 땅고 댄스를 추기 위하여 홀드(hold)를 한 상태라면 자칫 상대의 자연스러운 움직임을 본의 아니게 훼방 놓는 일이 종종 일어난다.

앞으로 걸을 땐 항상 '코어 회전'과 '중심이동'이 번갈아가며

일어난다. 만약 1보, 즉 첫 번째 중심이동 한 직후 코어 회전방향을 바꾸지 않고 놔두면 같은 방향으로 계속 회전하게 되어 2보의 무게중심이동으로 이어지는 몸은 전진하는 대신 저절로 쿼터 턴으로 이어진다. 첫 1보와 2보의 관계는 따로 떼어 낼 수 없으며 그네를 타는듯한 느낌으로 자연스럽게, 한 순간에 일어나야 한다. 이와 같은 방식으로 움직이는 것도 스윙(swing)이다.

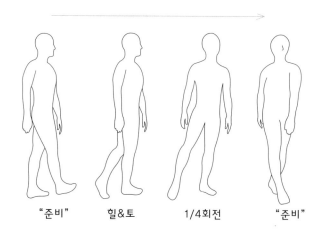

"준비"   힐&토   1/4회전   "준비"

전진할 때 발바닥이 땅에 닿는 순서는 항상 뒤꿈치가 닿은 뒤 앞꿈치가 닿는 '힐 & 토'지만 스윙에 의한 쿼터 턴을 하는 경우는 힐 & 토 - 토 & 힐, 다시 말해 1보는 힐 & 토, 2보는 토 & 힐로 이어진다.

전진하는 쿼터 턴이 그네를 타는 느낌이라면 후진하는 쿼터 턴은 던진 공을 받을 때 충격을 흡수하는 느낌이다. 후진할 때 발바닥이 땅에 닿는 순서는 항상 앞꿈치가 닿은 뒤 뒤꿈치가 닿는 '토 & 힐'이지만 스윙에 의한 쿼터 턴을 하는 경우에는 토 & 힐 - 힐 & 토, 다시 말해 1보는 토 & 힐, 2보는 힐 & 토로 이어진다.

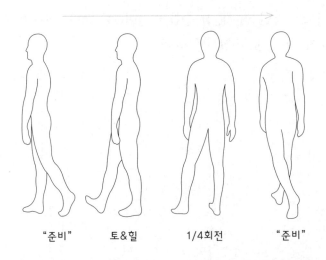

"준비"　　토&힐　　1/4회전　　"준비"

그런데 발바닥이 땅에 닿는 위치에 집착하면 올바른 스윙이 일어나는 게 아니라 종아리 근육을 수축시키는 카프 레이즈(Calf Raise) 운동이 되기 쉽다. 원리에 맞게 코어를 회전시키고 무게중심을 이동시킨 뒤에는 '렛 잇 비(Let it be)' 다. 무위자연의 길을 따르다 보면 발바닥이 땅에 닿는 순서는 저절로 그렇게 되는 것임을 잊지 마시길.

쿼터 턴을 하다 보면 한 가지 재미있는 현상을 발견하게 될 것이다. 화살을 멀리 쏘기 위해 시위를 반대 방향으로 당겨야 하듯, 몸 또한 회전하고자 하는 방향과 반대쪽으로 살짝 당겨지는 예비동작이 일어난다. 반시계방향으로 쿼터 턴하기 위하여 낙하가 시작되기 전 코어는 약간 시계방향으로 회전하는 예비동작이 일어나고, 시계방향으로 쿼터 턴하기 위하여 낙하가 시작되기 전 코어는 약간 반시계방향으로 회전하는 예비동작이 일어난다. 이를 깨달은 뒤 모든 걷기 속에 스윙의 요소가 내포되어 있음을 알게 된다. 이 예비동작의 느낌을 좀 더 확실하게 연습하는 방법은 다음과 같이 쿼터 턴하면서 걷기 사이에 전진 또는 후진을 하나 더 추가하는 것이다.

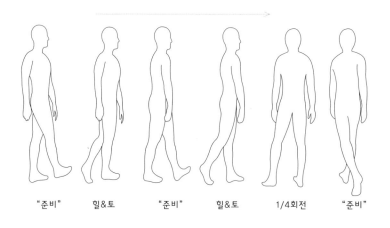

"준비"　　힐&토　　"준비"　　힐&토　　1/4회전　　"준비"

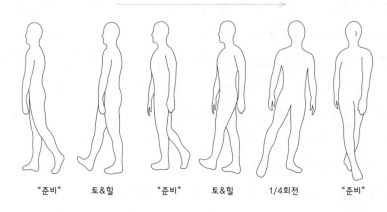

"준비"	토&힐	"준비"	토&힐	1/4회전	"준비"

또한 스윙에 의한 회전각을 1/4 회전 대신 1/8(=45도) 회전으로 할 수도 있다. 이 경우 작은 원 주위를 끝없이 반복해서 걷는 형태가 된다.

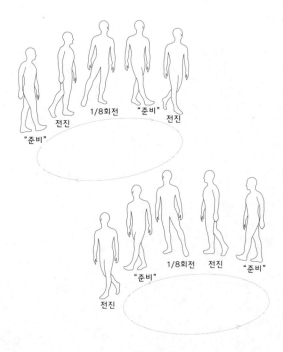

걷기 4단계 – 비틈^(spiral)

이제, 보다 높은 단계인 '비틈'을 논할 때가 되었다. 지금까지 한 이야기의 핵심을 정리하면 다음과 같다.

첫째, 코어 회전은 다리 힘을 쓰지 않은 채 다리를 앞으로 '준비' 시키기 위함이다.

둘째, 무게중심이동은 다리 힘을 쓰지 않고 오직 낙하와 회복 (Fall & Recovery)으로만 한다.

다시 말해 코어를 써서 몸 힘만을 쓰고 다리 힘은 거의 쓰지 않는 법을 깨닫는 것이 중요하다. 그러나 이 설명에는 아직 언급되지 않은 두 가지 문제점이 있다.

첫째, '굴림대 비유'를 제외한 대부분에서 중심이동과 코어 회전을 칼로 무 자르듯 명확히 구별하여 설명하였다. 하지만 자연스러운 걷기에서는 그렇지 않다. 코어 회전과 무게중심이동은 각각 별개로 움직이는 것이 아니다. 양과 음은 어느 쪽이 기세를 얻는가로 판단하는 것이지 순수한 양 또는 음만으로 존재할 수는 없는 것이다. 처음 연습할 때는 이 둘을 나누어 하는 것이 좋다고 본다. 공부(工夫)가 깊지 않은 상태에서 어설프게 둘을 섞으면 자연스럽기는커녕 두루뭉술해져버려 죽도 밥도 아닌 것이 되기 십상이기 때문이다. 이제는 두 요소를 하나의 원리로 관통시켜야 할 때가 되었다.

실제로는 코어가 회전하는 동안 조금씩 무게중심이 이동하고 무게중심이 이동하는 동안 조금씩 코어 회전이 일어난다. 추상적 표현을 쓰자면 양이 최고조에 달할 때 이미 음이 자라고 있고, 음이 최고조에 달할 때 이미 양이 자라고 있다. 마찬가지로 운(運)은 코어 회전이 세력을 얻었을 때고, 동(動)은 중심이동이 세력을 얻었을 때긴 하지만, 운(運) 안에 이미 동(動)이 자라고 있고, 동 안에 이미 운이 자라고 있다.

둘째, 코어를 회전시키면 톱니바퀴가 회전하듯 고관절이 움직인다. 이로써 하체 위에 얹힌 상체 전체(어깨, 머리 포함)와 시선까지도 코어가 회전하는 대로 따라서 움직이게 된다. 실제로 걸을 때 시선이 좌우로 왔다 갔다 하면 곤란하여 이것만큼은 부득이하게 정면을 향하도록 하게 하니, 어깨와 머리 사이에 부자연스러운 어긋남이 있다.

바르게 움직이기 위하여 코어는 반드시 회전해야 하고, 시선은 항상 정면을 향해야 하고, 어깨와 머리로 이어지는 선(線)을 어긋남 없이 자연스럽게 할 수는 없을까? 이 문제를 해결하기 위해서는 척추에 관한 보다 깊은 이해가 필요하다. 결론적으로 코어에 잇닿은 고관절을 회전시킴으로써 그 위에 얹힌 상체 전체가 일제히 회전하던 지금까지의 단계를 넘어 코어를 기점으로 각 척추를 한 방향으로 조금씩 비틂으로써 아래 그림과 같이 척추 전체가 나선형태가 되도록 하여 '준비' 하는 요령을 터득해야만 한다.

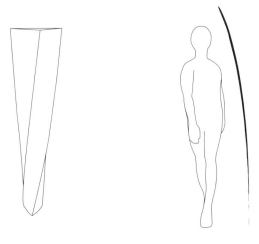

이로 인해 그냥 서 있던 때보다 척추는 더 늘어나게 되며, 이 흐름을 계속 이어 정수리 끝까지 보낼 수 있게 되면 지구와 정확히 직각을 이루었던 중심선이 걷는 방향을 향해 기분 좋은 기울어짐(=sway)이 생겨난다. 어깨 회전과 시선 사이에 생겼던 갈등은 저절로 해결된다. 이 단계에 올라왔을 때에만 진실로 등 펴기의 중요성을 알게 된다. 비틀기가 더해진 코어 회전을 하는 동안 자칫 양 팔 중 하나가 등 뒤로 빠지는 경우가 종종 발생하기 때문이다. 척추 펴기에 이어 등 펴기에 대한 이해가 완벽해질수록 관절들이 어떻게 움직여야 마땅한

지에 대한 이해도 깊어진다.

　중국 무술에서는 이런 움직임을 '전사경(纏絲勁)'이라 한다. 문자를 풀어보면 나선 모양으로 회전하며 나오는 몸 힘이다. 이 용어를 처음 접한 건 십 수 년 전이었지만, 그 땐 설명을 듣거나 읽어도 무슨 말인지 몰랐다. 실체를 모르므로 상당히 신비스럽게 느껴져 어린 시절 만화책에서 본 '회오리 펀치' 같은 건가, 라는 생각을 하기도 하였다. 바른 몸 움직임에 적합한 재료, 즉 근력을 얻기 위한 여러 운동을 매일 쉬지 않고 하는 동안 걷기의 중요성을 실감하게 되었다. 명상적 움직임과 걷기를 합한 명상적 걷기를 혼자 연구하던 어느 날, '척추 펴기'와 '등 펴기'와 '코어 회전'이 서로 충돌하지 않고 한 몸에서 구현되려면 비틈(=spiral)이 일어날 수밖에 없음을 알게 되었다. 그러고 나서 전에 보았던 전사경에 대한 설명을 다시 읽어 보니, 그 땐 황당해 보일 뿐 뭔 말인지 몰랐던 것들이 비로소 이해가 되었다. 내가 발견한 원리가 결국 전사(纏絲)였음을 확신하지 않을 수 없었던 것이다.

　이 단계를 이해하는 건 1층에서 2층으로 도약을 한 것과 같아 이것을 알기 전과 후는 걷는 느낌이 크게 달라진다. 그러나 유감스럽게도 언어로는 이 단계의 느낌들을 낱낱이 설명하기가 불가능하다. 논리로 알 수 있는 게 아니라 오로지 직관을 통해서만 가능하다. 그렇다고 심오한 비밀이 감추어져 있는 건 아니다. 알기 전엔 감도 못 잡을 만큼 혼란스럽지만, 정작 알고 나면 별 것 아니다. 이론상으로는 이 원리를 듣는 즉시 이해하여 곧바로 몸에 적용하는 것이 가능하겠지만 대다수는 이 단계에 올라오는데 긴 세월을 코어 회전과 무게중심이 이동하는 연습에 투자하지 않으면 알기 어렵다. 그러다 보면 어느 날 갑자기 '그것'을 알게 될 것이다. 지식이 쌓이듯 점진적으로 알게 되는 게 아니라 갑자기 한꺼번에 알게 된다. 몸 공부, 즉 쿵푸의 첫 단계는 바로 이 원리를 깨닫기 위한 시간이라고 해도 과언이 아니다. 마침내 열쇠를 찾아 문을 열고 들어선 순간부터 덕(德)이 쌓이는 진짜 쿵푸가 시작된다.

오랜 시간 숙고한 결과 몸을 도구로 삼아 바르게 움직이는 법을 공부하여 도달 가능했던 최고 테크닉은 결국 '낙하와 회복 + 코어회전 + 비틀'의 3요소를 깨닫는 것이었구나, 하는 생각이 들었다. 이것은 현재 내 수준에서 그렇게 본다는 의미이니, 나보다 수련이 깊은 분들은 다른 생각을 갖고 있을 수도 있다.

이제까지 설명한 이론들을 요약해 보자면, 우선 '낙하와 회복'이란 결국 발에 체중을 온전히 싣는 요령을 깨닫는 것으로, 체중을 온전히 싣는다고 발바닥에 억지로 힘을 주면 안 되고, 반대로 최대한 몸의 힘을 빼야 하는, '이완의 역설'을 이해하는 것이 중요하다. 이로써 중학교 때 머리로만 외운 뉴턴 법칙에 따라 낙하(=지구에 가한 작용)에 의한 회복(=반작용)이 척추를 관통하여 온 몸으로 퍼져나가는 걸 실감할 수 있게 된다. 이와 같은 역설을 받아들였을 때 비로소 저절로 무게중심이 이동하는 원리에 접근할 수 있다. 거꾸로 이완을 모르면 낙하와 회복 개념 또한 알 수 없다.

'코어 회전'에도 '회전방향의 역설'이 존재하는데 이 역설을 깨닫기에 앞서 '코어'를 자각하는 게 당연한 순서다. 지구의 자전이 지표면이 움직이는 게 아니라 안쪽의 코어가 회전하므로 지표면이 따라 움직인다고 봐야 합리적이듯, 눈에 보이는 허리가 회전하는 게 아니라 몸 안의 '코어'가 회전하는 것이다. 코어를 자각하지 못한 상태에서는 오른손이나 발이 앞으로 나가기 위해 (코어가 아닌) 허리를 반시계방향으로 돌리고, 왼손이나 다리가 앞으로 나가기 위해 (코어가 아닌) 허리를 시계방향을 돌리는 게 맞는 것 같아 보인다. 코어를 자각하면 오른다리가 앞으로 나갈 땐 코어가 시계방향으로 회전해야 하고, 왼다리가 앞으로 나갈 땐 코어가 반시계방향을 회전해야 한다는 걸 이해할 수 있게 된다. 회전방향의 역설을 이해하면 '스윙'을 저절로 알게 된다. '스윙'을 이해하면 뉴턴 법칙 중 '관성'을 머리가 아닌 몸으로 알게 된다.

'비틈'은 먼 길을 돌아 다시 처음으로 되돌아온 '평범함의 역설'이라고 할 만 하다. 코어 회전이 실제로 눈에 보이는 움직임이라기보다 몸 안 코어가 바르게 회전하는 원리를 가리키듯, 이 단계에서 강조한 나선형의 비틈 또한 눈에 보이는 게 아니다. '산은 산, 물은 물'

단계에서 '산은 산 아님, 물은 물 아님'이란 아수라장을 지나 다시 '산은 산, 물은 물'로 돌아 온 것과 같아 오히려 눈에 띄는 특별함이 사라지고 없다.

처음엔 비틈이라는 개념에 집착하고 그것을 쓰려고 노력하는 짓이 얼마간 필요하다고 보지만, 엄밀히 말해 애당초 비틈이라는 건 존재하지 않는 것이라고 보는 게 더 정확할지 모른다. 비틈을 비틈이라고 말하는 순간 그것은 비틈이 아닌 것이 되고 만다. 무위자연스럽게 움직이는 비결이 사실은 비틈이었던 것이다. 그냥 평범히 걷는 동안 몸 안에서 저절로 비틈이 일어나고, 그냥 대충 움직이는 것 같아 보이는데 그 안에 낙하와 회복, 코어 회전, 비틈이 모순 없이 공존한다.

관 찰

'도(道)'를 닦는다는 사람들이 흔히 하듯, 정좌하여 눈을 반쯤 뜨고 한 곳을 무심히 응시하며 들숨과 날숨에 마음을 집중하고 앉아 있어보면, 10분 아니 단 5분 아무 생각하지 않기가 거의 불가능하다는 것을 깨닫는다. 오만가지 잡념이 꼬리에 꼬리를 물고 이어져 가만히 앉아 머릿속에서 세계 일주라도 할 판이다. 이렇게 무작위로 떠오르는 생각을 '잡념'이라고 한다. 잡념을 좋은 거라고 하는 사람 못 봤으니, 이건 분명 좋지 않은 것이다. 대체 아무도 원치 않는 이런 게 왜 생기는 걸까. 궁금하였던 이 해묵은 질문에 어느 날 납득할만한 답을 얻었다. 그리고 놀랐다. '잡념이 곧 존재'라는 사실 때문에.

서양 철학자 데카르트 하면 떠오르는 유명한 말, "나는 생각한다, 고로 존재한다"에서 '생각'이란 이성(=reason)의 작용을 가리킨다. 이성에 높은 가치를 부여했으므로 이성을 가진 '나' 또한 대단한 존재가 된다. 이성은 의식의 '나'이고, 잡념은 잠재의식 또는 무의식의 '나'이므로 얼핏 다른 듯 보이지만 결국 다 같은 마음일 뿐이다. 잠

수함이 물속에 가라앉았다 떠오르기를 반복하듯, 마음이 의식과 무의식 사이를 넘나들고 있는 것이다. 결국 대단해 보였던 '생각하는 나'의 깊은 곳에는 '잡념으로 가득한 나', '집착과 욕망을 어쩌지 못해 괴로워하는 하찮은 나'가 있는 것이었다.

극단적으로 굶거나 한 음식만 편식하는 다이어트를 하면 요요현상이 찾아온다. 사람의 팔, 다리는 뇌가 내리는 명령을 받아 움직이지만, 생명 유지에 관한 것만큼은 뇌의 명령을 따르지 않는다. 따라서 살벌한 다이어트를 하면 몸이 놀라 언제 또 그 같은 위기상황이 올지 알 수 없으므로 다시 음식이 들어오기 시작하면 평소보다 더 많은 양을 지방으로 저장해 두려고 한다. 이것이 요요현상의 본질이다. 몸은 나의 일부인 동시에 타자이기도 한 것이다. 즉 몸은 스스로 안전하게 '존재'를 유지하고자 하는 집착을 갖고 태어났다.

정신도 '스스로 존재하고 있음'을 끊임없이 확인하고자 하는 욕망을 갖고 있다. 그것이 잡념이라 부르는 무작위의 생각들이다. 정신은 끝없는 생각하기를 요구한다. 인간은 자신에게 필요한 경우에만 생각을 하려고 한다. 때때로 인간은 굉장한 몰입단계로 들어가곤 한다. 그러나 몰입은 오래 지속될 수 없다. 이 상태에서 빠져나오면 인간은 그다지 생각하고 싶어 하지 않는다. '존재에 집착하는 나'는 생각하지 않으면 존재가 사라질 것 같은 불안감을 느낀다. 그럼 어떻게 해야 하는가. 간단히 '아무 생각'이나 떠오르게 하면 된다. 그럼으로

써 정신은 생각하므로 존재하고 있음에 안심을 하게 되는 것이다.

이처럼 정신이 아무 생각을 통하여 끝없이 확인하고자 하는 존재란, 사실은 존재하길 원하는 집착이 만들어낸 허상이다. 그것은 '참 나'가 아닐 뿐더러 참 나를 볼 수 없게 마음의 눈을 가린다. 아무 생각, 즉 잡념을 없애는 여러 가지 방법 중 내 관심을 끌었던 건 두 가지였다. 첫째, 힘든 운동, 고행을 함으로써 일부러 몸을 힘들게 하여 아무 생각나기를 강제로 멈추는 것이다. 둘째, 생각 자체를 관찰함으로써 관찰하는 가운데 저절로 집중되도록 하는 것이다. 둘 다 목적은 '헛 나'를 나라고 믿고 있던 착각에서 벗어나기 위함이다.

아날로그 세계에서 모든 것은 파동이다. 디지털 세계는 아날로그 세계를 모방하기 위해 샘플링(sampling)을 한다. 샘플링 비율(sampling rate)이 높을수록 디지털 신호는 아날로그에 가까워진다. 샘플링 크기(sampling size)가 클수록 더 많은 데이터를 담을 수 있다. 체중이 한 쪽에서 다른 쪽으로 이동하는 동안 순간순간을 뇌는 샘플링한다. 샘플링 비율이 높을수록 주관적 시간은 더디게 간다. 샘플링 크기가 클수록 이동되는 순간을 더 선명하게 느낄 수 있다. 이른바 '의식의 확장'이 일어나는 것이다.

이렇듯 움직이는 찰나를 뇌가 샘플링하는 것을 '관찰'이라 한다. 흥미로운 사실은 관찰 = 집중(몰입)이라는 것이다. 세상에 집중하고 싶지 않은 사람은 없다. 집중하고 싶어도 집중이 잘 안 되서 못

할 뿐이다. 그런데 관찰을 잘 할 줄 알면 저절로 집중된다. 무엇을 관찰할 것인가. 당연히 그것은 몸 안의 한 점인 '그것', 즉 코어[核]일 수밖에 없다. 이걸 관찰하면 몸 전체 움직임을 모조리 관찰하는 효과를 얻을 수 있기 때문이다. 물론 24시간 내내 '그것'을 관찰하기는 불가능하지만, 관찰 중인 '나'를 자각하고 있는 동안만큼은 분명 저절로 집중되고 있는 것이다.

코어[核]의 핵심요소 중 하나인 무게 중심이 여기에서 저기로 이동하는 순간을 섬세하게 관찰하는 모든 몸 움직임이 곧 '명상적 움직임(Meditative Movements)'이다. 평범하기 그지없는 동작일지라도 다음 두 가지 조건을 만족시킨다면 관찰에 익숙해지기 위한 명상적 움직임으로 변모한다.

첫째, 단순한 동작을 반복한다.
둘째, 천천히 움직인다.

대전제는 반드시 코어[核]를 써서 반복하거나 천천히 움직여야 한다는 점이다. 코어를 쓰지 않은 채 하는 반복 또는 천천히 움직이는 것은 흉내 내기에 불과할 뿐 명상적 움직임이 되지 못한다. 이러한 개념을 분명하게 인식하여 걷기에 적용시킨 것이 '명상적 걷기'다. 일상적 움직임 중 하나인 걷기가 명상적 움직임으로 바뀐다는 것을 발견하는 순간은 하나의 기적이다. 나아가 음악에 맞추어 두 사람이 함께 걸을 수 있다면 그것이 곧 '명상적 땅고'인 동시에 '더불어 춤, 땅고'이기도 한 것이다. 이를 염두에 두고 땅고에서의 원주 돌기인 히로(giro) 동작을 신중하게 연습해 본다. 이것은 앞에서 전진만 하던 원주 돌기에 약간 변화를 주어 전진과 후진을 섞어 원 주위를 도는 연습이다.

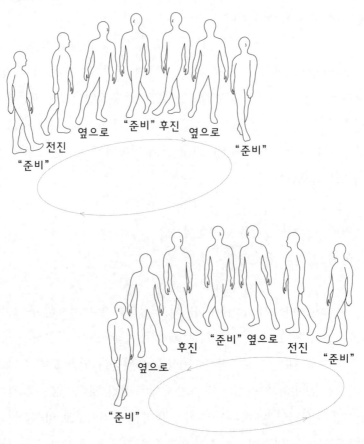

사실은 동(動)하기 전 운(運)하는 과정들에서부터 모든 움직임이 관찰의 대상이다.

첫째, 코어를 관찰하고
둘째, 척추가 올바르게 펴진 것을 관찰하고
셋째, 등이 올바르게 펴진 것을 관찰하고
넷째, 코어가 올바르게 회전하고 있음을 관찰하고
다섯째, 무게중심이 이동하는 순간을 관찰하고
여섯째, 관찰하고 있는 자신을 관찰한다.

관찰을 하는 최종 목적은 관찰하기를 잊어버리는 것이다.

첫째, 관찰하지 않아도 저절로 코어가 운(運)하고
둘째, 관찰하지 않아도 척추가 올바르게 펴지고
셋째, 관찰하지 않아도 등이 올바르게 펴지고
넷째, 관찰하지 않아도 코어가 올바르게 회전하고
다섯째, 관찰하지 않아도 낙하와 회복에 의해 저절로 중심이 이동되고
여섯째, 관찰하고 있는 자신마저 잊어버리는 것이다.

여기에 이르러 무위자연의 길을 따라갈 수밖에 없는 진짜 이유를 깨닫게 된다. 이것이야 말로 운(運) + 동(動), 즉 운동(運動)을 통한

감동(感動)인 것이다. 운(運)하고 동(動)하는 이치를 통한 각성이 여기에 다다르자 옛 사람이 남긴 말씀들 하나하나가 매우 의미심장하게 다가옴을 경험한다. 일례로 마태복음 6장 34절,

> 그러므로 내일 일을 위하여 염려하지 말라
> 내일 일은 내일 염려할 것이요
> 한 날 괴로움은 그날에 족하니라

고 한 말씀에서 '내일'을 '1초 뒤'로 바꾸면 땅고를 통해 내가 말하고 싶었던 메시지로 변한다는 사실을 새삼 발견했다.

그러므로 1초 뒤에 일어날 일을 위하여 (지금부터) 염려하지 말라.

잘 걷는 것, 즉 잘 움직이는 것은 현재에만 집중하는 것이다. 누차 강조하였듯 잘 '집중'하기 위해 해야 하는 건 현재를 잘 '관찰'하는 것이다. 아직 일어나지 않은 일을 미리 염려하기 시작하면 현재를 잘 관찰할 수 없게 된다.

1초 뒤에 일어날 일은 1초 뒤에 염려할 것이요.

1초 뒤를 미리 염려하기 시작하면 현재에 집중할 수 없게 되므로

괴로움이 1초 뒤까지 이어진다. 현재에 집중하지 못해 1초 뒤까지 괴로움을 연장시켜 놓고는 하는 말이 "거 봐라, 내가 짐작한 대로다"라고 한다. 자기가 짐작한 대로 된 게 아니라 불필요하게 염려한 것 때문에 그리 된 것이다.

현재의 괴로움은 지금에 족하니라.

움직이는 매 순간을 잘 관찰할 줄 알게 되어 저절로 집중되면 괴로움이 1초 뒤까지 이어지지 않는다.

걷기 5단계 – 라이즈 & 폴(Rise & Fall)

    지금까지 설명한 걷기에서는 코어 회전과 중심이동이 매번 번갈아가며 일어났다. 땅고뿐 아니라 왈츠, 폭스트롯 등 더불어춤에서는 이와는 다른 방식의 무게중심이동법이 필요할 때가 있다. 코어 회전 한 번에 1보 전진이 아니라 코어 회전 한 번에 3보를 전진시키는 것이다. 코어 회전과 3보 전진을 따로따로 하는 게 아니고, 두 요소가 유기적으로 결합되어 3보 전진하는 동안 코어가 한번 회전한다. 이로써 일반적인 걷기에 비해 좀 더 큰 규모의 흐름이 생겨나는데, 이것이 '라이즈 & 폴(Rise & fall)' 이다. ('낙하와 회복(Fall & Recovery)' 과 '라이즈 & 폴(Rise & Fall)' 은 용어만 놓고 보면 앞 뒤 순서만 바뀌었을 뿐 같은 의미인 것으로 보이지만 실제로는 전혀 다른 개념이다)

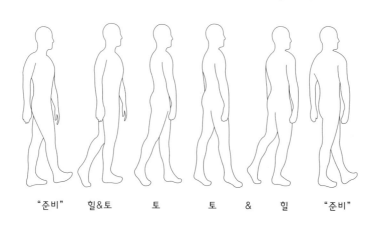

"준비"   힐&토   토   토 & 힐   "준비"

전진할 때 발바닥이 땅에 닿는 순서는 1보에서 힐 & 토$^{(heel\ \&}$ $^{toe)}$, 2보에서는 토$^{(toe)}$만 살짝, 3보에서는 토 & 힐$^{(toe\ \&\ heel)}$로 마무리 된다.

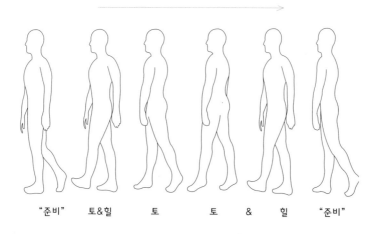

"준비"   토&힐   토   토 & 힐   "준비"

후진할 때 발바닥이 땅에 닿는 순서는 1보에서 토 & 힐(toe & heel), 2보에서는 토(toe)만 살짝, 3보에서는 토 & 힐(toe & heel)로 마무리 된다.

이 연습을 하기 위해서는 높은 수준의 척추펴기와 등 펴기에 대한 이해가 있어야 하며, '스윙'과 '비틈'을 충분히 이해하지 못한 상태에서 이 연습을 하는 건 의미가 없다. 3보 전진하는 동안 코어가 한번 회전한다는 의미를 몸으로 확실히 느끼지 못한 채 흉내 내는 것에 불과하기 때문이다.

끝으로 지금까지 설명한 '힐 & 토', '코어 회전', '낙하와 회복', '스윙', '비틈', '라이즈 & 폴'은 단지 걷기에만 국한된 것이 아니다. 모든 운동, 스포츠에 다 저것과 동일한 단계가 존재한다.

흐 름

최치원이 쓴 〈난랑비문(鸞郎碑文)〉에 '풍류'라는 말이 나온다.

國有玄妙之道曰風流(국유현묘지도왈풍류)

'풍류 = 현묘지도'다. 단지 바람의 흐름에 불과한 풍류가 왜 깊고[玄] 묘한[妙] 길[道]이냐? 누구나 바람 따라 흘러가는 게 좋은 건 알지만 이와 반대로 마음과 몸은 자꾸 바람을 거스르는 짓을 하고 있기 때문에, 다시 말해 뇌가 바람 따르기를 잘 하고자 머리를 쓰면 쓸수록 그게 유위, 부자연스러운 게 되어 오히려 바람을 거스르게 되는 것이다. 역으로 뇌가 잘 하려는 마음을 버리면 마침내 무위를 깨달아 바람을 따라 저절로 흐르게 되니 이게 묘한 것이다. 뿐만 아니라 더 많이 버리면 버릴수록 무위가 드러나니 이걸 가리켜 깊다고 할 수 있는 것이다.

현묘지도를 통해 점점 사라지는 건 팔 힘이고,

현묘지도를 통해 점점 드러나는 건 몸 힘이다.

땅〔地〕, 물〔水〕, 불〔火〕, 바람〔風〕, 비움〔空〕…. '바람'을 알고자 한다면 이에 앞서 적어도 세 단계를 도약해야 한다. 첫째 척추와 등을 바르게 펴는 원리를 깨달아 중력, 즉 땅〔地〕을 알아야 하고, 둘째 유연성과 이완, 즉 물〔水〕을 알아야 하고, 셋째 근력과 긴장, 즉 불〔火〕을 알아야 한다. 이완 속에 긴장 있고, 긴장 속에 이완 있다. 이와 같이 긴장과 이완이 지속적으로 반복되면 그 안에서 저절로 흐름이 생겨난다. 이것이 내가 체험한 풍류다.

몸 힘은 코어〔核〕를 작동시켜 척추를 펴고, 등을 펴고, 축을 회전시키고, 낙하와 회복에 의한 중심이동이 순차적으로 진행될 때에 나온다. 각 요소가 따로 떨어져 별개로 작동되면 몸 힘은 나오지 않는다. 태엽 시계에서 최초의 톱니바퀴 하나가 돌기 시작하면 모든 톱니바퀴가 따라 움직이듯 몸 힘도 이와 비슷한 과정을 통해서만 나온다. 최초의 톱니바퀴라 할 수 있는 코어가 작동되는 순간 몸 안 요소들은 유기적으로 움직이기 시작한다. 이때에 몸은 매우 기분 좋은 리듬을 스스로 만들어 낸다. 긴장과 이완의 반복이 잘 되면 기분 좋은 특별한 흐름이 생겨난다. 자신의 의지에 더하여 몸이 그 흐름을 타고 반자동으로 움직여지는 것이 무위자연(無爲自然)이다.

잘못된 긴장은 경직되고 잘못된 이완은 무기력하다. 팔, 다리, 어깨 등에 힘이 들어간 것은 경직되고, 단전 또는 파워하우스까지 힘을 빼 버리는 것은 무기력하다. 진짜 긴장은 이완을 포함하고 있어야 하고, 진짜 이완은 긴장을 포함하고 있어야 하는데, 이것은 같은 '하나'를 다른 관점에서 본 것에 불과하다. 이완을 포함한 긴장은 탄력적이고, 긴장을 포함한 이완 역시 탄력적이다. 올바르게 흐름을 탈 줄 알아야 비로소 '몸 힘'이 나온다.

척추 펴기는 시종일관 척추를 편 상태로 있는 게 아니다. 지렁이가 이동할 때 몸을 수축하고 이완함으로써 기어갈 수 있는 것과 같이 축이 세로로 세워져 있는 차이는 있지만 걷는 동안, 바꿔 말해 낙하와 회복이 되풀이되는 동안 척추는 팽창과 수축을 반복한다. 척추를 늘리면 몸 안의 한 점인 코어[核]가 회전하기 쉬워진다. 척추 펴기만큼 극적이지는 않지만 등 펴기 또한 팽창과 수축을 반복한다.

'비틈' 편에서 설명하였듯 코어 회전과 낙하와 회복의 관계는 대단히 미묘하다. 연습할 때에는 부득이하게 임의로 둘을 나누었지만, 실상 둘은 따로 떼어 생각할 수 없다. 코어 회전이 일어나는 사이 몸은 낙하를 하기 위한 준비를 해야 하고, 낙하가 끝나고 회복이 일어나는 동안 코어는 이미 다른 낙하를 위해 회전하고 있어야 한다. 이 모든 과정을, 예를 들어 어느 시점에서 몸이 어떤 자세를 취해야 한다거나, 팔, 다리 각도는 몇 도가 이상적이라는 것들을 세세하게 규명하는 건 의미가 없다. 몸 안에서 코어에 어떻게 작동하고, 어떤 식으로 낙하와 회복이 일어나는지를 실제로 체험하는 것이 무엇보다 중요하다.

소 통

어느 건물 화장실에 들어갔다가 소변기 앞에 〈논어〉 한 구절이 적혀 있는 걸 보았다.

사람이 어질지 않으면 무슨 예가 소용 있으며,
사람이 어질지 않으면 무슨 음악이 소용 있겠는가?

이 말씀은 〈논어〉 '팔일' 편에 나오는

人而不仁 如禮何(인이불인 여례하)
人而不仁 如樂何(인이불인 여악하)

라는 구절을 번역한 것이다. 대개 이런 해석을 별다른 거부감 없이 받아들인다. 그러나 '인(仁) = 어질다'는 번역은 잘못된 것이다. 이는 〈맹자〉의 사단(四端)을 조금 신중하게 음미하면 바로 알 수 있다.

측은지심(惻隱之心) = 인지단(仁之端)
수오지심(羞惡之心) = 의지단(義之端)
사양지심(辭讓之心) = 예지단(禮之端)
시비지심(是非之心) = 지지단(智之端)

'어질다' 속에는 이미 '선함'이라는 도덕관념이 개입되어 있는데, 이는 인의예지가 모두 발현되었을 때만 가능하다. 오로지 인(仁)만으로는 나올 수 없다. 그렇다면 인(仁)이란 무엇일까. 아기가 엉금엉금 기어가 우물에 빠지려는 걸 보고 깜짝 놀라고 측은해 하는 마음이 인(仁)의 단서가 된다. 이 상황에는 두 가지 주목할 것이 있다.

첫째, 논리적 판단에 앞서 마음이 먼저 움직였다. 예를 들어 삼단논법으로,

모든 사람은 물에 빠지면 죽는다.
아기가 물에 빠지려 한다.
고로 아기는 죽는다.

는 생각에 따라 몸이 움직여진 것이 아니다.

둘째, 이해관계 없이 마음이 저절로 움직였다. 내가 아기를 구하면 부모가 고마워하며 사례해 주길 바라고 아기를 구하려는 것이 아닌 것이다.

한편, 인(仁)의 반대인 불인(不仁)이 무엇인가를 아는 것이 도움이 될 것 같다. 불인(不仁)과 관련하여 내가 자주 인용하는 구절은 〈노자〉에 있다.

천지불인(天地不仁)

모든 사람이 위급한 아기를 구하려 할 테지만, 불행히도 손길이 늦어 우물로 떨어졌을 수가 있다. 이때 하느님이 측은지심을 발동하여 죽어야 할 아기를 공중부양이라도 시키는 법은 없다. 자연의 법칙은 누구에게나 공평하다. 착한 사람이 높은 데서 떨어지면 불쌍해서 살려주고, 나쁜 놈이 떨어지면 죽는 것이 아니다. 천지는 불인(不仁)하다. 불인은 기계로 치면 센서가 고장 난 것과 같다. 한마디로 불인은 무심, 무감각이다. "하늘도 무심하시지…"란 표현에 나오는 그것.

본래 인(仁) 자체는 도덕관념이 없다. 어떤 자극에 반응하는가, 무감각한가로 인(仁)인가 불인(不仁)인가를 분별할 수 있는 것이다. 즉 인(仁)은 뇌가 사리를 분별하기 전 원초적 감각을 가리킨다. 왜 모든 경우에서 딱 부러지게 "인(仁)은 이거다!"라고 말하지 못하는가. 인(仁)을 인(仁)이라 말하는 순간 인(仁)이란 말에 집착, 불인(不仁)이 되기 때문이다.

'어짊'은,

첫째, 인(仁)의 작용을 통해 뭔가를 순간적으로 감지한 뒤,

둘째, 의(義)의 작용을 통해 수오지심, 즉 '좋음과 나쁨'을 판단하고,

셋째, 지(智)의 작용을 통해 시비지심, 즉 '옳음과 틀림'을 판단하고,

셋째, 예(禮)의 작용을 통해 사양지심, 즉 나보다 남의 이익을 우선 고려하는 마음이 총체적으로 작용한 결과이다.

따라서 왜 '인 = 어질다'가 될 수 없는지 명명백백하다.

좋은 움직임과 좋지 않은 움직임을 분별해 내는 능력은 마음의 눈으로 코어[核]를 볼 수 있게 된 다음부터 가능해진다. 그러므로 코어를 각성하여 마침내 '몸 나'를 안 것이 곧 몸의 인(仁)이다.

다시 '인이불인…' 구절로 돌아간다. 내가 확신하는 이 구절의 의미는 이렇다.

마음이 굳어 있으면 형식이 다 무슨 소용이고,

마음이 경직되어 있는데 음악인들 제대로 들리겠는가.(또는 제대로 연주할 수 있겠는가)

〈노자〉 첫 구절 '도가도 비상도(道可道 非常道)'가 만고의 진리라는 것이 여기에서도 드러나는데, 인(仁)도 인(仁) 나름, 각자가 감지하

는 인(仁)은 차이가 있을 수밖에 없다.

누구는 같은 음악을 들어도 시큰둥하고,
누구는 크게 감동한다.

음악도 음악 나름…
얕은 음악과 깊은 음악이 있는데,
얕은 음악만 듣고 깊은 음악을 거부하는 사람은 인(仁) 또한 얕은
것이다.

마찬가지로 소통도 소통 나름…
얕은 소통과 깊은 소통이 있는데,
얕은 소통만 알고 깊은 소통을 모르는 사람은 인(仁) 또한 얕은
것이다.

최근 여기저기서 '소통!' 을 외쳐대고 있는 건 현재 이 사회에 불
통이 만연해 있기 때문이다. 왜 소통이 잘 안 될까. 원인은 단순하다.
모든 사람이 선의든 고의든 거짓말을 하고 살 수밖에 없기 때문이다.
거짓말을 하지 않을 수 있다면 소통이 잘 되므로 그것을 논할 필요조
차 없다. 인간은 묘한 구석이 있어 본심은 거짓말을 하지 않으려는
데, 말을 많이 해버리면 그 안에서 모순이 발생해 버린다. 거짓말을
하려 하지 않아도 언어 스스로가 거짓을 만들어 버리는 것이다. 즉

인간은 인(仁)하고자 하나 언어는 그렇질 못하다. 서양철학사를 읽어 보면 이 사람들이 주로 했던 상당 부분이 '정의(定義) 내리기'에 집중되어 있음을 발견한다. 그런데 의도치 않게 이것이 최고의 거짓을 만들어낸다. 예를 들어 '존재'란 말을 어느 철학자가 정의 내린 대로 존재하는 방식이라는 것 자체가 거짓이다. 누군가가 정의내린 대로만 '사랑'을 한다거나, 정의 내려진 '사랑'에서 벗어났으니 그것은 사랑이 아니라고 단정해 버린다면 말하는 이한테 문제가 있는 것이다. '비가 내린다'지만 내리지 않는 비는 없고, '꽃이 핀다'지만 피지 않은 꽃은 없듯, 인간이 정의내린 대로의 '그런 것'들은 애초에 없는 것이다.

이처럼 자제 모순이 심각한 언어를 배제하고 소통하는 법은 없을까? '배운 게 도둑질'이듯 난 '운동' 안에서 그것을 발견했다. '나'와 '몸 나'가 소통하는 데에는 언어가 필요하지 않다. 언어가 개입될 여지가 없으므로 몸은 거짓을 모른다. 특수상대성이론이 나온 다음에 일반상대성이론이 나온 것과 같이 거짓이 개입될 여지가 없는 순수한 타자와 소통하는 법을 먼저 익히는 게 순서라고 본다. 머리말에서 밝힌 바와 같이 사람과 사람 사이, 다시 말해 언어와 언어 사이의 소통을 논하기 전에 적어도 3단계의 소통이 있다.

1단계는 코어[核]를 매개로 한 마음과 육체의 소통이다. 소통이 잘 될수록 더 크고 섬세한 '몸 힘'이 나오고, 잘 안 되면 팔(또는 다리) 힘이 나온다.

항상, 반드시 몸 힘을 써야 하는 건 아니다. 팔 힘도 필요할 때가 있다. 팔 힘은 팔 힘대로 유용하다. 그럼에도 몸 힘은 좋은 힘 또는 세련된 힘이라 할 수 있다. 바른 몸 움직임에는 반드시 몸 힘이 사용되어야 하는 것이다. 이처럼 몸은 몸통 하나에 팔 두 개, 다리 두 개 등 주어진 조건이 눈에 보이므로, 어떤 자세가 바른 것이고 무엇이 바른 몸 움직임인지 확신을 갖고 말할 수 있다. 그러나 마음은 눈에 보이질 않아 이것이 어렵다. 하지만 몸에 '바름'이 존재하듯, 마음도 그런 게 있을 것이라는 가설을 세울 수 있지 않을까? 이 가설을 증명하기 위하여 매일 몸과 마음을 오가며 소통을 시도하고 있다.

2단계는 중력을 매개로 한 몸과 지구의 소통이다. 중력을 효율적으로 이용하는 법을 깊이 터득할수록 소통이 잘 되고 무위자연에 가까워진다. 잘 안 되면 그로부터 점점 더 멀어진다.

존 레논(John Lennon)이 부른 〈사랑(love)〉의 가사에는 이에 관한 여러 가지 정의가 나온다. 그중 내가 가장 공감하는 건, 사랑은 만지는 것(Love is touch)이다. 만지면 느낌(feeling)이 오고, 느낌은 인(仁)이다. 매일 매일 새로운 느낌(=仁)과 만나는 게 진짜 삶(living)일 테니 모든 것의 출발은 역시 만짐으로부터인 것이다. 하지만 피부 감촉의 만짐은 낮은 단계이다. 진짜 만짐은 접촉을 초월한다. 참된 만짐 속에는 측은지심과 아름다움이 공존한다. 역으로 아름다움을 느꼈다면 그것이 참된 만짐이다. 측은지심을 느꼈다면 그것 역시 참된 만짐이다.

'중력'과 잘 소통하게 되면 아름다움을 느낀다. 지금보다 '중력'과 잘 소통하지 못하는 것에 대하여 측은지심을 느낀다. 이것이 지구와 나 사이에 존재하는 참된 만짐이다. 지구로부터 몸을 타고 느낌이 온다. 매일 매일 그것을 몸으로 느낀다.

단계가 높든, 낮든 어쨌든 사랑은 만짐이다. 어느 것도 소홀할 수 없다. 둘 다 중요하다. 그래서 사랑엔 딜레마가 존재한다. 없으면 굶주리고, 먹으면 갈증 난다. 이따금 난 인간이 살아가야만 할 이유의 하나가 사랑하기와 사랑으로 인한 고통, 즉 갈증을 맛보기 위함이 아닐까 생각한다. 명검이 수시로 물과 불을 오가는 고통 속에서 탄생하듯, 인간 또한 그 같은 숙명을 타고난 게 아닐까. 지금까지 그래왔듯, 나의 미래도 많은 번민들이 왔다 갈 것이고, 이를 통해 더 높은 단계로 도약할 수 있기를 기대하는 것이다.

3단계는 몸을 매개로 한 나와 타인의 소통이다. 이 책의 주제이자 뒤에서 익힐 쿼터 턴 및 땅고 댄스가 바로 여기에 속한다. 땅고 댄스란 결국 '음악에 맞추어 둘이 걷는 것'이다. 남성은 항상 리드(lead)에 부담감을 갖는다. 때로 꼼수를 부려 몸 힘 대신 팔 힘을 쓰려는 유혹(?)을 받곤 한다. 이런 식의 마무리는 항상 격이 떨어지는 몸 움직임으로 귀결된다. 리드하는 요령이 따로 있다는 생각 자체가 잘못이다. 비결 같은 건 없다. 오직 자세를 유지해서 체중을 놓을 뿐이다.

더불어 춤을 처음 대한 사람들 중엔 남자가 리드(lead)를 하고, 여자는 따르는(=follow) 것을 여필종부(女必從夫)와 같은 의미로 잘못 오해하는 경우가 있다. 비슷한 예로 '남자는 하늘, 여자는 땅' 이란 말은 남존여비(男尊女卑)로 해석하면 안 된다. 이 말은 단지 '남자는 양(陽), 여자는 음(陰)' 이란 말과 다를 게 없는 말에 불과하다. 양과 음을 주종 관계 나아가 적대적, 배타적 관계로 보는 건 음양 사상의 기본조차 모름을 스스로 인정한 것과 같다. 남자는 양이니까 밖에 나가 돈 벌어 오고 여자는 음이니까 집에서 살림이나 하라는 뜻도 물론 아니다. 양과 음은 다만 각자 본성이 그러하다는 것, 다시 말해 양은 드러나 보이고 음은 감추어져 있을 뿐이다. 주역에서 건괘(하늘)는 곤괘(땅) 아래에 있어야 좋다고 한다. 반대로 건괘가 위에 있고 곤괘가 아래에 있는 건 매우 흉하다고 한다. 하늘이 하늘에 있고 땅이 땅에 있는 것이 좋지 않은 이유는 서로 소통하지 않게 되기 때문이다. 그러므로 리드&팔로우를 여필종부로 보는 순간 소통은 사라지고, 땅고 댄스는 재앙이 되고 만다.

땅고에서 몸의 축을 바로 세우는 것이 리드의 시작이라면, 코어〔核〕라고 하는 몸의 한 점을 인식하는 것은 리드를 한 차원 높인다. 두 사람이 양 팔로 홀드(hold)를 하고 있기 때문에 그 쪽으로 연결이 생긴다. 즉, '유선통신' 을 할 수 있다. 두 사람 모두 한 점, 곧 코어〔核〕를 분명히 인식하고 있다면, 그 점과 점으로도 연결이 생겨날 것이다. 즉, 또 하나의 경로로 '무선통신' 을 할 수 있다. 두 사람은 보이지 않는 끈을 확실히 느낀다. 양 팔의 홀드 없이 점과 점의 연결은 일어날 수 없다. 신체접촉이 없는 상태에서의 무선통신은 불가능하다. 유/무선통신 외에 또 한 가지, 제3의 연결이 '음악' 이다. 두 사람이 음악으로 공감대를 형성하였을 때 통신신호는 몇 배 증폭된다.

이 같은 세 가지 소통, 곧 거짓 없는 순수한 소통을 우선 경험한 후에야 비로소 4단계인 언어를 매개로 한 나와 타인의 소통을 말할 수 있는 여지가 생긴다. '마인드풀니스(Mindfullness)'는 '현재에 늘 깨어 있는 충만한 마음 상태'를 가리키는 말이라고 한다. 그렇다면 이에 공감하기 위한 전 단계로 '현재에 늘 깨어 있는 충만한 몸 상태', 곧 '바디풀니스(Bodyfullness)'를 먼저 체험하는 것도 큰 도움이 될 것이라 확신한다.

비 움〔虛〕

"물고기를 주지 말고, 낚시하는 법을 가르치라"는 격언대로 낚시 경험이 있는 사람을 찾아가 낚시 방법을 배우고 낚시도구를 얻을 수 있다. 그것으로 무수한 시행착오의 경험을 쌓아 마침내 낚시질을 잘하게 되었다면 낚시도구가 좋아서가 아니다. 자신의 의지와 노력으로 '그것'을 어쩌다 안 것이다. 비결은 낚시도구에 있는 게 아니라 내 안에 무수히 쌓은 덕(德)의 작용일 것이다. 그리고 결국 알게 된다. 길〔道〕을 알았으니 가득 쌓아 놓은 것들을 버릴 때가 되었음을, 곧 상덕(上德)은 무덕(無德)임을.

길〔道〕은 고정되어 있지 않고 변한다. 변하는 것이 길이다. 변하지 않는 건 오직 '길은 변한다'는 사실 하나 뿐이다. 이것을 현실 가운데서 마주하였던 체험을 적어도 한번 이상 했다면 이게 얼마나 무시무시한 말인지 실감하게 된다.

길이 변한다는 건, 예를 들어 차를 타고 A 코스로 가다 B 코스로 갈아탄다는 수준이 아니라, 경우에 따라서는 지금 여기까지 힘들게 왔던 길 자체가 뒤엎어질 수 있다는 말이 되기 때문이다. 수학으로 치면 공리와 같은 것, 다시 말해 의심조차 할 필요 없을 만큼 굳게 믿고 있었던 근본, 뿌리, 토대가 뽑힐 수 있다는 두려움, 너무 당연하여 믿어 의심치 않았던 개념이 토대에서부터 흔들릴 수 있다는 공포를 포함하고 있는 것이다. 한 송이 국화꽃을 피우기 위해 봄부터 소쩍새는 그렇게 울어야만 한다. 근본이 뒤집어지는 고통을 극복하고 마침내 들을 귀가 열리고 볼 수 있는 눈이 떠진 상태를 '코페르니쿠스적 전환'이라고 해도 될 것 같다.

지금 내가 가고 있는 길도 끝없는 고통의 연속이다. 육체적 고통뿐 아니라 토대가 흔들릴 때 그것을 받아들이길 거부하고 싶은 정신적 고통이 뒤따른다. 그럼에도 이 길 가는 게 재미있다. 하지만 뭐가 그렇게 재미있는지를 명확하게 설명하지 못하였다. 이 짓을 꾸준히 하다 보면 어느 순간 갑자기 각성이 오는데, 그게 재미있다는 정도에서 더 나아가지 못하였다. 각성 자체가 막연한 것이기 때문이다. 그러다 문득 그것의 실체를 어떻게 설명하면 될지 아이디어가 하나 떠올랐는데, 그것은

'경계가 허물어지는 것을 체험하는 것'

이다. 크든 작든 '하나'를 알면 그 하나로 인해 다른 줄 알았던 A와

B가 같은 뿌리임을 마음의 눈으로 보게 되는 것, 견고하기 그지없었던 경계 자체가 사라짐을 보는 것이다. 경계를 무너뜨리고자 힘들게 노력을 기울이는 게 아니라 스스로 소멸해버린다. 이 또한 소박한대로 무분별지(無分別智)라 할 수 있을 것이다. 이런 것 하나를 알게 되면 정말로 세상 바라보는 마음이 달라진다.

코어[核]를 각성하고자 애쓰는 건 그것이 '몸 나'를 알기 위한 비결이라고 보았기 때문이다. 나아가 '몸 나'를 찾으면 '몸 나 = 참 나'일 거라 생각했다. 이 아이디어는 일부는 맞고 일부는 틀렸다. '참 나'를 알기 위하여 '몸 나'를 먼저 찾아야 하는 건 옳은 선택이었던 것 같은데, '몸 나'가 곧 '참 나'는 아니었던 것이다. '몸 나'를 찾은 뒤에는 '몸 나'를 버리는 단계로 들어가야 한다. 바꿔 말해 '몸 나'를 버리기 위해 '몸 나'를 찾지 않으면 안 되는 것이다. '참 나'는 항상 위무위(爲無爲)하므로 직접 보거나 느껴지는 게 아니기 때문이다. 움직일 때 코어가 작동하는 걸 느꼈다면 그 순간 '몸 나'를 잠시 본 것이다. 그러나 이러한 느낌은 더 깊은 단계의 각성에 대하여 유위부자연하므로 그 '몸 나'에 안주하면 안 된다. 다시 새로운 길을 찾아 떠나야 한다. 코어를 아는 앎은 항상 이 과정을 반복하는 것이다. 첫 번째 단계는 '몸 나'를 찾는 것, 두 번째 단계는 애써 찾은 '몸 나'를 버리는 것….

그런 의미에서 무위는 블랙홀과 닮았다. 첫째, 무위는 안 보인다. 오감으로 직접 접촉되지 않는 것이다. 블랙홀 또한 빛마저 삼켜 버리기에 시각으로 확인할 수 없다. 둘째, 하지만 '거기'에 있다. 셋째, 안 보이기 때문에 '거기' 있음을 주변 정황으로서만 알 수 있다. 넷째, 무위는 가믈다(玄) = 깊다. 그래서 가믈고 묘한 길, 즉 현묘지도 (玄妙之道)라 할 수 있다. 블랙홀을 현묘지도라 하기엔 다소 억지스럽지만 아무튼 '검고 깊다'는 점에서는 같다. 다섯째, 무위는 욕심이 없다. 블랙홀이 주변 물질을 끝없이 빨아들인다는 점에서 무위와는 반대로 욕심이 지극히 많아 보인다. 은하계 중심에 거대 블랙홀이 있는 것 같다는 글을 읽은 적이 있다. 블랙홀은 별의 죽음뿐 아니라 생성에도 깊이 관여하고 있다고 한다. 즉, 블랙홀 자체는 욕심이 없고 단지 생성과 소멸을 순환하는 통로 역할만 하고 있을 뿐, 무위와 마찬가지로 자의식과 집착이 낳는 욕심 같은 것은 없다고 봐도 될 것 같다.

이 길을 잘못 들어서면 없음과 비어있음을 구별 못하고, 허(虛) = 무(無)라고 착각, 허무(虛無)의 늪에 빠질 수 있으므로 조심해야 한다. '그것'은 열고 나면 비어 있기 때문에 처음엔 충격적이다. 보물 상자를 열었는데 보물은 없고 텅 빈 것을 보는 것과 같다. 판도라의 상자를 잽싸게 닫아 겨우 하나 남은 게 '희망'이라는 데, 내가 그걸 다시 열었으니 희망마저 날아가 버린 것이다. 사실 '텅 빈 그것'이 진짜 보물임을 알면 옛 사람들이 부득이하게 언어를 써 '공(空)'이라 했던 의미에 조금은 다가간 것이라고 봐도 되지 않을까? 큰 빔, 허공(虛空),

곧 태허(太虛)를 본다. 근데 얼마 안 가 까먹는다. 하지만 한 번 봤으니 갈 길은 안 것이다. 오감으로 접촉되지 않는 '그것'을 써 움직이면 무위를 깨닫는다. 무위의 이치를 알아 '잘 하려는 마음'에서 비롯된 '쓸데없는 짓'을 하지 않으면 몸은 자연(自然), 곧 저절로 움직인다.

도(道)는 같은 길을 매일 왔다 갔다 하는 짓이다. 덕(德)은 길 가는 짓을 되풀이한 덕분으로 쌓인 무엇이다. 덕의 성질이 참 묘한 것 같다. 쌓인 것도 맞고 안 쌓인 것도 맞다.

찻잔에 물을 부으면 바로 물이 찬다. 누구든 당연히 그렇게 생각할 것이다. 그런데 찻잔이 찰랑찰랑할 만큼 물을 부었더니 주전자 크기로 커졌다. 주전자가 찰랑찰랑할 만큼 물을 부었더니 이번엔 솥만큼 커졌다. 다시 물로 솥을 가득 채웠다고 여긴 순간 그 크기가 욕조만큼 커진다. 보통 여기에서 대부분 포기해 버린다. "언젠가 물을 가득 채우겠다"는 목표를 세우고 힘을 다해 물 붓다가 제풀에 지쳐 포기해버리기도 하고, 몇몇은 목표를 잊고 빠르지도 느리지도 않게 묵묵히 물 붓는 행위를 반복한다. 주위에서 "물 붓는다고 돈이 나오냐, 밥이 나오냐" 빈정대도 물 붓기를 멈추지 않는다. 복리 이자는 돈이 적을 땐 별 차이가 없지만, 돈이 쌓이는 양만큼 불어나는 속도도 가속적으로 빨라진다. 덕이 쌓이는 것도 이와 같아 물 붓기가 맨 날 제자리에 머물러 있는 것처럼 보여도 임계점을 넘어서는 순간 까마득해 보였던 통 안에 순식간에 물이 가득 찬 것을 보는, 일생일대의 신비를 체험한다.

머지않아 통 크기는 다시 늘어난다. 가득 찼던 물이 다시 텅 빈 것처럼 보이지만, 그래도 바닥엔 물이 차 있는 게 보일 것이다. 덕(德)이란 채워도 채워도 다 채울 수 없는 찻잔이다. 찻잔은 무한대로 커진다. 그러므로 덕은 채우는 것이지만, 또 빈 것이란 역설을 그 때 이해했다. 좀 거하게 얘기하자면, 찻잔 속에 브라흐만(brahman)이 있고, 브라흐만을 압축하면 찻잔 속에 다 들어간다.

게으른 새

뭔가 한 가지를 열심히 부단히 하는 걸 일본말로 '잇쇼켄메이($^-$ 所懸命)'라 한다. 본래는 봉건시대 주군(主君)이라 부르던 윗사람으로부터 하사 받은 땅을 목숨 걸고 지킨다는 의미라고 한다. 일본 드라마에 이 말이 지금도 종종 나오는 것으로 보아 오늘의 일본인들도 이 개념을 좋게 생각하는 것 같다. 그러나 나는 이런 정서에 쉽게 공감되지 않는다. 이런 식으로 열심히 했다가는 얼마 못가 포기하게 될 확률이 더 높지 않겠는가.

사랑과 냄비는 확 타올랐다 금방 식는다.
정(情)과 가마솥은 천천히 타올라 오래 간다.

만화 〈허리케인 죠〉의 주인공처럼 남김없이 새하얗게 불태우는 법을 깨우친 사람이라면 단판승부, 곧 돈오돈수(頓悟頓修)로써 즉시 열반을 취할 수 있을지 모르지만, 난 그런 재능이 없을 뿐더러 그렇게 지독하고 싶지가 않다.

인간의 일상은 게으르게 사는 게 맞는 것 같다. 게으른 대신 꾸준한 게 좋은 것이다. 10년 전에도, 지금도, 10년 후나 20년 후가 되어도 중단하지 않는 게 훨씬 더 가치 있는 일일 것이다.

높이 나는 새가 멀리 보고,
게으른 새가 높이 난다.

쿼터 턴

쿼터 턴은 단순한 스텝이 아니라
실상은 땅고를 포함하여 모든
더불어춤 스텝의 뿌리라고 할 수 있을
만큼 중요한 동작이다. 더불어춤이란
풋 체인지와 쿼터 턴 스텝의 응용과
변형에 다름 아니라고 해도 과언이
아니다.

네 개의 몸 언어(Body Language)

한국 사람과 일본 사람은 외모가 비슷하다. 하지만 드라마나 영화를 보면 그 정신세계는 매우 다르다는 걸 알 수 있다. 내가 주목한 한 가지는, 일본 사람은 자신에게 주어진 일이라면 아무리 하찮아 보여도 노력에 노력을 아끼지 않고 연마하는 장인정신을 높은 가치로 알고 존중하는 태도이다. 그들은 일제강점기를 거치며 전통이 단절된 우리와 달리 몇 대에 걸쳐 전통을 이어간 가문이 많다. 일본엔 이런 식으로 전승되어온 '형태' 또는 '형식'이 많은 것 같다. 이렇게 확실히 눈에 보이는 전통유산들로 인해 일본문화가 세계에서 잘 팔리는 것이다. 그러나 전통을 잇는다는 소명의식이 지나치면 앞 세대로부터 물려받은 형식과 절차를 '절대' 못 버리는 집착의 함정에 빠져버릴 수도 있다.

한국은 일본과 같은 눈에 확 띄는 형식주의가 별로 없는 것 같다. 예를 들어 '도깨비'란 말은 있으나 이를 가리키는 구체적 형상이 없듯, 본질적으로 무형의 형을 좋아하는 정서가 있는 것 같다. 형식주의에 집착하거나 속박되지 않는 점은 좋은데, 그러다보니 가치 있는 것도 별것 아닌 것으로 간주, 소홀히 하다 단절되는 사례가 꽤나 많았을 것 같다. 아리스토텔레스에 따른다면, 질료를 담을 형상을 너무 무시하는 것이다. 하지만 이제 필요해졌다고 없는 형상을 억지로 만들면 유치한 결과밖에 나타나질 않는다. 광복 이후 수십 년간 다방면에서 이 짓을 해왔지만 기존의 것들과 비교해 청출어람이 뭐가 있는지 의문이다.

역사와 유물에서 발견되는 한국적인 것은 형식보다 질료이다. 즉 한국의 진짜 자산은 '접착제'였던 것이다. 도깨비가 있지만 눈에 보이지 않는 이유도 명백하다. 접착제를 볼 눈이 없는 이에게 도깨비는 보이지 않는다. 접착제를 볼 눈이 있는 사람은 도깨비가 본래 무엇이었는지 공감할 수 있다. 무형의 형이라는 건 곧 형식주의의 해체를 통해 드러난다.

'그것'이 작용하고 있으나 '거기'에는 정작 아무 것도 없다는 점에서 불교의 공(空) 사상과 통한다. 없는데 있고 있지만 없는 '그것'에 군이 이름을 붙여 도(道)라 하였다면 도가(道家) 철학과 통한다. '그것'은 원래 '거기'에 있었으나 볼 눈이 없고 들을 귀가 없어 몰랐던 것뿐이다. 메타노이아(metanoia), 즉 마음을 돌리는 순간 바로 '그것'을 볼 수 있다.

지금 대략 말한 것들은 내가 지난 몇 년 사이의 각성을 통해 겨우 알게 된 접착제다. 오늘날 한국문화라 일컫는 것들 중에는 접착제를 등지고 형식주의의 함정에 빠진 것들이 꽤 있다. 나아가 정체를 알 수 없는 '원형(原形)의 틀' 속에 가두어 버린 뒤 '이것이 원조이고 저것은 가짜다' 라며 갈수록 심한 배타성을 띠어가고 있는 것이다.

접착제는 아무거나 갖다 붙이는 대로 원본과 비슷한 듯 다른 게 된다. 마찬가지로 내가 설명하고자 하는 더불어춤의 겉모습은 분명 아르헨티나 땅고이지만 보는 이에 따라 땅고가 아닌 듯 보일수 있을지 모른다. 특히 홀드(hold)는 반드시 이렇게 해야만 한다는 둥, 스텝을 놓는 위치, 각도, 동선 등등에 대한 집착이 강하면 강할수록 더 그렇게 느낄 것이다. 하지만 땅고란 두 사람 사이에 몸을 통하여 소통하고 교감하는 법을 체득하기 위한 도구이자 방편일 뿐이다. 더불어춤에서는 남들 눈에 멋있게 보이도록 고안된 스텝, 곧 본질과는 관계없는 장식에 불과한 움직임들을 거의 다 제거하고 핵심만 남겨 두었다. 땅고는 '사람과 사람 사이에 섬이 있다' 는 저 유명한 시구에 등장하는 바로 그 '섬' 에 가기 위한 뗏목일 뿐이다. 뗏목을 예쁘게 장식하는 게 무슨 의미가 있는가?

홀드한 상태로 두 사람이 함께 걷는 건 혼자걷기에 비해 불편하다. 그러나 불편하기 때문에 코어[核]를 깨달아 섬세한 몸 힘 쓰는 법을 익히는데 좋은 방편이 될 수 있기도 하다. 평소 그냥 걸을 땐 아무 것도 아니었지만, 걷기에는 인간이 몸으로 움직일 때 필요한 모든 요소가 들어 있다. 두 사람이 생각을 주고받을 때 언어를 이용하듯, 두 사람이 마주 걸으며 소통과 교감을 체험하기 위해선 그에 합당한 몸 언어가 필요하다. 핵심 되는 네 가지 몸 언어가 있다.(이 이론은 나의 창작이 아니다. 중국 무술 태극권에 있는 것을 수정 없이 거의 그대로 차용했다. 무술과 춤은 겉으로 드러난 모습은 크게 다르지만, 둘 다 인간의 몸을 연구대상으로 삼아 무엇이 바른 움직임인가에 대해 동일한 결론에 다다랐다는 증거의 하나로 봐도 되지 않나 싶다.)

(1) 프레스(Press)

지구상의 물체는 모두 중력의 지배를 받는다. 앞의 '걷기' 편에서 설명하였듯, 잘 걷기 위해서는 중력에 저항하기를 포기하고 중력의 성질을 잘 이용할 줄 알아야 한다. 그 비결은 이제껏 강조 또 강조한 '체중을 온전하게 놓을 줄 아는 것'이다. 체중을 온전하게 놓으면 '몸 나'가 지구를 향해 작용을 가한다. 그럼 지구는 반작용이라는 응답을 준다. 이 반작용으로 인해 저절로 척추가 올바르게 펴진다. 이 것을 이용할 줄 몰라 스스로 척추를 펴려고 하면 경직이 온다.

지구와 몸 나 사이에 작용 / 반작용을 주고받듯, 두 사람이 홀드를 하는 순간 동일한 현상이 그 사이에서 일어난다. 이것을 프레스(Press)라고 한다. 홀드는 두 사람이 양 팔을 맞잡은 채 우두커니 서 있는 듯 보이지만, 실제로는 '낙하와 회복' 편에서 설명한 낙하 개념을 이용하여 서로가 서로에게 기대듯 서 있는 것이다. 또 더불어춤을 출 때 두 사람이 홀드를 하고 이동하던 중 멈춤이 발생했을 때 이것을 순수하게 움직이지 않고 있다고 착각하는데, 실제로는 몸 힘(=척추 펴기 + 등 펴기)을 써 서로가 서로를 지긋이 압박하고 있는 것이다. 두 사람 사이 미는 힘이 균형을 이루고 있기 때문에 움직임이 일어나지 않고 있을 뿐, 두 사람 사이에는 기분 좋은 긴장감이 존재한다. 홀드를 한 순간 이미 두 사람 사이에는 어떤 흐름이 발생한다.

척추펴기 및 등펴기를 온전히 갖추어야만
올바른 프레스가 가능

(2) 푸시(Push)

프레스 상태에서 두 사람 사이 간격이 가까워지면, 다시 말해 어느 한 쪽이 무게중심을 앞으로 전진하면 프레스 강도가 증가할 것이다. 이 압박감을 해소하기 위해서는 전진한 사람이 다시 원래 위치로 되돌아가거나 상대방이 뒤로 밀리며 후진을 하거나 두 가지 방법밖에 없다. 용수철을 누른 뒤 다시 원상태로 복귀할 때 튕기는 힘이 발생하듯, 두 사람 사이에서 증가한 프레스도 비슷한 방식으로 해소된다. 이것을 푸시(Push)라 한다. 푸시는 프레스가 증가한 뒤 이것이 해소되는 과정, 곧 프레스 & 릴리즈(Press & Release)인 것이다.

프레스가 천천히 증가하면 릴리즈 또한 천천히 해소된다. 당연히 푸시가 발생하는 과정 또한 느리게 진행되어 물이 위에서 아래로 흐르듯 자연스럽게 한 쪽이 무게중심을 이동한 거리만큼 다른 쪽이 밀려가는, 두 사람이 함께 걷는 모습이 된다. 프레스 할 때 팔 힘을 쓰지 않았듯 이때에도 두 사람은 팔 힘으로 상대를 밀고 밀리지 않아야 한다. 세상 모든 운동과 마찬가지로 팔 힘을 쓰는 건 더불어춤에 서 있을 수 없다. 걷고 있는 두 사람이 마땅히 취해야 할 것은 등 펴기를 유지하며 무게중심을 이동시키는 것뿐이다.

프레스가 빠르게 증가하면 릴리즈도 빠르게 해소된다. 이때 푸시 또한 강하게 일어나 상대방이 튕겨나가듯 뒤로 밀린다. 하지만 두 사람은 홀드를 하고 있는 상태이므로 무한정 뒤로 밀려나가지 못하고 요요처럼 다시 되돌아온다. 되돌아오는 쪽은 관성으로 인해 갑자기 정지하지 못하고 다시 상대를 향해 새로운 반작용, 즉 프레스를 가하게 된다.(뒤에 나올 '볼레오(boleo)' 동작이 이 개념을 응용한다)

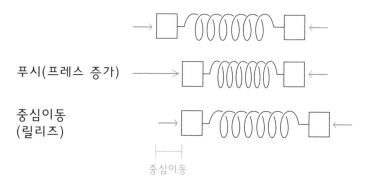

푸시(프레스 증가)

중심이동
(릴리즈)

중심이동

(3) 워드오프(Ward-off)

프레스가 강해진다고 두 사람의 몸이 완전히 밀착되어서는 안 된다. 홀드한 두 사람 사이에는 서로 침범해서도 안 되고 침범 당해도 안 되는 나의 영역과 상대의 영역이 있다. 이 영역을 침범해 들어가거나 침범 당하게 되면 즉시 조화가 깨진다. 상대에게 밀려 후진하는 사람은 대책 없이 무기력하게 밀리면 안 된다. 전진하는(=forward) 사람이 내 영역을 침범하지 못하도록(=off) 몸 힘을 써 일관되게 저항해야 하는 것이다. 이것이 워드오프(Ward-off)다.

더불어춤에서 후진하는 사람이 반드시 유의해야 할 것은 전진하는 사람한테 밀려 팔꿈치가 몸통 뒤로 빠지지 않도록 하는 것이다. 그러나 팔 힘을 써서 그렇게 한다면 실격, 반드시 배근 및 활배근을 이용하여 그렇게 해야 한다. 배근 및 활배근을 쓰는 요령이 곧 등 펴기에 해당하므로 결국 후진하는 사람이 마땅히 취해야 할 것 또한 전진할 때와 동일하다. 등 펴기를 유지하며 무게중심을 이동시키기가 전부다.

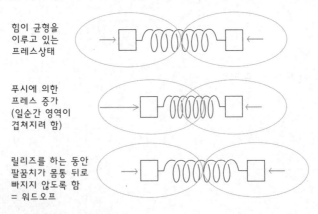

(4) 롤백(Roll Back)

워드오프의 응용이자 뒤에서 설명할 쿼터 턴에서 꼭 필요한 개념이다. 정직하게 전진 또는 후진할 때 두 사람 사이 중심축은 서로를 마주보고 있다. 만약 한 사람의 중심축이 정상적인 위치에서 벗어나게 되면 이로 인해 턴$^{(turn)}$ 동작으로 이어진다. 후진하는 사람이 워드오프를 유지한 상태로 중심축을 살짝 측면으로 이동하는 롤백을 하면, 전진하던 사람의 몸은 '걷기' 3단계에서 설명한 스윙$^{(swing)}$을 하기 쉬운 상태가 된다. 이로 인해 후진하는 사람 주변으로 저절로 턴$^{(turn)}$ 동작이 일어난다.

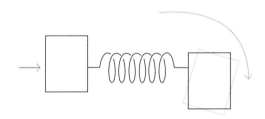

중심축이 살짝 벗어난 것에 의해
롤백이 일어남

홀드(Hold)

　무술 수업에서 학생들 움직임이 흐느적거리고 무기력할 때 선생이 "지금 춤 추냐?"고 핀잔을 준다. 반면 무용 수업에서 학생들의 몸이 경직되고 움직임이 딱딱한 경우 "지금 무술 하냐?"고 핀잔을 준다. 무슨 뜻으로 이런 말을 하는지는 알겠으나 엄밀히 말해 모두 틀린 말이다. 흐느적대는 움직임이 춤이 아니듯, 경직되고 딱딱한 동작 또한 무술이 아니기 때문이다. 이완을 잘 못 이해하면 무기력해지고, 긴장을 잘 못 이해하면 경직된다. 몸 힘을 쓸 줄 알면 바르게 긴장과 이완 사이를 넘나들 수 있지만, 몸 힘을 쓸 줄 모르면 무기력하거나 경직될 뿐이다. 따라서 무술 선생과 춤 선생이 지적하고자 했던 바는 "왜 몸 힘을 안 쓰고, 팔(또는 다리)힘을 쓰는가?"다.

　피아노는 '피아노포르테(pianoforte)'에서 포르테가 생략된 것이다. 구조적으로 강약 조절이 불가능한 하프시코드와 달리 피아노에서 포르테에 이르는 다양하고 섬세한 표현이 가능하기 때문이다. 사람들은 건반을 살살 누르면 피아노이고, 쾅쾅 누르면 포르테일 것으로 오해하지만, 피아니스트는 결코 그렇게 연주하지 않는다. 섬세한 몸 힘을 써서 건반을 누르면 피아노이고 큰 몸 힘을 써서 누르면 포르테일 뿐, 몸 힘을 써서 건반을 누른다는 점에서 피아노와 포르테는 근본적으로 같다.

땅고는 더불어춤이므로 두 사람이 서로의 팔을 맞잡고 있는 상태에서 움직여야 한다. 이것을 '홀드(Hold)'라고 하는데, 홀드 곧 '잡는다'는 걸 오해하여 상대의 팔을 꽉 쥐는 짓은 절대로 하지 않아야 한다. 명백하게 팔 힘을 쓰고 있다는 증거이다. 팔 힘을 쓰는 건 무조건 틀렸다고 하고 싶을 만큼 그렇게 하면 안 된다.

상대의 팔을 맞잡는다는 점에서 땅고와 유도는 비슷하다. 앞에서 든 예대로 경직된 자세로 홀드 하는 걸 지적하여 "유도하냐?"고 말할 수 없다. 둘 다 몸 힘을 쓰는 운(運) + 동(動)이기 때문이다. 다만 땅고에서 필요한 힘은 섬세한 몸 힘이고, 유도에서는 큰 몸 힘을 필요로 한다는 차이가 있을 뿐이다. 땅고와 유도 모두 맞잡은 팔을 통해 상대로부터 들어오는 여러 가지 정보들, 곧 좌우균형, 중심이동, 코어 회전, 근육의 쓰임새 등등을 읽어낼 줄 아는 몸 감각이 중요하다. 그 정보들을 이용하여 상대의 중심을 빼앗아 넘어뜨리는 것이 유도이고, 그 정보들을 이용하여 상대가 중심을 잃지 않고 편안하게 움직일 수 있게 하는 것이 땅고다. 상대의 중심을 무너뜨리기 위해서도 상대의 몸짓을 읽을 수 있어야 하고, 조화를 이루며 음악에 맞추어 움직이기 위해서도 상대 몸짓을 읽을 수 있어야 하는 것이다. 땅고와 유도는 전혀 공통점이 없을 것 같지만, 사실은 같은 뿌리에서 나온 두 가지에 불과하다.

(1) 홀드와 아브라쏘

바른 홀드란 바르게 척추를 펴고(=몸을 세로로 펴고) 바르게 등을 펴는(=몸을 가로로 펴는) 것이다. 양 팔은 팔 근육을 써서 드는 게 아니고 견갑골 주변 근육을 써서 마치 부력에 의해 저절로 뜨는 느낌으로 들려 올려지는 것이다. 견갑골은 활배근으로 이어지고, 활배근은 파워하우스를 사용하게 하고, 파워하우스의 깊은 곳에 몸의 중심, 곧 코어[核]가 자리 잡고 있다.

몸을 세로로 펴고 가로로 펴면 몸 전체가 풍선처럼 모든 방향으로 늘어난다. 늘어난 풍선은 공간을 압박한다. 맞잡은 두 사람끼리는 이 압박감을 강하게 느낀다. 이것이 몸과 몸 사이 소통의 첫 번째 단서이자 교감의 시작이다. 남성이 리드(lead)를 잘하는 비결, 여성이 팔로우(follow)를 잘하는 비결 같은 건 없다. 늘어난 풍선을 쭈그리지 않고 잘 유지하면서 중심이동하고 코어를 회전시킬 줄 알면 된다.

두 사람이 홀드를 하는 방법은 남성은 왼손으로 여성의 오른손을 맞잡고, 오른손은 여성의 견갑골에 가 닿는다. 여성은 오른손으로 남성의 왼손을 맞잡고, 왼손은 남성의 어깨 아래 팔 위에 얹는다. 몸을 늘린 상태이므로 남성의 오른손이 여성을 당기는 일은 일어날 수 없다. 같은 이유로 여성의 양 팔꿈치가 몸통보다 뒤로 빠지는 일도 일어날 수 없다. 그런데 지금 설명한 것은 땅고의 일반적인 홀드 방법이 아니다. 이른바 '정통 아르헨티나 땅고'에서는 아래 그림과 같이 홀드를 취하는 경우가 많으며, 용어도 홀드(hold) 대신 아브라쏘(abrazo)라고 한다.

'아브라쏘'는 포옹(embrace, hug)이란 뜻이다. 즉 맞잡기 자체가 껴안는 것이다. 나는 이 아브라쏘를 몇 가지 이유로 반대한다.

첫째, 아브라쏘는 한국인 정서에 잘 맞지 않는다.
서양 사람들은 신체접촉에 대한 부담감이 한국 사람들보다 훨씬 덜하다. 일상적 인사가 부둥켜안거나 뺨을 맞대고 뽀뽀하는 시늉이지 않은가? 한국에서는 보통 떨어져서 목례를 하는 편이고, 그나마 서양에서 들어 온 관습도 악수 정도가 용납된다. 서양 사람들이 땅고를 추기 위하여 아브라쏘를 하는 것은 정서적으로 그렇게 이상하지 않다. 그러나 '정통' 땅고의 본고장이자 '원조'인 아르헨티나에서 이렇게 추니 우리도 무조건 그렇게 해야 한다고 강요한다면 불편함을 느끼지 않을 한국 사람이 몇 명이나 되겠는가? 굳이 한국에서까지 이걸 꼭 따라해야만 할 이유는 없다고 본다.

둘째, 아브라쏘가 더 등급이 낮은 맞잡기 방식이다.

한국에서 땅고를 가르치는 사람들도 아브라쏘를 안 하고 떨어져 추어도 상관없다고 말한다. 그러나 그것은 초보의 경우에만 한한다. 어느 정도 단계에 올라가면 아브라쏘 하는 것을 당연히 여기는 것이다. 따라서 누구라도 홀드는 초보자용이고, 아브라쏘가 숙련자용이라고 여기게 될 것이다. 그런데 사실은 그렇지가 않다. 아브라쏘를 하고 추는 것이 더 쉽고, 홀드를 하고 추는 것이 더 어렵다. 아브라쏘는 몸이 밀착되어 있기 때문에 척추 펴기, 등 펴기를 굳이 하지 않아도 움직임이 상대에게 직접적으로 전달되기 때문이다. 이에 반해 홀드는 팔을 통해서만 움직임이 상대에게 전달된다. 몸 안 코어[核] 쓰는 법을 확실히 모른다면 몸 힘이 팔을 통해 상대에게 전달될 수가 없다. 따라서 아브라쏘를 하고 추는 사람이 초보이고, 홀드를 하고 추는 사람이 훨씬 잘 움직일 줄 아는 것이다. 더구나 이 책은 땅고를 잘 추기 위한 댄스 교본이 아니라 명상적 움직임, 곧 코어를 써서 잘 움직이는 법을 익히기 위한 방편으로 땅고를 택했다. 중요한 것은 코어를 더 깊게 깨닫는 것이지 땅고 댄스 자체가 아니다.

셋째, 일관되게 척추를 바르게 펴고 있기가 불편하다.

많은 이들이 아브라쏘를 하고 있는 자세를 보면 엉덩이를 뒤로 삐쭉하게 빼고 있다. 움직임 또한 여성이 남성에게 지나치게 기댄다. 심지어 거의 매달리기까지 한 모습으로 땅고를 춘다. 보고 있는 내가 다 불편하다. 이런 좋지 않은 자세가 자주 눈에 띄는 이유도 명백하다. 지나친 밀착으로 서로 침범하지 말아야 할 영역의 선을 넘어버렸기 때문이다. 이런 모습은 '한 개의 심장과 네 개의 다리'가 아니라 사공이 많아 배가 산으로 가버리는 격이다.

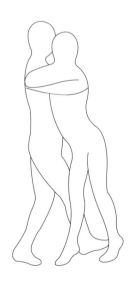

넷째, 회전 시 원심력을 충분히 이용할 수 없다.

더불어춤의 특성상 남성을 축으로 하여 여성이 주변을 회전하는 움직임이 자주 등장하는데, 이때 당연히 원심력과 구심력이 발생한다. 그래서 두 사람의 상체는 원심력의 작용에 의해 각자 바깥쪽으로 약간 기울어짐을 느끼게 된다. 그 결과 우아하고 자연스러운 움직임이 저절로 생겨난다. 그런데 상체를 지나치게 밀착시킨 아브라쏘를 한 경우 원심력을 충분히 활용하기 어렵다.

물론 아브라쏘 나름의 장점이 있다고 주장할 이도 있을 수 있으나, 현재 내가 확신하고 있는 바른 움직임에서는 이것이 잘 부합되지 않는다. 더구나 나와 타자 사이의 소통을 중시하는 더불어춤과도 맞지 않는다. 결론적으로 내가 바람직하다고 보는 기본적인 홀드는 앞에서 설명한 그런 단순, 담백한 모습일 수밖에 없다.

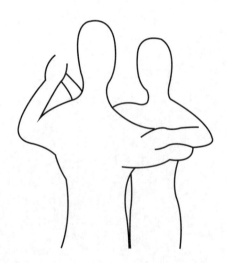

두 사람은 양 팔을 통해 교감의 첫 번째 기본요소인 프레스(press)를 느끼고 있는 상태이어야 한다. 남녀가 양 팔을 좌우 대칭되게 맞잡으면 균형을 유지하기가 편리할 것이다. 반면 홀드는 오른팔과 왼팔 잡는 방법이 비대칭이므로 준비 자세에서부터 미묘한 '비틈'이 일어난다. 아직 움직이기도 전인 홀드에서부터 걷기 4단계에 해당하는 높은 수준의 이해를 요구하고 있다는 경악할 사실! 게다가 이제는 혼자가 아니므로 상대로부터 전달되어 온 반작용을 고려한 매우 복잡다단한 비틈을 이해해야만 한다.

(2) 작용 / 반작용

'걷기' 편에서 설명하였듯 남성이 체중을 오른발에 두고 왼발을 앞으로 '준비'하고자 하면 코어〔核〕는 반시계방향으로 회전한다. 그런데 남성은 혼자가 아니고 여성과 홀드를 한 상태이므로 남성이 회전하는 것을 여성이 가로막고 있다. 지구와 몸 사이에 작용 / 반작용이라는 상호작용이 일어나는 원리와 비슷하게 남성이 코어를 반시계방향으로 회전시키면 여성으로부터 전달되어 온 반작용에 의해 명치 위쪽 상체는 시계방향으로의 회전이 동시에 일어나게 되는데, 이것이 '비틈'이 일어날 수밖에 없는 기본원리다. 따라서 몸은 작용만 있는 것도 아니고 반작용만 있는 것도 아닌 상태의 두 힘이 남성 안에 공존하게 되어 팽팽한 긴장감을 유지할 수 있는 것이다.(=프레스) 또한 시선은 여성의 정면이 아닌 비스듬한 방향 너머 무한대를 향하게 된다.

본래 여성은 코어 회전을 하지 않고 있는 상태다. 남성이 체중을 오른발로 옮기니 여성의 체중은 남성을 따라 왼발에 놓인다. 또한 남성이 반시계방향으로 코어를 회전하기 시작하니 힘의 균형을 유지하기 위해 여성은 이에 저항하여 코어를 시계방향으로 회전시킨다. 한편에서는 남성으로부터 미는 힘을 받고 한편으로는 남성의 힘에 저항하기 위해 코어를 회전시킨다. 이로 인해 여성 또한 작용만 있는 것도 아니고 반작용만 있는 것도 아닌 상태의 두 힘이 몸 안에 공존하게 되어 팽팽한 긴장감을 유지할 수 있는 것이다.(=프레스) 이 모순에 의해 여성의 명치 위쪽 상체는 반시계방향으로 자연스러운 '비틈'이 일어나며 동시에 오른발이 뒤로 준비된다. 또한 시선은 남성의 정면이 아닌 비스듬한 방향 너머 무한대를 향하게 된다.

결과적으로 두 사람의 모습은 기본적인 홀드를 하고 있는 것과 별로 다를 바 없지만, 두 사람의 실제 느낌은 아래 그림에 더 가깝다.

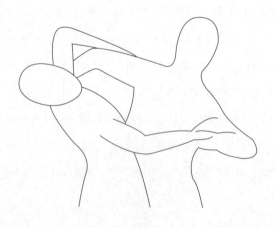

주의해야 할 것은 작용 / 반작용이 위 그림에서처럼 겉으로 드러나는 모습이 아니라는 것, 오직 홀드한 상대만이 알 수 있는 섬세한 느낌이란 사실이다. 코어 회전의 원리를 깨달은 사람에게는 그 미묘한 차이를 찾아낼 수 있겠으나 보통 사람이 봤을 땐 그저 홀드하고 있는 것으로밖에 안 보인다. 보통 '댄스 스포츠'라 불리는 커플 댄스에서 위와 같은 모습이 당연시되고 있는 건 댄스 + 스포츠, 곧 댄스로 남과 겨루어야 하는 선수용 춤이라는 특수상황 때문이다. 심사위원과 관중에게 조금이라도 더 띄어야만 하므로 당연히 과장된 포즈를 취하지 않을 수 없다. 더불어춤에서는 상대와의 교감만 중시할 뿐 남의 시선을 끌기 위한 몸짓과 장식에 불과한 동작들은 하지 않는다.

한편 남성이 오른발 후진, 여성은 왼발 전진을 위한 '준비'는 체중놓는 발이 바뀌었을 뿐 논리는 동일하다. 남성은 오른발을 후진하기 위한 '준비'를 하기 위하여 체중을 왼발에 얹는다. 그리고 코어를 반시계방향으로 회전시킨다. 두 사람은 홀드를 한 상태이기 때문에 남성이 회전하는 것을 여성이 가로막고 있다. 이로 인해 상체는 회전방향이 시계방향으로 바뀌며 '비틈'이 일어난다.

본래 여성은 코어 회전을 하지 않고 있는 상태다. 남성이 체중을 왼발로 옮기니 여성의 체중은 남성을 따라 오른발에 놓인다. 또한 남성이 반시계방향으로 코어를 회전하기 시작하니 힘의 균형을 유지하기 위해 여성은 남성의 회전에 저항하여 코어를 시계방향으로 회전시킨다. 한편에서는 남성으로부터 미는 힘을 받고 한편으로는 남성의 힘에 저항하기 위해 코어를 회전시킨다. 상반된 두 힘이 여성 안에 공존한다. 이 모순에 의해 여성의 상체는 반시계방향으로 자연스러운 '비틈'이 일어난다.

여기에서 중요한 것 한 가지. 방금 설명한 두 사람 사이에서 일어나는 '비틈'을 그대로 따라해 본다고 십중팔구 제대로 될 리는 없다. '비틈'은 일부러 하려고 한 것이 아니라 홀드를 하고 있는 두 사람 사이 힘의 균형을 유지하려는 과정에서 자연 그러하게 된 결과일 뿐이다. 흉내 내려고 하면 할수록 집착만 커지고 오히려 길에서 벗어난다. 코어 회전원리를 머리로 이해하고 반복을 통해 몸이 그것을 받아들이고 나니 저절로 그렇게 될 수밖에 없는 유일한 길이었던 것이다. 즉 '나'는 '비틈'을 하지 않았다. 그런데 저절로 '비틈'이 일어났다. 바꿔 말해 저절로 '비틈'이 일어나지 않았다고 억지로 조작하면 안 된다. 잘 안 되거든 이 개념을 잊고 오로지 척추 펴기와 등 펴기만을 생각하는 것이 좋겠다. 마중물을 부어야 펌프에서 물이 나오듯, 때를 기다릴 줄 아는 인내가 필요한 것이다.

지금까지 남성 전진시 왼발을 앞으로, 여성은 오른발을 뒤로, 남성 후진시 오른발을 뒤로, 여성은 왼발을 앞으로 '준비'하는 모습을 설명하였다. 그럼 전진시 남성은 오른발을, 여성은 왼발을 준비하는 것도 가능할 텐데 관습적으로 춤을 출 때 대부분 남성이 왼발을 전진하는 경우가 압도적으로 많다. 실제 더불어춤을 추다 보면 그럴 수밖에 없는 이유가 있다. 더불어춤은 여러 사람이 같은 장소에서 즐기기 때문에 중구난방으로 움직이면 심하게 부딪히게 되므로 동선(=LOD, Line of dance)을 반시계방향으로 대부분 확정해 놓았다. 남성이 항상 왼발을 먼저 전진시키는 이유는 이처럼 반시계방향으로 움직일 때 유리하기 때문이다. 당연히 후진인 경우 남성은 오른발을 뒤로, 여성은 왼발을 전진시키는 게 유리하다. 남성이 오른발부터 앞으로 나아가는 경우는 전진이 아니라 쿼터 턴이나 내추럴턴을 해야 할 때 그렇게 한다. 만약 동선이 시계방향이었다면 당연히 전진할 땐 남성의 오른발을, 후진할 땐 왼발을 먼저 전진시키는 게 편리하다.

전진, 후진, 옆으로

홀드 상태에서 프레스(press), 즉 힘의 균형을 이루고 있다가 의도 적으로 그것을 무너뜨림으로써 전진 또는 후진 움직임이 시작된다. 균형을 무너뜨리는 역할은 항상 리드(lead)를 맡고 있는 남성이 해야 한다. 프레스 상태에서 강도를 높이면 남성은 푸시(push), 여성은 워드 오프(ward-off) 상태로 바뀌어 '남성 전진 = 여성 후진' 이 시작된다. 반대로 강도를 낮추면 남성은 워드오프, 여성은 푸시 상태로 바뀌어 '남성 후진 = 여성 전진' 이 시작된다.

1. 힐 & 토

제일 먼저 해야 할 연습은 기본 중의 기본 혼자걷기 1단계인 전 진할 때 '힐 & 토', 후진할 때 '토 & 힐' 만을 이용한 걷기다. 이 단 계에서는 앞에서 설명한 '비틈' 을 이용한 홀드를 잠시 잊도록 한다. 물론 '비틈' 은 무위자연에 접근하기 위한 길이긴 하지만, 그것이 담 고 있는 역설을 즉시 이해하고 몸으로 체득하기는 대단히 어렵다. 땅 고 댄스를 시작하기도 전 터무니없이 높은 허들이 앞에 놓인 것과 같다. 그러니 처음엔 유위부자연(!)한 차선책을 제시하지 않을 수 없겠다. 즉 코어 회전은 무시하고 척추를 펴고, 양 팔꿈치가 몸통 뒤로 빠지지 않도록 주의하여 홀드를 한 다음, 시선은 상대의 어깨 너머를 바라본다. 그리고 오로지 척추 펴기와 등 펴기에 의해 상체가 바르게 선 상태를 일관되게 유지하는 것에만 집중한다.

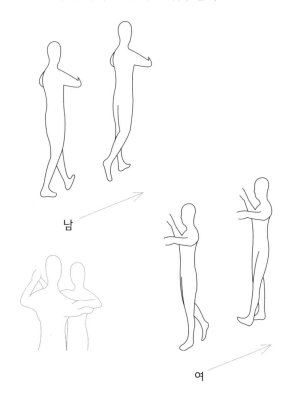

남

여

1) 준비 - 남성과 여성 모두 프레스(Press)에 의한 긴장감 있는 홀드를 유지한 채 척추를 편다.

남성은 (부득이하게 다리 힘을 써) 왼발을 미리 앞에 두어 '준비' 한다.

여성은 (부득이하게 다리 힘을 써) 오른발을 미리 뒤에 두어 '준비' 한다.

2) 1보 - 남성의 몸통이 앞으로 이동하는 만큼만(=푸시) 여성의 몸통이 저절로 뒤로 밀린다.(=워드오프)

몸통이 이동하는 동안 남성의 발은 힐 & 토, 즉 뒤꿈치에서 순차적으로 앞꿈치가 땅에 닿고 여성의 발은 토 & 힐, 즉 앞꿈치에서 순차적으로 뒤꿈치가 땅에 닿는다.

혼자 걸을 때와 마찬가지로 몸통은 이동하지 않고 발 모양만 힐 & 토, 또는 토 & 힐로 가는 건 잘못이다. 남성이 움직이지 않았는데 여성이 먼저 움직이는 것도 잘못이다. 무엇보다 중요한 건 두 사람이 한 사람이 움직이는 것처럼 해야 하는 것이다. 따라서 여성은 스스로 움직일 수 없으며 항상 남성이 미는 힘만큼만 움직여야 한다. '민다'고 표현하였지만 사실 남성은 여성을 팔로 밀지 않는다. 남성이 하고 있는 건 오직 중심이동이다. 이로부터 몸 힘에 의한 푸시(push)가 일어난다. 여성은 남성의 미는 힘을 받아 시종 워드오프(ward-off)를 하며 뒤로 이동한다.

후진할 때에는 남성과 여성의 역할이 바뀐다. 여성이 전진하는 만큼만 남성이 후진할 수 있다. 여기서 중요한 것은 힘이 센 남성이 후진하기 위해 여성을 당기지 않는다는 점이다. 당기는 힘은 더불어 춤에서 거의 쓰지 않는다. 당기는 힘을 쓰는 건 격이 떨어지는 움직임이라고 해도 좋을 만큼 오로지 미는 힘, 즉 앞으로 중심이동 하는 힘만을 이용할 수 있어야 한다. 대부분 당기는 힘은 팔 힘일 가능성이 크기 때문이다. 더불어춤에서 사용되는 근육은 오로지 등 근육이다. 그래야 (섬세한) 몸 힘을 쓸 수 있다.

2. 인 엣지 & 아웃 엣지

앞에서 코어 회전 없이 '힐 & 토'만을 이용하였던 것과 같이 옆으로 무게중심을 이동시킨다. 옆으로 이동하므로 '인 엣지(in-edge) & 아웃 엣지(out-edge)'로 발이 닿아야 한다는 차이만 있다. 전진 또는 후진과 마찬가지로 여성은 스스로 움직일 수 없고, 남성이 옆으로 이동하는 만큼만 중심이동 한다.

옆으로 중심이동하기 연습은 여러 패턴이 있다. 그 중 한 가지를 소개하면, 남성 기준으로 '(왼발) 준비 – 전진 – 옆으로 – 전진 – (오른발) 준비 – 전진 – 옆으로 – 전진 – (왼발) 준비', 여성 기준으로 '(오른발) 준비 – 후진 – 옆으로 – 후진 – (왼발) 준비 – 후진 – 옆으로 – 후진 – (오른발) 준비'다.

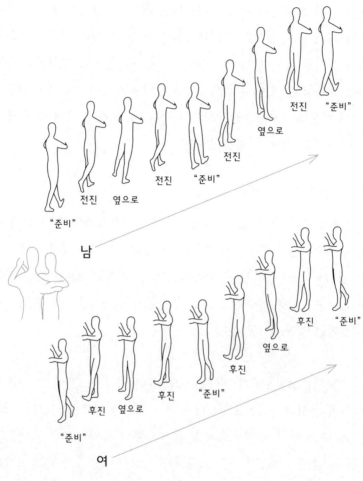

전진 "준비"

옆으로

전진

전진 "준비"

옆으로

전진

"준비"

남

후진 "준비"

옆으로

후진

후진 "준비"

옆으로

후진

"준비"

여

1) 준비 – 홀드한 상태로 남성은 왼발을 앞으로, 여성은 오른발을 뒤로 '준비' 한다.

2) 1보. 남성의 무게중심이 앞으로 이동한 뒤(=푸시), 오른발을 옆으로 '준비(=인 엣지)' 한다.

여성은 남성이 이동하는 만큼 뒤로 밀린 뒤(=워드오프), 왼발을 옆으로 '준비(=인 엣지)' 한다.

3) 2보 - 남성의 무게중심이 오른쪽으로 이동한 뒤, 왼발을 앞으로 '준비' 한다.

여성은 남성이 이동하는 만큼 왼쪽으로 이동한 뒤, 오른발을 뒤로 '준비' 한다.

4) 3보 - 남성의 무게중심이 앞으로 이동한 뒤(=푸시), 오른발을 앞으로 '준비' 한다.

여성은 남성이 이동하는 만큼 뒤로 밀린 뒤(=워드오프), 왼발을 뒤로 '준비' 한다.

5) 4보 - 남성의 무게중심이 앞으로 이동한 뒤(=푸시), 왼발을 옆으로 '준비(=인 엣지)' 한다.

여성은 남성이 이동하는 만큼 뒤로 밀린 뒤(=워드오프), 오른발을 옆으로 '준비(=인 엣지)' 한다.

6) 5보 - 남성의 무게중심이 왼쪽으로 이동한 뒤, 오른발을 앞으로 '준비' 한다.

여성은 남성이 이동하는 만큼 오른쪽으로 이동한 뒤, 왼발을 뒤로 '준비' 한다.

7) 6보 - 남성의 무게중심이 앞으로 이동한 뒤(=푸시), 왼발을 앞으로 '준비' 한다.

여성은 남성이 이동하는 만큼 뒤로 밀린 뒤(=워드오프), 오른발을 뒤로 '준비' 한다.

3.낙하와 회복(Fall & Recovery)

몸이 '힐 & 토'를 충분히 이해한 다음 단계에서 고려해야 할 것은 '낙하와 회복(Fall & Recovery)' 이다. 이 움직임을 구현하기 위해서는 코어 회전개념을 몸으로 이해해야 하는데, 혼자 걸을 때와 달리 홀드한 상태에서 걸을 때 낙하와 회복은 걷기 4단계의 핵심원리인 '비틀' 과 사실상 동일한 개념이나 다를 바 없이 밀접하게 연결되어 있다. 낙하가 시작되어 중심이동이 끝나면 척추는 줄어든다. 충분히 줄어든 후에는 반작용에 의한 반동(=rebound)이 일어난다고 하였다. 다음 걷기를 하기 위해 코어가 반대방향으로 회전하는 동안 다시 척추는 늘어나고 뒤에 있던 발은 저절로 앞으로 '준비' 되며, 아울러 코어 회전에 저항하는 여성에 의해 상체 '비틀' 이 일어난다. 이와 같이 낙하하고 회복하는 과정은 몸 안에서 일어나는 변화일 뿐 실제 눈으로 뚜렷이 보이는 건 아니라는 점에 주의한다.

사실 '힐 & 토' 와 '비틀' 단계 사이엔 단숨에 뛰어 넘기엔 벅찬 장벽이 존재한다. '낙하와 회복' 그리고 '비틀' 원리가 몸으로 납득되지 않는다면 그것을 잠시 보류해 두고 힐 & 토만을 이용한 걷기를 연습해야 한다. 같은 길을 끊임없이 반복해서 오가다 보면 어느 날 갑자기 '그것' 이 몸 안으로 들어온다. 그 때 전에 보류해 두었던 것들을 다시 보면 비로소 이해가 되며, '왜 이 간단한 걸 그 땐 몰랐을까?' 하는 생각이 들 것이다.

풋 체인지(Foot Change)

두 사람이 홀드를 하고 척추를 바르게 편 상태에서 힐 & 토 또는 인 엣지 & 아웃 엣지만으로 무게중심을 이동하다가 여기에 코어 회전과 스윙 개념이 들어가면 움직임이 근본적으로 달라진다. 더구나 코어 회전 없이는 설명이 불가능하였던 몸 움직임이 있어 지금까지 그 부분은 다루질 못하였다. 걷기 5단계인 '라이즈 & 폴(Rise & Fall)'은 보통 걷기와 달리 코어 회전을 한 번 할 때 세 걸음 중심이동 한다고 하였는데, 코어 회전을 빼고는 바로 이것을 설명할 방법이 없는 것이다. 코어를 각성한 후에 비로소 그냥 걷기와 라이즈 & 폴의 차이점을 분명하게 구별할 수 있게 된다.

1. 걷 기

'풋 체인지'란 말 그대로 발 바꿈, 중심이동을 하기 전 '준비'하는 발이 다른 쪽으로 바뀌는 걸 가리킨다. 춤의 관점에서 '걷기'는 가장 단순한 형태의 풋 체인지라 할 수 있다. 다시 말해 왼발을 '준비'하여 무게중심을 이동한 뒤 오른발이 '준비'되는 것도 풋 체인지다. 조금 복잡하게 정의한다면 걷기란 '한 걸음으로 이루어진 풋 체인지' 다.

2. 3보에서 발을 모으는 풋 체인지

일반적으로 풋 체인지는 걷기에서 파생되어 주로 세 걸음을 한 세트로 한 움직임을 가리킨다. 남성 기준으로 '(왼발) 준비 – 전진 – 옆으로 – 발모음 – (오른발) 준비 – 전진 – 옆으로 – 발모음 – (왼발) 준비', 여성 기준으로 '(오른발) 준비 – 후진 – 옆으로 – 발모음 – (왼발) 준비 – 후진 – 옆으로 – 발모음 – (오른발) 준비' 다. 우선은 라이즈 & 폴을 이해하기 위한 예비단계로서 체중을 이동하기 전 코어 회전을 하는 연습이다.

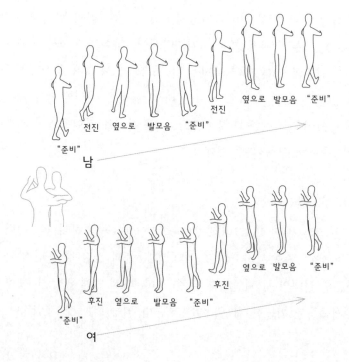

1) 준비 - 남성은 체중을 오른발에 두고 코어를 반시계방향으로 회전시켜 왼발을 앞으로 '준비'한다. 이 때 여성으로부터의 반작용에 의해 명치 위쪽 상체가 시계방향으로 '비틈'이 일어난다.(=프레스)

여성 혼자라면 체중을 왼발에 두고 오른발을 뒤로 '준비'하기 위해 코어를 반시계방향으로 회전시키면 된다. 그런데 홀드를 한 경우 남성이 코어를 반시계방향으로 회전하려 하므로 이에 저항하기 위하여 오히려 코어를 시계방향으로 회전시켜야 한다.(=프레스) 이로 인해 명치 위쪽 상체가 반시계방향으로 '비틈'이 일어나며, 이 비틈에 의해 여성은 오른발이 뒤로 '준비'될 수 있는 것이다.('나'는 '비틈'을 하지 않았다. 그런데 저절로 '비틈'이 일어났다는 것)

2) 1보. 남성이 전진(=푸시)하여 왼발로 무게중심을 옮기고 코어를 시계방향으로 회전시켜 오른발을 옆으로 '준비'한다.

여성은 남성의 움직임을 따라 오른발로 무게중심을 옮기고(=워드오프) 남성에 저항하여 코어를 반시계방향으로 회전시키고, 이에 대한 반작용으로 시계방향으로의 '비틈'이 일어나는 것에 의해 왼발이 옆으로 '준비'된다.

3) 2보 - 남성이 무게중심을 오른쪽으로 이동하여 체중을 오른발에 놓는다.

여성은 남성의 무게중심이 이동함에 따라 왼발로 체중이동이 일어난다.

4) 3보 - 남성은 코어를 반시계방향으로 회전하는 것에 의해 왼발을 오른발 옆으로 당겨 두 발을 모은 뒤 체중을 왼발로 옮기고, 이

번엔 코어를 시계방향으로 회전시켜 오른발을 앞으로 '준비' 한다.

여성은 남성의 코어 회전방향에 저항하는 '비틈'에 의해 오른발을 왼발 옆으로 당겨 두 발을 모은 뒤 체중을 오른발로 옮기고, 남성의 리드에 따라 왼발을 뒤로 '준비' 한다.

4~6보는 1~3보의 좌우를 바꿔 움직인 것이다.

5) 4보 - 남성이 전진하여(=푸시) 오른발로 무게중심을 옮기고 코어를 반시계방향으로 회전시켜 왼발을 옆으로 '준비' 한다.

여성은 남성의 움직임을 따라 왼발로 무게중심을 옮기고(=워드오프) 남성에 저항하여 코어를 시계방향으로 회전시키고, 이에 대한 반작용으로 반시계방향으로의 '비틈'이 일어나는 것에 의해 오른발이 옆으로 '준비' 된다.

6) 5보 - 남성이 무게중심을 왼쪽으로 이동하여 체중을 왼발에 놓는다.

여성은 남성의 무게중심이 이동함에 따라(=워드오프) 오른발로 체중이동이 일어난다.

7) 6보 - 남성은 코어를 시계방향으로 회전하는 것에 의해 오른발을 왼발 옆으로 당겨 두 발을 모은 뒤 체중을 오른발로 옮기고, 이번엔 코어를 반시계방향으로 회전시켜 왼발을 앞으로 '준비' 한다.

여성은 남성의 코어 회전방향에 저항하는 '비틈'에 의해 왼발을 오른발 옆으로 당겨 두 발을 모은 뒤 체중을 왼발로 옮기고, 남성의 리드에 따라 오른발을 뒤로 '준비' 한다.

3. 3보에서 전진 또는 후진하는 풋 체인지

방금 연습한 풋 체인지와 달리 3보에서 발을 모으지 않고 전진 또는 후진하는 동작으로, 남성 기준으로 '(왼발) 준비 – (파트너 인사이드) 전진 – 옆으로 – (파트너 아웃사이드) 전진 – (오른발) 준비 – (파트너 인사이드) 전진 – 옆으로 – (파트너 아웃사이드) 전진 – (왼발) 준비', 여성 기준으로 '(오른발) 준비 – 후진 – 옆으로 – 후진 – (왼발) 준비 – 후진 – 옆으로 – 후진 – (오른발) 준비' 다.

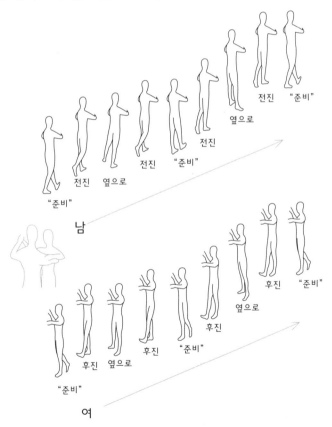

이 스텝은 '인 엣지 & 아웃 엣지' 편에서 설명한 것과 완전히 같다. 단지 그 때에는 코어 회전 없이 무게중심만을 이동하였던 반면 이제부터는 코어 회전을 넣어 움직이는데, 걷기 5단계 '라이즈 & 폴'과 마찬가지로 세 걸음을 걷는 동안 코어 회전은 한 번만 일어나게 한다. 또한 남성의 3보가 여성의 다리 안쪽(=inside)이 아닌 바깥쪽(=outsite), 즉 파트너 아웃사이드로 저절로 '준비' 되어지는 기본원리를 이해할 수 있어야 한다.

1) 준비 - '3보에서 발을 모으는 풋 체인지' 와 같다.

2) 1~3보 - 남성이 전진하여 왼발로 무게중심을 옮길 때 '스윙'이 시작된다. 단, 스윙에 의한 회전(=turn)은 일어나지 않는다. 대신 남성이 여성 주위로 원주돌기를 하듯 좀 더 옆으로 많이 중심 이동을 한다.(여성과의 홀드에서 등 펴기가 깨지지 않도록 주의한다) 스윙을 하고 있으므로 1보와 2보 사이에 멈춤이 있으면 안 되며 코어가 계속 반시계방향으로 회전하는 동안 오른발을 옆으로 '준비' 함과 동시에 체중을 오른발로 이동한다. 코어가 계속 같은 방향으로 회전하는 동안 남성은 3보, 즉 왼발을 전진하는데 이 때 왼다리가 여성의 왼다리 바깥쪽(=outside)으로 이동한다.

남　　　여

또한 두 사람은 홀드를 하고 있으므로 남성의 몸통이 정면을 향하고 있다면 아래 왼쪽 그림처럼 여성을 외면한 듯한 형태가 되어 등펴기를 깨뜨리게 된다. 따라서 남성의 몸통은 아래 오른쪽 그림처럼 여성과 마주하도록 반시계방향으로 약간 회전한 상태가 되어야만 한다. 3보 체중이동이 끝난 후에는 코어를 시계방향으로 회전하기 시작하여 오른발을 앞으로 '준비' 한다.

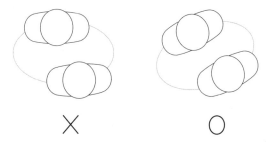

X　　　　　　O

여성은 남성의 움직임을 따라 같이 스윙하여 무게중심을 오른발로 옮긴 뒤 왼발을 옆으로 '준비' 함과 동시에 왼발로 체중이동이 일어난다. 이 때 남성이 자신의 주변으로 원주돌기를 하듯 움직였으므로 조금 덜 옆으로 중심이동하게 된다. 3보에서 여성은 남자가 전진하여 오는 것에 의해 오른발을 후진한 뒤, 코어 회전 및 '비틈' 원리에 따라 왼발을 뒤로 '준비' 한다.

4~6보는 1~3보 좌우를 바꿔 움직인 것이다.

3) 4~6보 - 남성이 전진하여 오른발로 무게중심을 옮길 때 '스윙'이 시작된다. 단, 스윙에 의한 회전(turn)은 일어나지 않는다. 대신 남성이 여성 주위로 원주돌기를 하듯 좀 더 옆으로 많이 중심이동을 한다.(여성과의 홀드에서 등 펴기가 깨지지 않도록 주의한다) 스윙을 하고 있으므로 4보와 5보 사이에 멈춤이 있으면 안 되며 코어가 계속 시계방향으로 회전하는 동안 왼발을 옆으로 '준비' 함과 거의 동시에 체중을 왼발로 이동한다. 코어가 계속 같은 방향으로 회전하는 동안 남성은 6보, 즉 오른발을 전진하는데 이 때 오른다리가 여성의 오른다리 바깥쪽(=outside)으로 이동한다.

또한 두 사람은 홀드 하고 있으므로 남성의 몸통이 정면을 향하고 있다면 아래 왼쪽 그림처럼 여성을 외면한 듯한 형태가 되어 등 펴기를 깨뜨리게 된다. 따라서 남성의 몸통은 아래 오른쪽 그림처럼 여성과 마주하도록 시계방향으로 약간 회전한 상태가 되어야 한다. 6보 체중이동이 끝난 후에는 코어를 반시계방향으로 회전하기 시작하여 왼발을 앞으로 '준비' 한다.

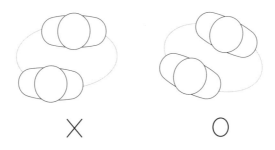

여성은 남성의 움직임을 따라 같이 스윙하여 무게중심을 왼발로 옮긴 뒤 오른발을 옆으로 '준비' 함과 동시에 오른발로 체중이동이 일어난다. 이 때 남성이 자신의 주변으로 원주돌기를 하듯 움직였으므로 조금 덜 옆으로 중심이동하게 된다. 6보에서 여성은 남자가 전진하여 오는 것에 의해 왼발을 후진한 뒤, 코어 회전 및 '비틈' 원리에 따라 오른발을 뒤로 '준비' 한다.

이 연습이 익숙해지면 앞에서 한 '3보에서 발을 모으는 풋 체인지' 도 세 걸음을 옮기는 동안 코어 회전을 한 번 만 하는 방식으로 바꾸어 볼 수 있다. 참고로 이런 움직임을 슬로우 왈츠에서는 '클로우즈드 체인지(Closed Change)' 라고 한다.

4. 라이즈 & 폴

끝으로 언급할 것은 명상적 걷기 5단계 핵심원리인 라이즈 & 폴 (Rise & Fall)이다. '낙하와 회복' 만을 이용하여 걷다보면 중심이동할 때마다 매번 코어 회전을 하는 게 번거로울 때가 있다. 이때 '라이즈

& 폴'을 적용시켜 걸으면 작게 치던 파도가 큰 파도로 바뀌는 듯, 큰 파동을 그리며 걸을 수 있다. 코어 회전이 빠지면 라이즈 & 폴은 사라지고 스텝만 남는다. 스텝만으로 발 놓는 위치를 바꾸며 전진하면 우스꽝스런 동작이 나온다.

라이즈 & 폴은 방금 설명한 '3보에서 전진 또는 후진하는 풋 체인지'를 변형시킨 걸음걸이에 불과하다. 즉 '전진 – 옆으로 – 전진' 스텝에서 옆으로 중심을 옮기는 동작마저 거의 직선으로 바꾼다면 걷기 5단계에서 설명한 '라이즈 & 폴'과 동일한 움직임이 된다.

* 3보에서 전진 또는 후진하는 풋체인지

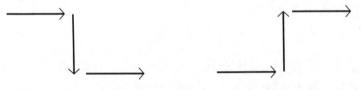

(왼발)전진 옆으로 (파트너아웃사이드)   "준비" (오른발)전진 옆으로 (파트너아웃사이드)
　　　　　　　　　　전진　　　　　　　　　　　　　　　　　　　　전진

* 라이즈 & 폴

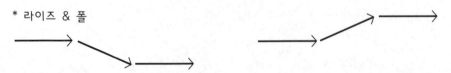

(왼발)전진   (비스듬히) (파트너아웃사이드)   "준비" (오른발)전진   (비스듬히) (파트너아웃사이드)
　　　　　　전진　　　　전진　　　　　　　　　　　　　　　　　전진　　　　전진

'3보에서 전진 또는 후진하는 풋 체인지'에서 남성이 전진하는 동안 3보와 6보에서 파트너 아웃사이드로 발을 놓았는데, 라이즈 & 폴로 이동하는 경우도 역시 남성 왼발이 전진할 때는 여성의 몸 왼쪽으로, 오른발이 전진할 때는 여성의 몸 오른쪽으로 스치듯 이동하며 걸어야 편하다는 것을 직접 해보면 알게 된다. 이 원리를 이해했을 때 비로소 폭스트롯(Foxtrot)이란 춤에서 음악에 맞춰 평소처럼 걸어도 그만인 것을 굳이 페더 스텝(feather step)과 쓰리 스텝(three step)을 구분하여 남성의 다리가 파트너 아웃사이드로 교차되며 전진하도록 하였는지 의문이 풀린다. 이 춤이 '라이즈 & 폴'을 적극 차용한 걷기이기 때문이다.

쿼터 턴 (Quarter Turn)

홀드 한 두 사람이 힘의 균형을 이루고 있는 상태를 프레스 (press), 힘의 균형이 깨져 움직임이 일어날 때 전진 하는 사람은 무게 중심이동에 의한 푸시(push)를, 후진하는 사람은 전진하는(=forward)는 사람이 내 영역을 침범하지 못하도록(=off) 워드오프(ward-off) 상태를 유지해야 한다고 하였다. 이 때 두 사람의 중심축은 정직하게 서로 마주하고 있다. 만약 후진하는 사람이 워드오프 상태를 유지함과 동시에 중심축을 살짝 어긋나게 하면 전진하는 사람의 몸동작은 저절로 회전으로 바뀐다. 후진하는 사람이 취한 이와 같이 움직임을 가리켜 롤백(Roll Back)이라 한다.

혼자 걸을 때는 오로지 '스윙'에 의해 스스로 쿼터 턴을 한 반면 두 사람이 걸을 때 전진하는 사람은 스스로 쿼터 턴을 하지 않는다. 오직 앞으로 전진만 했을 뿐이다. 단지 후진하는 사람이 롤백을 했기 때문에 저절로 쿼터 턴이 된 것이다. 따라서 쿼터 턴에서는 후진 쪽의 역할이 중요하다. 전진하는 사람의 쿼터 턴이 자연스럽게 이루어지도록 동선을 가로막거나 축을 이동하는 일이 있어선 안 된다.

　남녀 모두 몸 힘의 본질을 알고 있고 파워하우스를 써서 움직이는 요령을 알고 있다면 이와 같은 이상적인 방식으로 쿼터 턴이 가능하지만, 둘 중 한 사람이 아직 이 단계에 미치지 못하다면 쿼터 턴의 축이 되는 쪽이 롤백을 할 때까지 무한정 기다린다는 건 현실적으로 어렵다. 하지만 이 경우에도 우격다짐으로 밀고 들어가거나 잡아 당겨선 안 되고, 상대의 주변을 돌듯 자연스럽게 쿼터 턴으로 이어져야 하는 것이다.

　쿼터 턴은 단순한 스텝이 아니라 실상은 땅고를 포함하여 모든 더불어춤 스텝의 뿌리라고 할 수 있을 만큼 중요한 동작이다. 더불어춤이란 풋 체인지와 쿼터 턴 스텝의 응용과 변형에 다름 아니라고 해도 과언이 아니다.

1. 3보에서 발을 모으는 쿼터 턴

가. 시계방향으로 이동하는 쿼터 턴

　쿼터 턴은 앞서 연습한 풋 체인지에 '스윙'과 '롤백' 개념이 추가된 변형 동작이므로 풋 체인지 패턴의 연장선에서 쿼터 턴 패턴을 연습할 수 있다. 첫 번째 패턴은 '3보에서 발을 모으는 풋 체인지'의 변형으로, 남성 기준으로 '(왼발 앞으로) 준비 - 전진 - 쿼터 턴 - 발모음 - (오른발 뒤로) 준비 - 후진 - 쿼터 턴 - 발모음 - (왼발 앞으로)

준비', 여성 기준으로 '(오른발 뒤로) 준비 - 후진 - 쿼터 턴 - 발모음 - (왼발 앞으로) 준비 - 전진 - 쿼터 턴 - 발모음 - (오른발 뒤로) 준비' 다. 동선은 시계방향으로 움직이지만 스윙은 반시계방향으로 일어난다.

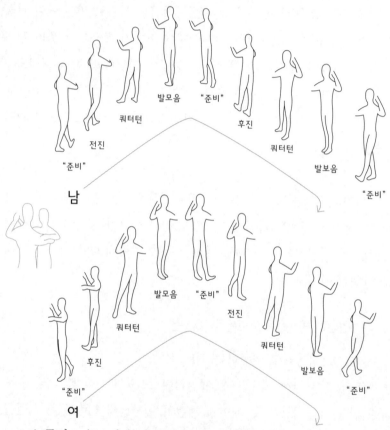

1) 준비 - '3보에서 발을 모으는 풋 체인지'와 같다.

2) 1~2보 - 남성이 전진하여 왼발로 무게중심을 옮길 때 '스윙'이 시작됨과 동시에 코어가 반시계방향으로 계속 회전하는 점을 이용

하여 쿼터 턴이 시작된다. 스윙을 하고 있으므로 1보와 2보 사이에 멈춤이 있으면 안 되며, 2보에서 오른발로 체중이 이동되었을 때 쿼터 턴도 끝이 난다.

여성은 남성의 움직임을 따라 같이 스윙, 무게중심을 후진하여 오른발로 옮기는 사이 롤백을 하여 자신을 축으로 남성이 전진 쿼터 턴 할 수 있도록 유도하며, 2보에서 왼발로 체중을 이동한다.(단, 전진하는 상대를 배려하여 보폭을 가급적 작게 한다)

3) 3보 - 남성은 코어 회전을 시계방향으로 바꾸는 것에 의해 왼발을 오른발 옆으로 당겨 두 발을 모은 뒤 3보, 즉 체중을 왼발로 옮기고 이번엔 코어를 반시계방향으로 회전시켜 오른발을 뒤로 '준비' 한다.

여성은 남성의 코어 회전방향에 저항하는 '비틈' 에 의해 오른발을 왼발 옆으로 당겨 두 발을 모은 뒤 3보, 즉 체중을 오른발로 옮기고, 남성의 리드에 따라 왼발을 앞으로 '준비' 한다.

4~5보와 6보는 1~2보와 3보에서 남성과 여성의 역할이 바뀐 동작이다.

4) 4~5보 - 남성이 후진하여 오른발로 무게중심을 옮기는 사이 롤백을 하여 자신을 축으로 여성이 전진 쿼터 턴을 할 수 있도록 유도하며 5보에서 왼발로 체중을 이동한다. (단, 전진하는 상대를 배려하여 보폭을 가급적 작게 한다)

여성은 남성의 움직임을 따라 전진하여 왼발로 무게중심을 옮길 때 '스윙' 이 시작됨과 동시에 코어가 반시계방향으로 계속 회전하는 점을 이용하여 쿼터 턴이 시작된다. 스윙을 하고 있으므로 4보와 5보 사이에 멈춤이 있으면 안 되며, 5보에서 오른발로 체중이 이동되었을 때 쿼터 턴도 끝이 난다.

5) 6보 - 남성은 코어 회전을 시계방향으로 바꾸는 것에 의해 오른발을 왼발 옆으로 당겨 두 발을 모은 뒤 6보, 즉 체중을 오른발로 옮기고 코어를 반시계방향으로 회전시켜 왼발을 앞으로 '준비' 한다.

여성은 남성의 코어 회전방향에 저항하는 '비틈' 에 의해 왼발을 오른발 옆으로 당겨 두 발을 모은 뒤 6보, 즉 체중을 왼발로 옮기고 남성의 리드에 따라 오른발을 뒤로 '준비' 한다.

나. 반시계방향으로 이동하는 쿼터 턴

방금 연습한 쿼터 턴과 달리 남성이 오른발을 앞으로 '준비' 하고 여성은 왼발을 뒤로 '준비' 하여 움직이면 반시계방향으로 이동하는 쿼터 턴이 된다. 스텝은 남성 기준으로 '(오른발 앞으로) 준비 - 전진 - 쿼터 턴 - 발모음 - (왼발 뒤로) 준비 - 후진 - 쿼터 턴 - 발모음 - (오른발 앞으로) 준비', 여성 기준으로 '(왼발 뒤로) 준비 - 후진 - 쿼터 턴 - 발모음 - (오른발 앞으로) 준비 - 전진 - 쿼터 턴 - 발모음 - (왼발 뒤로) 준비' 다. 동선은 반시계방향으로 움직이지만 스윙은 시계방향으로 일어난다.

2. 3보에서 전진 또는 후진하는 쿼터 턴

가. 반시계방향으로 이동하는 쿼터 턴

이 패턴에서는 쿼터 턴하기 직전에 걷기동작(엄밀히 말하면 '1보 풋 체인지')이 추가되었다. 스텝은 남성 기준으로 '(왼발 앞으로) 준비 - 전진 - 전진 - 쿼터 턴 - (오른발 뒤로) 준비 - 후진 - 후진 - 쿼터 턴 - (왼 발 앞으로) 준비', 여성 기준으로 '(오른발 뒤로) 준비 - 후진 - 후진 - 쿼 터 턴 - (왼발 앞으로) 준비 - 전진 - 전진 - 쿼터 턴 - (오른발 뒤로) 준비' 다. 동선은 반시계방향으로 움직이지만 스윙은 시계방향으로 일어난다.

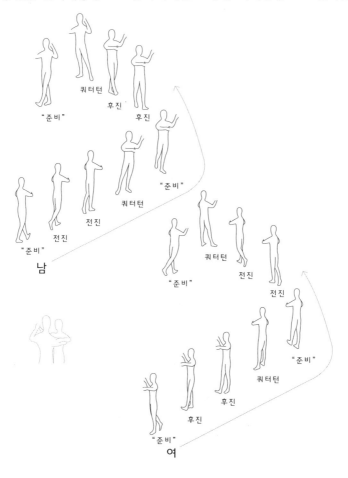

1) 준비 - '3보에서 발을 모으는 풋 체인지' 와 같다.

2) 1보 - 걷는다. 즉 남성은 전진하여(=푸시) 무게중심을 왼발로 옮긴 뒤 코어를 시계방향으로 회전시켜 오른발을 앞으로 '준비' 한다.

여성은 후진하여(=워드오프) 무게중심을 오른발로 옮긴 뒤 남성의 리드에 의해 왼발을 뒤로 '준비' 한다.

3) 2~3보 - 남성이 전진하여 오른발로 무게중심을 옮길 때 '스윙' 이 시작됨과 동시에 코어가 시계방향으로 계속 회전하는 점을 이용하여 쿼터 턴이 시작된다. 스윙을 하고 있으므로 2보와 3보 사이에 멈춤이 있으면 안 되며, 3보에서 왼발로 체중이 이동되었을 때 쿼터 턴 또한 끝이 난다. 다음 코어를 반시계방향으로 회전시켜 오른발이 왼발 옆에 모아질 새 없이 뒤로 '준비' 되도록 한다.

여성은 남성의 움직임을 따라 같이 스윙하여 무게중심을 후진하여 2보, 즉 왼발로 옮기는 사이 롤백을 하여 자신을 축으로 남성이 전진 쿼터 턴을 할 수 있도록 유도하며, 여전히 시계방향으로 스윙이 일어나고 있는 것에 의해 쿼터 턴이 마무리 되어 3보, 즉 오른발로 무게중심을 옮긴다. 남성의 리드에 의해 왼발이 앞으로 '준비' 된다.

4보 및 5~6보는 1보 및 2~3보에서 남성과 여성의 역할이 바뀐 동작이다.

4) 4보 - 걷는다. 즉 남성은 후진하여(=워드오프) 무게중심을 오른발로 옮긴 뒤 코어를 시계방향으로 회전시켜 왼발을 뒤로 '준비' 한다.

여성은 전진하여(=푸시) 무게중심을 왼발로 옮긴 뒤 남성의 리드에 의해 오른발을 앞으로 '준비' 한다.

　5) 5~6보 - 남성은 후진하여 5보, 즉 왼발로 옮기는 사이 롤백을 하여 자신을 축으로 여성이 전진 쿼터 턴을 할 수 있도록 유도하며, 여전히 시계방향으로 스윙이 일어나고 있는 것에 의해 쿼터 턴이 마무리 되어 6보, 즉 오른발로 무게중심을 옮긴다. 코어를 반시계방향으로 회전시켜 왼발을 앞으로 '준비' 한다.

　여성은 남성의 움직임을 따라 같이 스윙하여 오른발로 무게중심을 옮기는 동안 코어가 시계방향으로 계속 회전하는 점을 이용하여 쿼터 턴이 시작된다. 스윙을 하고 있으므로 5보와 6보 사이에 멈춤이 있으면 안 되며, 6보에서 왼발로 체중이 이동되었을 때 쿼터 턴도 끝이 난다. 남성의 리드에 따라 오른발이 뒤로 '준비' 되도록 한다.

나. 시계방향으로 이동하는 쿼터 턴

　방금 연습한 쿼터 턴과 달리 남성이 오른발을 앞으로 '준비' 하고 여성은 왼발을 뒤로 '준비' 하여 움직이면 시계방향으로 이동하는 쿼터 턴이 된다. 스텝은 남성 기준으로 '(오른발 앞으로) 준비 - 전진 - 전진 - 쿼터 턴 - (왼발 뒤로) 준비 - 후진 - 후진 - 쿼터 턴 - (오른발 앞으로) 준비' , 여성 기준으로 '(왼발 뒤로) 준비 - 후진 - 후진 - 쿼터 턴 - (오른발 앞으로) 준비 - 전진 - 전진 - 쿼터 턴 - (왼발 뒤로) 준비' 다. 동선은 시계방향으로 움직이지만 스윙은 반시계방향으로 일어난다.

내추럴 턴 &
리버스 턴(Natural Turn & Reverse Turn)

앞에서 설명한 쿼터 턴은 그 용어에서 알 수 있듯 1/4(=90도) 회전을 한다. 회전량을 늘려 1/8(=45도)을 더 도는 경우, 다시 말해 1/4 + 1/8 = 3/8(=135도) 회전을 하는 경우엔 명칭이 달라지는데, 시계방향으로 회전하는 것을 내추럴 턴(Natural Turn), 반시계방향으로 회전하는 것을 리버스 턴(Reverse Turn)이라 한다.

'3보에서 발을 모으는 쿼터 턴'에서는 1~2보에 스윙을 하고 3보에서 코어 회전방향을 바꾸어 발을 모았다. 3보에서 코어 회전방향을 바꾸지 않고 계속 스윙이 이어지도록 하여 발을 모은다면 라이즈 & 폴과 동일한 개념의 움직임으로 바뀐다. 3보까지 이어진 스윙에 의해 회전량이 쿼터 턴보다 더 많아지게 되므로 내추럴 턴 또는 리버스 턴을 하기 편리해 진다. 바꿔 말해 내추럴 턴 또는 리버스 턴이란 '라이즈 & 폴에 의해 회전량이 늘어난 쿼터 턴'이라고 할 수 있다.

비엔나 왈츠(Viennese Waltz)는 남성의 오른발 전진을 시작으로

'(전진) 내추럴 턴 - (후진) 내추럴 턴 - 풋 체인지 - (전진) 리버스 턴 - (후진) 리버스 턴 - 풋 체인지'를 무한 반복하는 단순한 춤이다. 처음 두 사람이 홀드 한 상태로 이 동작을 해보면 회전속도가 빨라질수록 몸에 경직이 오고 팔 힘을 쓰고 싶지 않아도 자기도 모르게 팔 힘을 쓰게 되는 딜레마를 경험하게 된다. 그럴수록 스텝을 잊고 오로지 회전과 중심이동만을 써서 무위자연에 다가가는 움직임을 놓지 않으려고 노력해야 한다. 이러한 노력이 쌓이고 쌓여 음악이 흐르는 동안 아무 경직 없이 무위자연하게 움직일 수만 있다면, 땅고뿐 아니라 세상의 모든 더불어춤을 마음 편히 즐길 수 있는 단계로 올라서게 된다.

회전 스텝이 단순 반복된다는 점에서 이것은 춤을 뛰어 넘어 명상적 움직임이라 해도 좋을 요소들을 많이 내포하고 있다. 땅고를 포함하여 세상의 모든 더불어춤을 잘 추길 원한다면 우선 비엔나 왈츠를 공부해보라고 권하고 싶다.

땅고 댄스

'비틀' 원리에 의한 걷기를 모르고는
유감스럽게도 온전한 살리다를 할 수
없다. 그러나 앞에서 설명한 걷기 및
쿼터 턴을 올바르게 이해한다면 큰
어려움 없이 이 동작 안에 들어 있는
갖가지 함축들을 몸으로 습득할 수
있을 것이다.

살리다(Salida)

두 사람이 홀드를 하고 땅고 음악이 흐르는 공간에서 같이 걷기 시작했을 때 이미 땅고 댄스는 시작되었다. 서로가 서로에게 프레스(press)를 던짐으로써 소통은 시작되고, 한 사람이 푸시(push) 하면 또 한 사람은 그것을 받아 워드오프(ward-off) 하거나 롤 백(Roll Back) 한다. 이 단순함 속에 참으로 무수한 교감이 오간다. 언어를 초월한 세계로 들어가 무언의 대화를 나눈다.

이제는 사소한 몇 가지 테크닉, 그러나 땅고 댄스를 더 풍성하게 해 줄 스텝을 배울 차례다. 땅고 스텝의 시작은 살리다(Salida)로부터 출발하는 게 순서일 것이다. 공공장소에 있는 '비상구(exit)' 를 스페인어로 '살리다' 라 한다. 왜 이런 명칭이 붙었을까? 일반적인 걷기의 경우 남성이 왼발 전진하면 여성은 오른발 후진하는 반면, '8 살리다' 에서는 남성과 여성의 스텝이 어긋나는 순간이 있다. 이 어긋남을 푸는 여러 방법 중 가장 간단한 형태가 살리다이다. 그래서 어긋난 발을 푸는 '출구' 라는 의미에서 '살리다' 라는 이름이 붙여진 게 아닐까.

살리다는 땅고를 배울 때 제일 먼저 배우는 걸음걸이다. 내가 처음 이것을 접했을 때, '기본'이지만 남성이 이것을 정확히 리드해내기가 매우 어려울 뿐 아니라 심오한 여러 의미가 감추어져 있음을 발견하고 놀랐다. 스텝만 보자면 단지 여섯 걸음 또는 여덟 걸음을 옮기는 것에 불과하므로 간단하다 생각하고 우습게 여기기 쉽다. 흉내내기는 쉽지만 그래서는 십중팔구 팔 또는 다리 힘을 쓸 수밖에 없는 것이다. '비틈' 원리에 의한 걷기를 모르고는 유감스럽게도 온전한 살리다를 할 수 없다. 그러나 앞에서 설명한 걷기 및 쿼터 턴을 올바르게 이해한다면 큰 어려움 없이 이 동작 안에 들어 있는 갖가지 함축들을 몸으로 습득할 수 있을 것이다.

1. 6 살리다

전체가 총 여섯 걸음이라 '6 살리다'라고 한다. 정직하게 전진, 후진, 옆으로 중심이동 하는 기초 중의 기초이다. 기초이기 때문에 스텝은 쉽지만 두 사람이 주고받는 힘의 작용은 심오하다. 엄격하게 말하면 춤을 포함하여 세상의 모든 운동의 근본인 '척추 펴기', '등 펴기', '코어 회전'과, 춤을 통해 저절로, 스스로 그러하게 움직여지는 이치에 다가가기 위한 '프레스', '비틈' 등을 일정 수준에서 이해하여 하나의 원리로 관통시켜야 비로소 온전한 첫 일보를 뗄 수 있다. 이 모든 개념들을 움직이는 동안 뇌로 일일이 점검하며 움직이기는 너무 복잡하지만, 이 모두를 아우르는 단 '하나'의 원리를 몸으로 깨달았다면 실상 단순하기 그지없는 것이다.

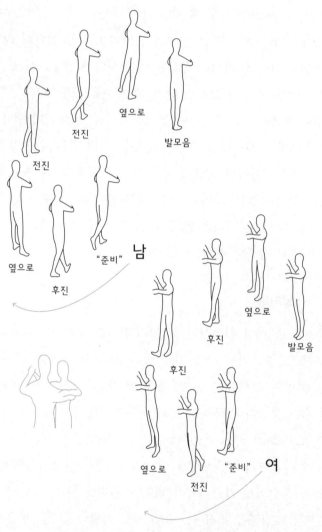

옆으로

전진

전진

옆으로

후진

"준비"

남

옆으로

발모음

후진

옆으로

발모음

후진

옆으로

전진

"준비"

여

1) 준비 - 남성은 체중을 왼발에 두고 코어를 반시계방향으로 회전시켜 오른발을 뒤로 '준비' 한다. 이로 인해 여성으로부터 반작용을

전달받아 명치 위쪽 상체는 회전방향이 시계방향으로 바뀌며 자연스러운 '비틀'이 일어난다.(=프레스) (이러한 '비틀'의 대부분 현상들은 몸 안에서 일어나는 미묘한 변화일 뿐 눈에 확 띄는 동작이 아님을 주의한다)

여성은 체중을 오른발에 두고 남성이 코어를 반시계방향으로 회전시키므로 이에 저항하여 코어를 시계방향으로 회전시켜 힘의 균형을 유지하려 한다. 이로 인해 남성으로부터 반작용을 전달받아 명치 위 상체 회전방향이 반시계방향으로 바뀌며 자연스러운 '비틀'이 일어나 왼발이 앞으로 '준비' 된다.(=프레스)

2) 1보 - 남성이 오른발로 무게중심을 옮길 때(=위드오프) '스윙'이 시작된다. 단, 스윙에 의한 회전(=turn)은 일어나지 않는다. 코어가 계속 반시계방향으로 회전하는 동안 왼발을 옆으로 '준비' 한다.

여성은 남성의 움직임을 따라 같이 스윙하여 무게중심을 왼발로 옮긴 뒤(=푸시) 오른발을 옆으로 '준비' 한다.

3) 2보 - 1보에서 이어진 스윙에 의해 남성 무게중심이 왼발로 이동한 뒤 코어를 시계방향으로 회전시켜 오른발을 앞으로 '준비' 한다. 명치 위쪽 상체 회전방향은 여성으로부터의 반작용에 의해 반시계방향으로 바뀐다.

여성은 남성의 움직임을 따라 무게중심을 오른발로 이동하며 왼발을 뒤로 '준비' 한다. 남성의 코어 회전에 저항하는 '비틀'에 의해 명치 위쪽 상체 회전방향은 시계방향으로 바뀐다.

4) 3보 - 남성은 전진하여(=푸시) 무게중심을 오른발로 옮긴 뒤 코

어를 반시계방향으로 회전하여 왼발을 앞으로 '준비' 한다. 앞에서와 마찬가지로 명치 위쪽 상체 회전방향은 여성으로부터의 반작용에 의해 시계방향으로 바뀐다.

여성은 남성의 움직임에 따라 뒤로 밀려가며 무게중심을 왼발로 옮기고(=워드오프) 오른발을 뒤로 '준비' 한다. 남성의 코어 회전에 저항하는 '비틀'에 의해 명치 위쪽 상체 회전방향은 반시계방향으로 바뀐다.

5) 4보 - 남성이 전진하여(=푸시) 왼발로 무게중심을 옮길 때 '스윙'이 시작된다. 단, 스윙에 의한 회전(=turn)은 일어나지 않는다. 코어가 계속 반시계방향으로 회전하는 동안 오른발을 옆으로 '준비' 한다.

여성은 남성의 움직임을 따라 같이 스윙하여 무게중심을 오른발로 옮긴 뒤(=워드오프) 왼발을 옆으로 '준비' 한다.

6) 5보 - 4보에서 이어진 '스윙'에 의해 남성 무게중심이 오른발로 이동한다.

여성은 남성의 무게중심이 이동함에 따라 왼발로 체중이동이 일어난다.

7) 6보 - 남성은 코어가 시계방향으로 회전하는 것에 의해 왼발을 오른발 옆으로 모아지게 한 뒤 체중을 왼발로 옮긴다. 또 다른 '6 살리다' 1보를 이동하기 위하여 코어를 반시계방향으로 회전하여 오른발을 뒤로 '준비' 한다.

여성은 남성의 코어 회전방향에 저항하는 '비틀'에 의해 오른발이 왼발 옆에 모아지게 한 뒤 남성을 따라 체중을 오른발로 옮긴다. 또 다른 '6 살리다' 1보를 이동하기 위하여 왼발을 앞으로 '준비' 한다.

2. 6 살리다와 쿼터 턴

방금 1보에서 2보로 이동할 때와 4보에서 5보로 이동할 때 스윙을 하였다. 이 때 스윙에 의한 회전, 즉 쿼터 턴을 하지 않았는데,

여기에 쿼터 턴을 넣어 움직여보면 결국 '6 살리다' 스텝에서는 1보 → 2보로 이동할 때 남성 기준으로 '후진 쿼터 턴'을, 4보 → 5보로 이동할 때 '전진 쿼터 턴'을 하기 쉬운 구조임을 알 수 있다. 단 '쿼터 턴' 편에서 후진 쿼터 턴을 연습할 때는 축이 되는 역할을 하는 쪽에서 다리를 모아 상대가 쉽게 건너갈 수 있도록 도움을 주는 방식이었던 반면, '6 살리다'에서는 축이 되는 남성이 왼발을 모으지 않고 옆으로 이동한다. 바로 이 동작에 의해 땅고를 비롯 더불어춤에서 자주 사용되는 테크닉인 파트너 아웃사이드로 이동하기가 가능해진다.

1) 준비 - '6 살리다'와 같다.

2) 1보 - 남성이 후진하며 오른발로 무게중심을 옮길 때(=위드오프) '스윙'이 시작된다. 코어는 계속 반시계방향으로 회전하며 서서히 쿼터 턴이 진행된다.

여성 또한 남성의 움직임에 따라(=푸시) 더불어 스윙한다.

3) 2보 - 1보에서부터 이어진 스윙에 의해 후진 쿼터 턴이 일어나는 동안 남성은 무게중심을 옆(=왼쪽)으로 이동하여 체중을 왼발에 놓는다. 다음 코어를 시계방향으로 회전시켜 오른발을 앞으로 '준비' 하는데 2보에서 일어난 동작(후진 쿼터 턴 + 옆으로 중심이동)으로 인해 남성의 다리가 여성의 오른다리 안쪽(=inside)이 아닌 바깥쪽

(=outside)으로 저절로 '준비' 된다.('저절로'를 이해하는 것이 중요하다) '6 살리다'에서와 마찬가지로 명치 위쪽 상체 회전방향은 여성으로부터의 반작용에 의해 반시계방향으로 바뀐다.

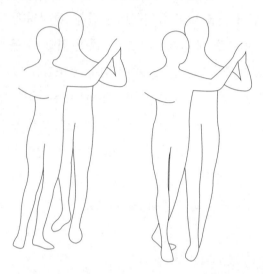

여성은 남성이 스윙에 의해 쿼터 턴하는 흐름을 따라 전진 쿼터 턴을 하는 동안 무게중심을 오른발로 이동하여 왼발을 뒤로 '준비'한다. 스스로 쿼터 턴을 하는 게 아니고 남성이 코어를 반시계방향을 계속 회전 시키는 리드를 받아 저절로 전진 쿼터 턴을 하게 되는 것이다. 남성의 코어 회전에 저항하는 '비틈'에 의해 위쪽 상체 회전방향은 시계방향으로 바뀐다.

　4) 3보는 '6 살리다'와 같다.

　5) 4보 - 남성이 전진하여 왼발로 무게중심을 옮길 때(=푸시) '스윙'이 시작된다. 코어는 계속 반시계방향으로 회전하며 서서히 전진

쿼터 턴이 일어난다.

여성은 남성이 전진함에 따라 후진하여 오른발로 무게중심을 옮긴 뒤(=워드오프) 서서히 스윙에 의한 후진 쿼터 턴이 일어난다.

6) 5보 - 앞에서 일어난 '스윙'에 의해 남성의 무게중심이 오른발로 이동하며 전진 쿼터 턴이 끝난다.

여성은 남성이 전진 쿼터 턴을 하는 동안 후진 쿼터 턴을 하여 무게중심을 왼발에 놓는다.

7) 6보는 '6 살리다'와 같다.

3. 6 살리다와 원주돌기

'6 살리다와 쿼터 턴' 외에 다른 방식으로 파트너 아웃사이드 리드를 할 수 있다. '풋 체인지' 편에서 '3보에서 전진 또는 후진하는 풋 체인지'를 익힌 바 있다. 이것을 응용하여 남성 기준으로 '후진 - 옆으로 - 전진' 스텝을 옮기며 남성이 여성의 주변을 원주돌기 하듯 하는 형태로 움직일 수 있다. 방금 언급한 '6 살리다와 쿼터 턴'을 했을 때는 2보에서 남성보다 여성의 무게중심이 조금 더 옆으로 이동한 반면, 지금과 같은 방식의 원주돌기를 한 경우 남성의 무게중심이 여성보다 조금 더 옆으로 이동하게 된다. 그렇기 때문에 쿼터 턴을 했을 때와 마찬가지로 3보에서 남성의 오른다리가 파트너 아웃사이드로 이동하지 않을 수 없게 된다.

1) '준비'는 '6 살리다'와 같다.

2) 1보는 '6 살리다'와 같다.

3) 2보 - 남성은 왼발로 무게중심을 옮겨지는 동안 코어를 시계방향으로 회전시킨다.(무게중심이 다 이동한 후에 회전하면 늦는다) 이 코어 회전에 의해 여성은 옆으로 이동하는 동작에 약간의 저항을 느끼게 되어 평소보다 보폭이 조금 줄어들게 되고, 상대적으로 남성은 여성보다 더 옆으로 중심이동 하여 오른발을 '준비' 할 수 있게 된다. 남성의 무게중심이 조금 더 이동했으므로 이 때 오른발은 여성의 오른다리 바깥쪽(=outside)으로 '준비' 된다. 또한 두 사람은 홀드를 하고 있으므로 남성의 몸통이 정면을 향하고 있다면 아래 왼쪽 그림처럼 여성을 외면한 듯한 형태가 되어 등 펴기를 깨뜨리게 된다. 따라서 남성의 몸통은 아래 오른쪽 그림처럼 여성과 마주하도록 시계방향으로 약간 회전된 상태가 되어야만 한다.

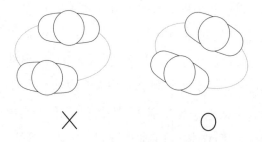

여성은 남성이 무게중심을 옮기는 만큼 오른발로 무게중심을 옮기되 남성이 자신의 주변으로 원주돌기를 하듯 움직였으므로 조금 덜 옆으로 중심이동하게 된다.

정리하면 남성의 몸통은 여성을 바라보며, 오른발은 파트너 아웃

사이드로 전진 '준비' 된 상태다.

4) 3보 - 앞에서 두 사람이 홀드한 상태를 그대로 유지한 채 남성은 여성의 바깥쪽으로 전진하여 오른발로 무게중심을 옮긴다.(=푸시) 무게중심이 온전하게 옮겨지는 사이 남성은 코어를 반시계방향으로 회전시킴으로써 여성을 바라보고 있었던 몸통을 정면으로 되돌리고 왼발이 저절로 앞으로 나아가 다음 동작을 위한 '준비' 까지 끝마친다.

여성의 움직임은 '6 살리다' 와 같다.

이와 같이 1~3보로 이어지는 동작은 변형된 '라이즈 & 폴' 이라 할 수 있다. 물론 '라이즈 & 폴' 과 달리 세 걸음 이동하는 동안 코어 회전이 두 번 일어나기는 했으나, 두 번째 코어 회전이 일어나는 시점이 1보에서 2보로 넘어가는 중간에 걸쳐 있기 때문에 전체적인 흐름이 비슷해진 것이다.

5) 4~6보는 '6 살리다' 와 같다.

4. 8 살리다

'8 살리다' 는 '6 살리다' 에 여성의 왼발이 오른발 앞에서 교차 (=cross)되는 동작을 추가한 것이다. 이와 같은 움직임이 일어나기 위해서는 그 전에 남성의 발이 파트너 아웃사이드로 '준비' 되는 리드가 꼭 필요하다. 그렇기 때문에 '6 살리다' 에 쿼터 턴 또는 원주돌기를 가미하여 남성의 다리가 여성의 바깥쪽으로 준비되는 방법을 설명한 것이다.

1) 1~3보는 '6 살리다와 쿼터 턴' 또는 '6 살리다와 원주돌기'에서의 1~3보와 같다.

2) 4보 - 남성은 코어 회전 없이 전진하여 왼발로 무게중심을 옮긴다.(=푸시)

여성은 남성이 전진함에 따라 코어 회전 없이 후진하여 오른발로 무게중심을 옮긴다.(=워드오프)

(3) 5보 - 남성은 오른발을 왼발 옆에 모으면서 2보에서 파트너 아웃사이드 리드에 의해 여성을 바라보고 있었던 몸통을 정면으로 되돌리기 위해 코어를 반시계방향으로 약간 회전시킨다. 남성의 이 동작으로 여성의 왼발이 오른발 앞에서 '저절로' 교차된다.(왼팔로 힘을 써서 우격다짐으로 여성을 당겨 리드를 하지 않도록 주의한다)

여성은 전진하는 남성에게 밀려 계속 후진을 하고 있을 뿐 다른 어떤 행동도 하지 않는다. 여성이 스스로 발을 교차시키는 짓은 크게 잘못된 것이다. 여성의 발이 이렇게 교차되는 리드를 팔 힘을 안 쓰고 오로지 코어 회전과 중심이동만으로 해내는 것이 '8 살리다' 리드의 핵심이다.

이어서 남성은 중심을 오른발에 두고 코어를 계속해서 반시계방향으로 회전시켜 왼발을 앞으로 '준비' 한다.

여성은 발이 교차된 상태에서 중심을 앞발^(=왼발)에 둔다.

4) 6~8보는 '6 살리다와 쿼터 턴' 또는 '6 살리다' 의 4~6보와 같다.

5. 깜비오 데 쁘렌떼(Cambio De Frente)

'깜비오^(cambio) 는 영어의 '체인지^(change)', '쁘렌떼^(frente) 는 영어의 '프론트^(front) 에 해당한다. 두 사람이 전진하는 동안 남녀의 위치가 바뀌게 되므로 이런 명칭이 붙었다.

1) 1~5보는 '8 살리다' 와 같다.

2) 6~7보 - 남성이 6보에서 7보로 이동할 때 반시계방향으로 코

어 회전을 하며 왼발-오른발로 이어지는 '전진 쿼터 턴'을 한다.

여성은 남성의 움직임을 따라 오른발-왼발로 이어지는 '후진 쿼터 턴'을 한다.

3) 8보 - 남성은 계속해서 무게중심 이동 및 코어 회전방향을 바꾸지 않은 채 그대로 놔두면 몸은 반시계방향으로 계속 회전하고, 왼발은 뒤쪽으로 이동하게 되어 무게중심이 왼발로 옮겨진다. 그 다음 오른발을 옆으로 준비한다.

여성은 남성의 움직임을 따라 무게중심을 오른발에 옮긴다. 그 다음 왼발을 옆으로 준비한다.

4) 9보 - 남성은 오른발을 옆으로 옮긴다.

여성은 왼발을 옆으로 옮긴다.

5) 10보 - 남성이 왼발을 오른발 옆에 모으고 체중을 왼발에 싣는다.

여성은 오른발을 왼발 옆에 모으고 체중을 오른발에 싣는다.

히 로 (Giro)

이 책은 바르게 몸 움직이는 원리를 근거로 땅고 댄스의 짜임새 및 체계를 설명하기 위해 썼다. 이 책이 댄스 교본이었다면 살리다 (salida) 다음에 나와야 할 동작이 오초(ocho)였을 것이다. 히로(giro)를 먼저 소개하는 건 이것이 땅고 스텝들의 뿌리라고 보기 때문이다. 땅고의 모든 동작들은 히로에서 파생되어 나와 살리다를 통해 정리되었다고 해도 과언이 아니다.

왜 땅고의 동작이 히로에서 출발하였을까? 우선 땅고를 추는 공간은 대체로 좁아 큰 동작은 옆 사람에게 폐가 되기 때문에 일직선으로 움직이는 것보다 회전동작을 선호하게 되었을 것이다. 또 춤의 본질의 하나는 도는 것에 있지 않을까 한다. 유럽에서 인기를 모았던 비엔나 왈츠도 도는 춤이다. 고대 신비주의자들은 제자리에서 빙글빙글 계속 도는 짓을 했다고 하다. 땅고 또한 히로를 통해 남성 주변을 여성이 끝없이 돈다.

'자이로드롭(gyrodrop)'은 원기둥 주위에 사람을 태우고 높은 곳으로 올라가 갑자기 회전하며 떨어지는 놀이 기구 이름이다. 철자는 조금 다르지만 자이로(gyro)와 히로(giro)를 같은 뜻으로 봐도 될 것 같다. 자이로드롭과 유사하게 히로는 남성이 축이 되고 여성이 그 주변을 도는 동작이다.

1. 히 로

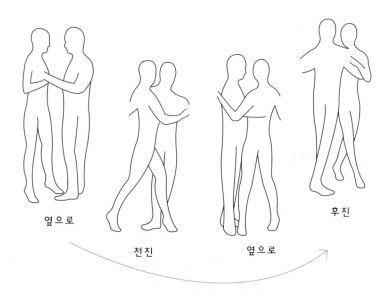

옆으로   전진   옆으로   후진

남성은 한 발에 체중을 놓은 채 축을 시계 또는 반시계방향으로 회전시킨다.

여성은 남성이 회전함에 따라 그 주위를 '걷기'의 '관찰' 편에서 연습하였던 원주돌기, 즉 '전진 - 옆으로 - 후진 - 옆으로'를 반복한다.

히로에서 강조되어야 할 것은 어떤 경우도 등 펴기를 깨뜨리지 않아야 한다는 것이다. 이것이 깨지면 원심력을 얻을 수 없고, 올바른 리드 & 팔로우에 의한 교감도 사라진다.

2. 라삐스(Lapiz)

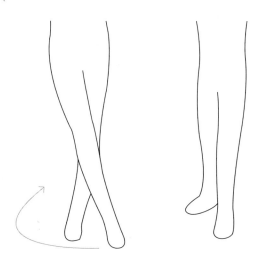

라삐스는 영어의 '연필(=pencil)' 이란 뜻이다. 남성이 체중을 한 발에 놓고 축을 회전시키다보면 발이 꼬이게 된다. 라삐스는 이렇게 꼬인 발을 풀 때 쓰는 적절한 동작이다. 아울러 이를 통해 회전력을 얻을 수 있다. 왜 발레에서 뿌에떼(fouette)를 하는 지 생각해 보면 쉽게 납득할 수 있다. 간혹 이 두 가지 이유 외에 아무데서나 장식을 곁들이듯 라삐스를 하는 경우가 있는데 좋지 않은 습관이다.

3. 메디아 루나(Media Luna)

메디아 루나는 영어의 '중간(=medium)' + '달(=lunar)'이 합하여 진, 반달이란 뜻이다. 히로는 여성이 남성 주위를 한 바퀴 이상 도는 것이다. 반 바퀴만 도는 것은 메디아 루나라 한다.

오 초 (Ocho)

땅고를 배우다 보면 초보 스페인어 몇 단어는 저절로 알게 된다. 스페인어 숫자는 아래와 같이 발음한다.

0 = 쎄로(cero)   1 = 우노(uno) / 우나(una)

2 = 도스(dos)   3 = 뜨레스(tres)

4 = 꽈뜨로(cuatro)   5 = 씽꼬(cinco)

6 = 쎄이스(seis)   7 = 씨에떼(siete)

8 = 오초(ocho)   9 = 누에베(nueve)

10 = 디에스(diez)

'오초'는 여성의 스텝이 가로로 누운 숫자 8과 비슷하다고 하여 붙여진 명칭이다. 앞에서 히로를 할 때 한 방향으로만 회전을 할 게 아니라 남성이 수시로 방향을 바꾸어 회전을 할 수 있는데, 이 요령을 알면 오초는 저절로 습득된다.

1. 오초 아델란떼(Ocho Adelante)

히로를 하는 동안 남성이 회전방향을 바꾸는 방법은 두 가지가 있다.

첫 번째, 남성이 시계방향으로 회전하는 동안 여성의 오른발이 앞에 놓인 상황에서 남성이 회전방향을 바꾸게 되면 여성은 몸 뒤에 있는 왼발을 앞으로 보냄으로써 반대방향으로 히로를 반복할 수 있다. 또한 남성이 반시계방향으로 회전하는 동안 여성의 왼발이 앞에 놓인 상황에서 남성이 회전방향을 바꾸게 되면 여성의 몸 뒤에 있는 오른발을 앞으로 보냄으로써 반대방향으로 히로를 반복할 수 있다. 이처럼 여성의 뒷발이 이동하여 회전방향을 바꾸는 것은 '앞쪽으로 오초하기', 즉 '오초 아델란떼'에 해당한다.

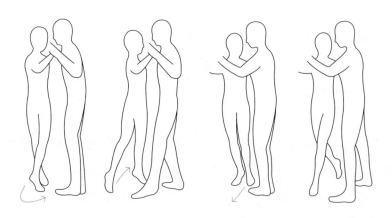

살리다에서 오초로 이어지는 일반적인 방법은 다음과 같다.

1) 1~5보는 '8 살리다'와 같다.

2) 남성이 전진을 하는 기존 살리다와 달리 남성이 코어를 시계방향으로 회전시킨다. 이것에 의해 여성은 교차되어 있던 뒷발(오른발)이 앞으로 나아가며 첫 번째 오초를 한다.

3) 여성이 오른발로 중심이동 했을 때 남성은 코어를 반시계방향으로 회전시킨다. 이것에 의해 여성은 교차되어 있던 뒷발(왼발)이 앞으로 나아가며 두 번째 오초를 한다.

많은 이들이 (아르헨티나) 땅고와 (콘티넨털) 탱고는 이름은 같지만 완전히 다른 춤이라 알고 있는데 그렇진 않다. 탱고에도 오초가 존재한다. 단지 오초 대신 '스위블(Swivel)'로 명칭이 바뀌었고, 동작도 약간 변형되었다. 땅고의 흔한 패턴의 하나인 '살리다 - 오초 아델란떼 - 빠라다'는 탱고의 '투 웍스(Two Walks) - 프로그레시브 링크(Progressive Link) - 오픈 프롬나드(Open Promenade) - 아웃사이드 스위블(Outside Swivel)'과 사실상 같다.

2. 오초 아뜨라스(Ocho Atras)

히로를 하는 동안 남성이 회전방향을 바꾸는 두 번째 방법은 남성이 시계방향으로 회전하는 동안 여성의 오른발이 뒤에 놓인 상황에서 회전방향을 바꾸게 되면 여성은 몸 앞에 있는 왼발을 뒤로 보내어 히로를 반복할 수 있다. 남성이 반시계방향으로 회전하는 동안 여성의 왼발이 뒤에 놓인 상황에서 회전방향을 바꾸게 되면 여성은 몸 앞에 있는 오른발을 뒤로 보내어 히로를 반복할 수 있다. 이처럼 여성의 앞발이 뒤로 이동하여 회전방향을 바꾸는 것은 '뒤쪽으로 오초하기', 즉 오초 아뜨라스에 해당한다.

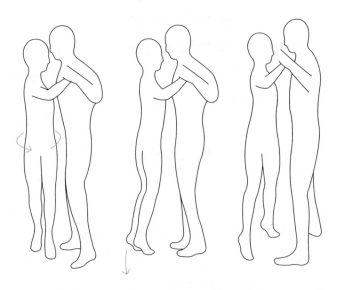

살리다에서 오초로 이어지는 일반적인 방법은 다음과 같다.

1) 1~2보는 '8 살리다' 와 같다

2) 남성이 오른발을 왼발 옆에 모으되 무게중심은 오른발에 놓은 채 코어를 반시계방향으로 회전시킨다. 이것에 의해 여성의 왼발이 비스듬히 뒤쪽으로 중심이동 한다.

3) 여성이 왼발로 중심이동 했을 때 남성은 왼발을 옆으로 옮기고 무게중심 이동하며 코어 회전방향을 시계방향으로 바꾼다. 이것에 의해 여성의 오른발이 비스듬히 뒤쪽으로 이동하며 첫 번째 오초 아

뜨라스를 한다.

4) 첫 번째 오초가 끝나고 여성의 무게중심이 오른발로 이동했을 때 남성은 오른발을 옆으로 옮기고 무게중심 이동하며 코어 회전방향을 반시계방향으로 바꾼다. 이것에 의해 여성의 왼발이 비스듬히 뒤쪽으로 이동하며 두 번째 오초 아뜨라스를 한다.

이 동작으로부터 다양한 응용이 나오는데, 가장 흔한 패턴은 '오초 아뜨라스 - 상구치또(sanguchito) - 빠라다(parada)' 로 이어지는 것일 것이다.

3. 빠라다(Parada)

'빠라다' 는 영어의 '멈춤(=stop)' 과 같은 뜻이다. 남성이 여성의 발 움직임을 중간에 가로 막는 동작이다.

여

남

4. 상구치또(Sanguchito) 또는 모르디다(Mordida)

'상구치또'는 샌드위치와 같은 뜻이다. 여성이 앞으로 내민 발을 남성이 두 발로 감싸는 동작이라서 이런 명칭이 붙었다. '모르디다'는 '깨물기'란 뜻으로서 상구치또와 혼용된다.

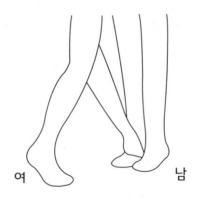

여   남

5. 꼬르따도(Cortado)

'꼬르따도'는 영어의 '자르다(=cut)'와 같은 뜻이다.

1) 남성이 오초 아델란떼를 리드하면 여성은 뒷발(오른발)이 앞으로 나오며 무게중심이 이동한다.

2) 남성이 계속해서 시계방향으로 축을 회전시키면 여성은 왼발을 옆으로 놓으며 무게중심이 이동한다.

3) 이 때 남성이 회전방향을 반대(=반시계) 방향으로 바꾸면(=꼬르따도) 여성은 무게중심이 오른발로 이동한 후 왼발은 오른발 앞에서 교차되어 '8 살리다' 5보와 같은 모양이 된다.

사까다(Sacada)

'사까다'는 영어로 '디스플레이스먼트(displacement)', 우리말로는 전위(轉位) 또는 변위(變位)라고 한다. 즉 위치가 이동했다, 또는 변했다는 뜻이다. 스스로 위치를 이동한 게 아니라, 당구에서 공을 쳐 다른 공을 이동시키듯 외부의 힘에 밀려 위치가 이동하는 것이다.

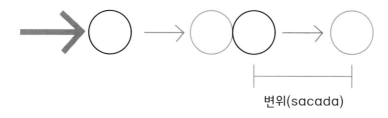

변위(sacada)

땅고의 움직임은 남성의 무게중심이 이동함에 따라 여성이 움직인다. 땅고뿐 아니라 모든 더불어춤의 기본원리가 다 사까다인 셈이지만, 이 동작이 오초와 관련되어 있고, 오초는 히로에서 파생되었음을 상기한다면 왜 이걸 사까다라 했는지 납득이 간다. 즉 히로는 남성의 축이 고정되어 있어야 하고, 오초는 히로에서 회전방향이 바뀔 때 여성에게서 일어나는 동작인데, 사까다는 히로에서라면 고정되어 있어야 할 남성의 무게중심이 오초가 일어나는 사이 이동한다는 개념이 더해진 것이다.

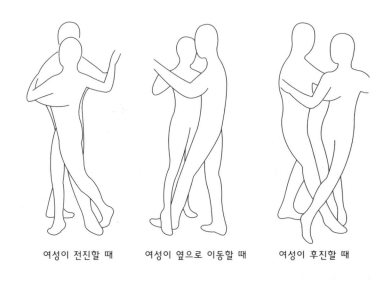

여성이 전진할 때   여성이 옆으로 이동할 때   여성이 후진할 때

사까다에는 많은 응용 패턴이 존재하는데, 세 가지만 소개하면 다음과 같다.

1. 전진 사까다

사까다는 주로 남성의 움직임이고, 여성의 움직임은 오초와 동일하다. 남성이 사까다를 하는 방식에 따라 전진, 옆으로, 후진의 3종류가 있으며, 그 응용은 매우 다양하다. 여기에서는 원리 설명을 위해 전진 사까다만 해설한다.

1) '8 살리다' 6보에서 남성이 여성에 대하여 오초 아델란떼를 리드한다. 오초에 의해 여성의 뒷발(오른발)이 앞으로 나오고 무게중심이 이동한다.

2) 여성이 이동하는 중간에 남성이 왼발을 전진한다. 이것에 의해 마치 여성은 남성에 의해 밀려나가는 듯한 움직임이 되는 것이다.

2. 오초와 사까다 반복(Ocho Con Sacada)

1) 남성은 오초 아델란떼를 리드하여 여성의 무게중심이 이동하는 중간에 남성이 왼발을 여성의 다리 사이로 넣어 첫 번째 사까다를 하고, 오른발을 왼발 뒤로 보낸 뒤 체중을 싣고 기다린다.

2) 여성은 계속해서 오초를 반복하여 다시 처음 사까다를 할 때와 같은 순간이 오면 남성은 계속해서 같은 사까다를 반복할 수 있다.

3. 연속 사까다

전진 사까다를 연속해서 세 번 하는 경우도 흔히 볼 수 있는 리드이다.

1) 남성이 오초 아델란떼를 리드하여 여성의 무게중심이 이동하는 중간 남성이 왼발 전진하여 첫 번째 사까다를 한다.

2) 여성의 왼발이 옆으로 놓일 때 남성은 오른발로 두 번째 사까다를 한다.

3) 여성의 오른발이 뒤로 놓일 때 남성은 왼발로 세 번째 사까다

를 한다. 이 경우 살리다로 마무리 짓기 편리하다.

    같은 리드를 남성이 왼발 대신 오른발을 먼저 중심이동 할 수도 있다. 이 경우에는 상구치또로 마무리 짓기 편리하다.

간 초^(Gancho)

'간초'는 영어의 '갈고리^(=hook)'와 같은 뜻이다. 여성의 무릎이 뒤로 접혀지는 모양이 갈고리를 연상하여 이런 명칭이 붙은 듯하다.

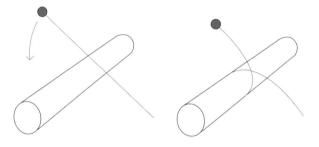

끝에 무거운 추가 달린 줄을 빙빙 돌리는 중 그 사이에 막대기를 넣으면 줄이 막대기에 또르르 감긴다. 이처럼 줄이 막대기에 감기는 방식이 간초의 기본개념이다.

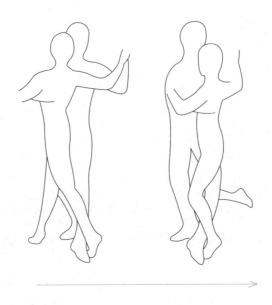

1) 남성이 여성에게 히로를 리드한다.

2) 중간에 남성이 한 쪽 발을 여성의 다리 사이로 넣으면 여성의 뒷무릎이 남성의 다리에 걸려 저절로 간초 동작이 일어나게 된다.

3) 이에 의해 저절로 여성의 무릎이 뒤쪽으로 감긴다. 즉 여성 스스로 다리를 들어 간초 동작을 하는 게 아니고 저절로 그렇게 될 수밖에 없음을 이해하는 것이 중요하다.

볼레오 (Boleo)

1. 볼레오

'볼레오'는 '던지다(=throwing)'란 뜻을 갖고 있다. 요요를 멀리 던져보지만 줄에 묶여 있으므로 다시 원래 자리로 되돌아오는 것과 같은 개념이다. 그렇다고 남성이 여성을 정말로 들어 던진다는 의미는 아니다. 단지 평소보다 무게중심을 빠르게 이동시켜 프레스(press) 강도를 증가시키는 것이다.

이런 급작스런 변화로 여성은 일순간 워드오프(ward-off)가 깨질 위기에 처한다. 등 근육 사용 요령에 익숙해 지지 못한 상태에서는 여성의 팔꿈치만 뒤로 밀려 땅고 댄스 내내 유지하고 있어야 할 등 펴기가 깨지는 일이 종종 발생한다. 반면 등 펴기를 제대로 유지한다면 남성과 여성 사이는 마치 눌린 용수철 같은 상태가 되며, 이것이 해소되는 과정에서 여성은 마치 던져지듯 무게중심 이동이 일어난다. 두 사람은 여전히 홀드를 유지하고 있으므로 여성은 멀리 가지 못하고 다시 남성 쪽으로 복귀한다.

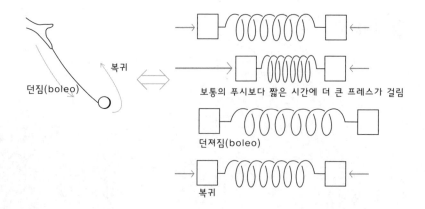

던짐(boleo)

복귀

보통의 푸시보다 짧은 시간에 더 큰 프레스가 걸림

던져짐(boleo)

복귀

　　볼레오도 히로에서 파생되었다고 할 수 있다. 즉 남성이 히로를
리드하는데 여성의 발이 몸 뒤쪽으로 이동하는 순간, 남성이 회전하
는 움직임을 멈추게 되면 이때 몸 뒤로 향했던 여성의 발이 몸 앞으
로 오게 되어 저절로 볼레오 리드로 바뀌게 되는 것이다. 히로가 아
닌 살리다에서 볼레오를 리드하는 경우는 대개 오초 아뜨라스 리드
에서 볼레오로 변형시킨다.

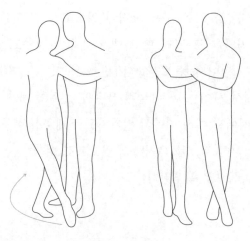

아래 그림처럼 여성이 다리를 뒤나 옆으로 차는(=kick) 동작을 볼레오라고 오해하는 경우가 있다. 이것은 볼레오의 본질이라고는 할 수 없는 장식 동작이다. 관중들에게 멋있는 모습을 보여주어야 하는 땅고 쇼에서 댄서들이 이런 과장된 동작을 하다 보니 주객이 전도된 느낌이다. '정통'에 집착하는 땅고를 고집한다면 할 수 없겠으나, 소통을 중시하는 더불어춤에서는 본질과 무관한 이런 장식은 구사하지 않는 것이 바람직하다.

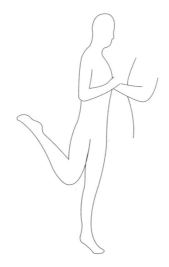

2. 프롬나드 포지션

땅고에서는 자주 쓰이는 포지션은 아니지만 (콘티넨털) 탱고에는 남성과 여성이 같은 방향을 바라보는 이른바 프롬나드 포지션(Promnade Position, P.P)이 자주 등장한다. 이 포지션은 볼레오에서 파생되어 변형된 것이 아닐까 추측한다.

엔간체(Enganche)

　'엔간체'는 '다리 감싸기(=Leg wrap)'라는 의미로, 간초와 비슷하나 훅(hook)을 거는 방식이 조금 다르다. 히로에서 훅이 일어나는 간초와 달리, 엔간체는 프롬나드 포지션(Promenade Position)에서 훅이 일어난다.

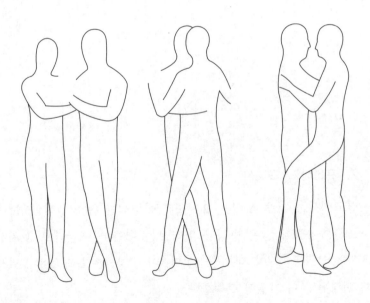

1) 살리다 2보에서 남성이 볼레오를 리드하여 프롬나드 포지션을 만든다. 이로 인해 남성은 체중을 왼발에 둔 채 오른발이 앞으로, 여성은 체중을 오른발에 둔 채 왼발이 앞으로 준비된 상태가 된다.

2) 남성이 무게중심을 오른발로 옮긴다. 이에 따라 여성의 무게중심도 왼발로 옮겨진다.

3) 남성이 오른발을 축으로 반시계방향으로 몸을 회전시킨다. 이것에 의해 여성의 오른발이 옆으로 중심이동 하여 남성의 오른발 사이에 여성의 양 발이 놓인 모습이 된다.

4) 남성이 계속해서 몸을 회전시키면, 여성의 왼발이 남성의 오른발을 살짝 휘감는듯하다 뒤쪽으로 발을 옮기게 되는데 이것이 가장 간단한 엔간체 동작이다.

엔간체는 남녀의 밀착이 심하고, 여성의 무릎이 과도하게 올라가는 장식적 요소가 많아 더불어춤에는 잘 맞지 않는다. 여성이 무릎을 일부러 올리지 않고도 엔간체와 동일한 흐름을 이어갈 수 있는 길은 얼마든지 있다. 따라서 더불어춤에서는 존중은 하되 밀착과 장식적 요소를 제외한 엔간체를 한다.

(콘티넨털) 탱고에서는 간초는 물론 엔간체와 같은 동작도 발견할 수 없지만, 변형된 흔적은 짐작해 볼 수 있다. 땅고에서 '살리다 2보 - 볼레오 - 프롬나드 포지션 - 엔간체'로 이어지는 패턴을 탱고의 '투 웍스(Two Walks) - 프로그레시브 링크(Progressive Link) - 클로우즈

드 프롬나드(Closed Promenade)' 패턴과 비교해 볼 만하다. 이 두 스텝의 차이는 홀 크기와 관련이 있을 것 같다. 땅고를 추는 장소인 밀롱가는 비교적 좁은 곳이 많아 길게 전진하기가 곤란하다. 그래서 얼마만큼 전진하고 나서는 여성을 회전시키는 동작이 많은 듯하다. 그러나 탱고를 추는 장소는 주로 넓은 볼룸이다 보니 굳이 여성을 회전시킬 필요가 없어 시원스럽게 전진하는 동작을 해도 되었을 것 같다.

엔로스께(Enrosque)

'엔로스께'는 '나사못(=screw)' 이란 뜻을 갖고 있다. 여성이 히로를 하는 동안 축 역할을 하는 남성의 다리가 꼬이게 되는 모양이 나사못을 연상시켜 붙은 명칭인 듯하다.

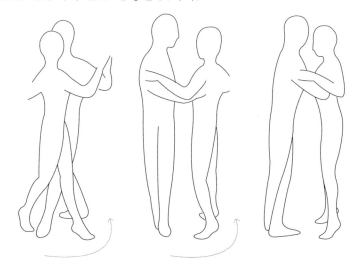

1) 남성이 사까다를 리드한다.

2) 사까다 한 발에 체중을 놓고 축을 회전시키는 동안 다른 발을

체중을 실은 발 뒤로 가져온다.

3) 회전이 진행되는 사이 체중이 뒷발로 이동한다.

4) 앞의 발로 라삐스를 하여 꼬인 발을 푼다.

깔레씨따(Calesita)

1. 깔레씨따(Calesita)

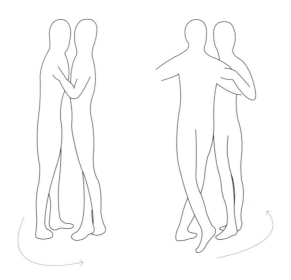

'깔레씨따'는 '회전목마(=merry-go-round)'란 뜻을 갖고 있다. '8 살리다'에서 남성이 교차되는 리드를 한 직후 전진하는 대신 후진을 하게 되면 여성은 무게중심이 왼발에 놓인 채 약간 기대는 듯한 자세가 만들어진다. 이 상태에서 남성이 여성 주변을 도는 것이 회전목마를 연상하여 이런 명칭이 붙은 듯하다.

1) 남성이 '8 살리다' 1~5보를 리드한다.

2) 남성이 무게중심을 약간 뒤로 이동한다. 여성은 두 발이 교차된 상태에 있으므로 남성을 따라 중심이동 할 수 없고, 좀 더 강하게 남성에게 기대는 듯한 자세가 된다

3) 이 상태에서 남성이 여성 주변을 회전한다.

2. 볼까다(Volcada)

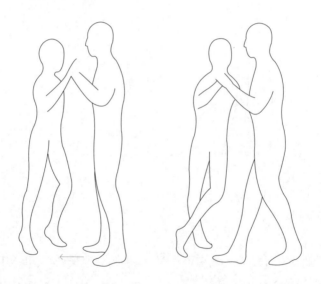

깔레씨따가 여성의 발이 교차된 상태에서 이어지는 동작이라면 볼까다는 여성의 두 발이 모아지지 않은 상태에서 이어지는 동작이

다. 볼까다와 관련된 단어인 볼까(volcar)에는 여러 가지 뜻이 있는데 그 중 '뒤집다(=overturn)' 또는 '기울이다(=tipped)' 등이 이 움직임에 대한 적절한 해석이 될 수 있을 것이다.

남성이 볼레오 리드를 한 직후 무게중심을 뒤로 옮기면 깔레씨따와 마찬가지로 여성이 남성에게 강하게 기대는 듯한 자세가 된다. 단, 여성의 두 발이 교차된 상태인 깔레씨따와 달리 여성의 다른 발이 자유로운 상태란 점이 다르다.

1) 남성이 볼레오를 리드한다.
2) 볼레오에 의해 던져진 여성의 다리가 되돌아오기 전 남성이 무게중심을 약간 뒤로 이동한다. 이로 인해 여성의 몸이 남성에 기대어진 채로 되돌아오던 다리 또한 원래 궤적에서 벗어나게 된다.
3) 남성이 무게중심을 앞으로 옮기면 볼레오에 의해 되돌아온 여성의 다리가 지탱하는 다리 앞에서 교차된다.

꼴가다(Colgada)

'꼴가다' 는 '매달린, 늘어진(=suspended)' 과 같은 뜻을 갖고 있다. 어느 한 쪽이 일방적으로 매달린 형태라기보다 아래 그림처럼 두 사람의 다리를 한 곳에 모은 채 균형을 유지하고 있는 포지션이다. 특히 팔 근육을 쓰지 않고 등 근육을 써야 하는 게 무엇보다 중요하다.

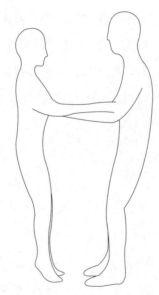

꼴가다 리드는 여성이 중심이동한 발 바로 옆에 남성의 발을 갖다 대는 것에서 출발한다. 이로 인해 여성은 누군가 다리를 걸어 앞으로 넘어지는 것과 비슷한 느낌으로 중심이동에 방해를 받게 되어 이것이 꼴가다로 이어진다.

1) 남성이 살리다 2보를 리드한다.

2) 여성의 오른발이 옆으로 이동했을 때 남성은 자신의 왼발을 여성의 오른발 바깥쪽에 붙인다.

3) 남성이 후진하면서 코어를 반시계방향으로 회전시키면, 여성의 오른발은 남성에 의해 잠겨 있으므로 왼발을 자신의 오른발 너머로 넘겨 교차시킨다.

4) 남성은 왼발을 축으로 반시계방향으로 계속 회전한 뒤 다리를 모으고 체중을 오른발에 놓고, 여성도 왼발을 축으로 계속 회전하여 '8 살리다'의 크로스 된 모양이 이루어진다.

| 운 | 동 | 을 | 알 | 면 | 감 | 동 | 이 | 온 | 다 | ! |

명상적 걷기

이 책은 기(氣)나 도(道)의 관념적 설명을 지양하고, 이를 바른 몸만들기와
바르게 몸 움직이는 원리에 다가가는 과정으로 새롭게 서술!
그리고 그러한 과정이 물 흐르듯 하면서 몸을 통해 무위자연의 경지에
다다름을 강조한다.

글쓴이 | 이기현   판형 | 153*210   값 | 12,000원

스스로 운(運)하고 동(動)한다고 여겼다가
더 깊은 곳에서 운(運)하는 법을 발견하면
마음은 또 다시 감(感)하고 동(動)한다.

학민사
Hakmin Publishers